Como te vendes te contratan

Prácticos
Empresa y Talento

Biografía

Jorge Muniain Gómez, especialista en Capacitación en Búsqueda de Empleo, Reclutamiento Corporativo y *Outplacement*, es el único consultor certificado en México para capacitar a universidades y escuelas en empleabilidad. Ha asesorado en Búsqueda de Empleo a más de 50 000 estudiantes y profesionistas de instituciones como IPADE, UNAM, UAM, Tec de Monterrey, entre otras, y a más de 50 empresas en Reclutamiento.

Es presidente de la Asociación Mexicana de Bolsas de Trabajo A.C. y director general de RHV (Recursos Humanos y Ventas). Cuenta con una especialidad en *Career Management*, *Career Planning and Career Change*, una MBA en Alta Dirección de Empresas por el ipade y es lae por la Universidad Anáhuac. También es autor de *¡Encuentra empleo YA!*

Jorge Muniain Gómez

Como te vendes te contratan

PAIDÓS

Diseño de portada: Rodrigo Arceo Texcahua
Ilustraciones de interior: Antonio Carvajal

Capítulo 8, "Proceso de duelo: motivación psicológica para superar la pérdida del empleo", escrito en colaboración con la Psic. Roxana Aguilar Camacho

© 2012, 2013 Jorge Muniain Gómez

Derechos reservados

© 2012, 2013 Ediciones Culturales Paidós, S.A. de C.V.
Bajo el sello editorial BOOKET M.R.
Avenida Presidente Masarik núm. 111, 2o. piso
Colonia Chapultepec Morales
C.P. 11570, México, D.F.
www.paidos.com.mx
www.editorialplaneta.com.mx

Primera edición: febrero de 2012
ISBN: 978-607-9202-04-0

Primera edición impresa en esta presentación Booket: noviembre 2013
ISBN: 978-607-9202-73-6

Impreso en los talleres de Litográfica Ingramex, S.A. de C.V.
Centeno núm. 162, colonia Granjas Esmeralda, México, D.F.
Impreso y hecho en México – *Printed and made in Mexico*

*A Dios y a mis padres, Martha y Jorge, quienes me ayudaron a perseguir
todos mis sueños y siguen echándome porras.*

*A mi esposa Lyssette, quien siempre me ha apoyado para seguir y hasta
hoy continúa dándome aliento y aguantándome cada vez que me cambio
de empleo o inicio otra empresa.*

*A mis dos queridos hijos Ximena y Juan Pablo, quienes me mantienen feliz
y vivo, inspirado y emocionado todos los días, tardes y noches.*

A mi abuela June, por su valiosa asesoría para este libro.

*A mis hermanos Martha, Marcela, Alejandro, Pepe, Boris y Federico,
por ser parte de tantas de mis historias.*

*A José Pontones y Carlos Llano, mis mentores, buenos amigos
y sin duda las dos personas con más conocimientos
sobre recursos humanos en México.*

*A mis colegas del máster, Antonio Casanueva, Nahúm de la Vega, Franco,
Víc, Farid, Luis, Norma, Mau y Héctor.*

*A los que ya no buscarán más empleo, Hiram, Barni, Rodrigo,
Salvador y a mi tío José Víctor.*

A los abuelos, las cuñadas y los cuñados Ávila: Lourdes, Ligi, Mari, Ana Laura, Lilliana, Larisa, Cari y Henry y a sus esposos, esposas, etcétera. Mario, Fer, Ramón, Camila Fernanda, James, John (El Chef), Ale, Sano, Tere, Andy, Cach, Juan Pablo, Los Uribe, Iker, Isa, Santos, Wary, Marito, Pablo, José Ramón, Ana, Millus, Lorenzo y Mateo, gracias por estar en mi vida y por recomendar mucho este libro, tanto por esta kilométrica dedicatoria como para poder seguir haciendo las comidas en mi casa.

A los amigos del Omaha;
El Verde, El Húngaro, Rony, Pico, El Tío, Jerry, Moncho,
El Seco y obvio El Jack.

A mi editora Ixchel por creer en este proyecto.

Y en especial a todos los desempleados y estudiantes que necesitan guía y orientación en su búsqueda de empleo, ánimo y ¡mucho networking!

El cambio en la vida de la gente de éxito suele surgir en el momento de alguna crisis a través de la cual es presentado su verdadero yo.

NAPOLEÓN HILL

CONTENIDO

PRÓLOGO

Todo ciudadano normal estará alguna vez desempleado, quizá más de una vez, quizá más de tres. Desde un velador hasta Carlos Slim Helú, a quien tuve la oportunidad de preguntarle por medio de su hijo "¿Cuántas veces ha estado desempleado?", respondió: "Algunas".

Todos, todos, todos. Nadie se salva de pasar por la etapa del *desempleo*. Las causas pueden ser muchas (renuncias voluntarias o involuntarias, despidos, liquidaciones, fusiones, adelgazamientos empresariales, quiebras o decisiones corporativas), pero en algún momento el fantasma del desempleo nos asustará durante un tiempo. (Véase figura 1. *Pirámide de veces y meses*).

El objetivo de este libro es dar a conocer, a través de una historia real, las mejores recomendaciones, técnicas, herramientas y consejos para llevar a cabo una efectiva búsqueda de empleo, para que cada vez que te encuentres con el fantasma del desempleo, tu susto sea solo por un instante y no por un largo período.

Normalmente, cuando perdemos el empleo creemos que la solución al problema es, simple y llanamente, buscar otro. Pero no es así. Una búsqueda desorganizada puede alargar en forma significativa el período de desempleo de cualquier persona, ya que el tiempo en que se permanece desempleado hace que elementos como la actitud, el carácter, el entusiasmo, la motivación, la autoestima y el estrés causen crisis, desesperación, y en consecuencia, hace que se emprenda una búsqueda pobre, irregular, poco productiva, desorientada y desorganizada. Antes de buscar empleo, hay que aprender, entender, cambiar y perfeccionar diversos aspectos en nosotros, para entonces lograr una rápida y poco dolorosa solución a lo que en "apariencia" constituye un problema.

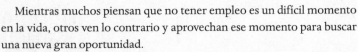

Mientras muchos piensan que no tener empleo es un difícil momento en la vida, otros ven lo contrario y aprovechan ese momento para buscar una nueva gran oportunidad.

Buscar empleo no es una simple actividad o una acción; es, en realidad, una técnica que, aunque puede parecer difícil y frustrante, resulta verdaderamente fascinante, y con la cual nosotros mismos podemos tomar el control de nuestro destino y convertir ese difícil momento en una experiencia que cambiará para bien nuestra vida, nuestra trayectoria profesional y el futuro de nuestra familia.

La mejor manera de entender esta nueva técnica es conocer historias, casos y ejemplos reales, por qué surge y por qué se ha convertido en un tema sumamente importante y necesario para la vida de cualquier estudiante o profesionista y en general para cualquier persona.

En este texto conocerás, de manera sencilla y de boca de expertos en recursos humanos y consultores especialistas, la técnica para desarrollar una búsqueda de empleo, organizada y sistemática, que muy pronto te dará dividendos.

Pirámide de veces y meses

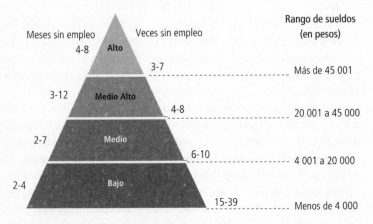

Esta ilustración muestra cómo a todos niveles se da el desempleo y la cantidad de meses que tarda cada nivel socioeconómico en recuperarlo.

Fuente: Reforma, periódico *Employer* y estadística INEGI.

CAPÍTULO 1

Historia de un desempleado

A mediados de 2008, Cayetano Norman Farías, un ciudadano común y corriente, decidió contraer matrimonio con su novia de toda la vida. En gran parte, la decisión de Cayetano de formalizar su relación obedeció a que recientemente había obtenido un ascenso. Ahora era director de comercialización de Conseco México, S.A. de C.V., filial de una aseguradora estadounidense. Según sus cálculos, su sueldo de 30 000 pesos le permitiría construir y mantener holgadamente el que sería su nuevo hogar.

Después de una suntuosa boda en Yautepec, Morelos, celebrada con fuegos artificiales, pozole y más de 350 felices bebedores que brindaban por los desposados, siguió una extravagante luna de miel en un gran crucero. Luego del delicioso viaje al Caribe, Cayetano retornó a sus actividades cotidianas y a su nuevo puesto en la aseguradora.

Transcurridos cinco meses, ocurrió algo en verdad terrible: un memorándum de la oficina matriz, Conseco Co. Inc. (con sede en Estados Unidos), mencionaba la posibilidad de que los directivos estadounidenses pudieran cerrar las operaciones de la compañía en la Ciudad de México. Muchos ejecutivos de Conseco desestimaron esta probabilidad de cierre, pues la filial en México estaba vendiendo grandes cantidades de seguros de vida universal, y los accionistas ya habían invertido más de 10 millones de dólares.

Sin embargo, unas semanas después, la noticia se tornó oficial. La orden de los estadounidenses de cerrar la filial de la empresa en México y liquidarla era inminente. El vicepresidente de la compañía, Thomas Phelps, envió un comunicado a todo el personal de la aseguradora mexicana para notificar la desagradable noticia. Transcurrido poco tiempo, hubo una junta general en la que el mismo Phelps amplió los motivos de los estadounidenses para cerrar las operaciones de la compañía en México.

Al parecer, otra compañía, llamada Green Tree Financial Corporation, estaba en pleno proceso de fusión con Conseco Inc., en Indianápolis, Indiana. La asociación era de tal magnitud que Conseco se convertiría en una de las mayores compañías de Estados Unidos. En tales circunstancias, no cabía en los planes del nuevo consejo directivo manejar operaciones en América Latina, por lo que se tomó la decisión de desaparecer las filiales de México, Brasil, Colombia, Chile y Argentina.

Terminada la junta, se veían por los pasillos de la aseguradora más de 50 rostros abatidos. Nadie sabía qué sentir o externar. Había un silencio sepulcral. ¡Estaban presenciando la muerte de Conseco México!

Al siguiente día empezaron a circular cientos de cajas de cartón por los pasillos. Cayetano y otros 56 empleados comenzaron a empacar todas sus pertenencias. Plumas, fotos, cuadros, muchos archivos y algunos recuerdos llenaron poco a poco las cajas. Lentamente, la oficina fue quedándose vacía.

Millones de dólares en gastos de operación, oficinas, mobiliario y equipo se perderían o se rematarían. Más de 57 personas quedarían sin empleo en México y se sumarían al total de 292 desempleados en toda América Latina. Miles de asegurados recibirían dinero en efectivo por sus remanentes de primas no devengadas; más de cuatro años en tiempo, planeación y marketing terminarían en la basura, y más de 1 680 000 dólares fueron enviados por la matriz para cerrar definitivamente la filial de la Ciudad de México.

En México, a diferencia de lo que ocurre en algunos países de América Latina y Estados Unidos, los bancos y las aseguradoras son rigurosamente monitoreados y supervisados por el Gobierno y por las respectivas comisiones; ello, para garantizar el pago de siniestros, en el caso de las aseguradoras, y la devolución de dinero a los ahorradores, en el caso de los bancos.

En particular, las aseguradoras están reguladas tanto por la Secretaría de Hacienda y Crédito Público (SHCP) como por la Comisión Nacional de Seguros y Fianzas (CNSF), así que no era posible cerrar Conseco de un día

para otro. No era una tarea que pudiera realizar el personal de la aseguradora por sí solo.

Para emprender la liquidación de Conseco, el Gobierno mexicano
nombró a un liquidador encargado de llevar a cabo este difícil proceso, el
licenciado Pérez de Mendoza. Él se instaló en las oficinas de la aseguradora
junto con su equipo de cuatro ejecutivos, quienes se encargarían de hacer
una auditoría profunda para examinar el buen manejo de todas las operaciones anteriores. Si todo estaba en completo orden, procederían con la
liquidación. Así dio inicio una serie de amargas entrevistas, juntas, preguntas, cálculos, informes y papeleo.

Los liquidadores no perdieron el tiempo, y a dos semanas de haber ini-
ciado este penoso proceso, Cayetano estaba en la calle con el famoso "cheque rosa", esto es, con su liquidación. El cheque era realmente jugoso: casi
165 000 pesos. Esta cantidad incluía tres meses de sueldo, 20 días de salario
por cada año trabajado, partes proporcionales de aguinaldo, prima vaca-
cional, vacaciones y finiquito. Era suficiente para que no sintiera preocu-
pación durante cierto tiempo por haber perdido su empleo.

Cayetano salió de su oficina cargando dos cajas, se despidió de su jefe
con un caluroso abrazo y también de algunas secretarias. Algunos compañeros ya habían sido liquidados y otros de mayor nivel jerárquico saldrían
dos semanas después.

Ese día se organizó una cena con algunos de sus compañeros de trabajo
que también habían sido liquidados. Fueron a un restaurante para tomar
unas copas y decirse adiós.

Entre los asistentes a la cena estaban Jorge Picazo, Jorge Ochoa, Erik
Torres, Sergio Delgado, Nancy Cuevas, Rosalía Rodríguez, Maite Alcalde,
Luis Alberto Sánchez, Consuelo Soriano, Andrés Solís, Antonio Pérez
Ocaña, Belinda Immervol y Cayetano.

Durante la velada comentaron muchas anécdotas graciosas y chismes
de la oficina. Ordenaron una gran cantidad de bocadillos, una botella de
ron y otra de tequila. Al calor de las bebidas, Maite comentó que visitaría
Europa con el dinero de su liquidación. Luis presumió los romances y las
novias que había hecho en la oficina. Los Jorges criticaron fuertemente a
su jefe, un estadounidense medio inepto de apellido Lafont, en tanto que
Antonio Pérez mencionó que se iría "de mojado" a Laredo para reunirse
con su familia.

Después de terminada la cena y las botellas y una vez liquidada la cuenta, empezaron las despedidas con abrazos. En el restaurante se escucharon las frases típicas que suelen abundar en esas reuniones: "Nos vemos", "Yo te hablo", "Entonces me avisas si se hace algo", "La tocamos de oído", "Claro que sí", "Gracias por todo"... Casi todos se fueron a dormir a su respectiva casa, salvo Luis y Andrés, quienes continuaron la despedida en otro bar, y Consuelo y Jorge Picazo, quienes al parecer se fueron juntos. Por su parte, mientras esperaban sus coches en el estacionamiento, Cayetano les dio su teléfono a Sergio, Andrés y Antonio y les deseó mucha suerte.

Cayetano llegó a su departamento pasada la medianoche, y mientras buscaba las llaves, la puerta de la entrada se abrió inesperadamente. Tras ella apareció su esposa Abigaíl, de 26 años. Antes de saludarlo siquiera, le preguntó: "¿Ya te dieron tu liquidación?". Cayetano no respondió por temor a que ella notara que había bebido, así que solo sacó de su bolsillo el cheque doblado y se lo entregó.

Abigaíl nunca había visto un cheque por una cantidad así, de modo que se limitó a sonreír y empezó a maquinar ideas sobre cómo gastarlo. Al otro día le propuso: "Mi amor, ¿qué te parece si nos vamos a Nueva York a visitar a mi hermana Clarisa? Un viaje podría ayudarte a despejar tu mente, y todo el asunto de Conseco pronto quedará atrás. Después podrás pensar mejor qué haremos". Al principio, Cayetano creyó que era una idea descabellada, pero, como suele ocurrir, una esposa insiste tanto que siempre se sale con la suya.

El viaje a Nueva York resultó fabuloso. Fueron de compras a la Quinta Avenida, asistieron a la obra de teatro *Los Miserables* y cenaron en el restaurante de moda Balthazar's. En dicho restaurante vieron a la actriz Julia Roberts y al actor David Schwimmer (de la serie de televisión *Friends*). Abigaíl estaba boquiabierta y muy feliz.

De regreso a México, ya en la fila para abordar el avión, Cayetano empezó a sumar los pequeños gastos de su mujer para restarlos después al total del gran cheque rosa. Lo que aún quedaba de su liquidación eran más de 130 000 pesos. Él calculó que era una cantidad de dinero suficiente para sufragar sin problemas sus gastos por más de siete meses.

Cayetano, de 31 años de edad, un ciudadano común y corriente, ejecutivo, responsable, de nivel social medio, de complexión delgada, tez blanca, pelo entrecano, altura promedio y —hasta podría decirse— bien parecido, había estudiado Administración de Empresas en una universidad de prestigio; además, tenía un buen dominio del inglés. Mejor aún: contaba con más de siete años de experiencia en su campo laboral, pues antes había trabajado en bancos de la talla de Banamex y Santander, así como en una empresa de telemarketing.

No obstante, nunca había perdido su empleo. No sabía qué sentir o qué hacer, y aunque no estaba triste, lo invadía un sentimiento raro y muy peculiar que día con día cobraba mayor intensidad. Cayetano pensaba: "Tengo muchos meses para buscar un buen empleo. Un ejecutivo con mi experiencia, seguro de sí mismo y apuesto, puede encontrar algo interesante en poco tiempo. Además, si eso sucede antes de los siete meses para los que tengo presupuesto, tomaré otras vacaciones o me compraré un coche nuevo con el dinero que me sobre". Una vez que resolvió en su mente todas las complicaciones, logró conciliar el sueño y durmió tranquilo en el vuelo de regreso a México.

CAPÍTULO 2

El desempleo: la realidad

Primer día de desempleo, 9:00 a.m.

L a búsqueda de empleo había comenzado. Cayetano se sintió capaz y confiado. Encendió la computadora que había recibido como gratificación adicional a la liquidación que le dio Conseco y comenzó a hacer su currículum; mientras tanto, Abigaíl desempacaba las maletas y recordó con ilusión el paseo por Nueva York y cómo había gozado de sus compras.

Cayetano no recordaba bien qué datos debía incluir en su currículum, pero eso no lo detuvo. Lo primero que escribió en la hoja, a modo de encabezado, fueron las palabras *curriculum vitae* y enseguida comenzó a escribir todos sus datos generales, como aparecen a continuación:

```
Lic. Cayetano Norman Farías
Tláloc núm. 154, depto. 505
Col. Contadero, Cuajimalpa
México, 05500.
RFC: NOFC-770705-IPA
Tels.: 5259-9677, 5812-3734, 04455 2599 6777
Cayetano.norman@gmail.com.
Fecha de nacimiento: 5 de julio de 1977.
Mexicano, casado
```

Después decidió describir así sus estudios bajo el rubro "Educación":

```
Instituto Cumbres, secundaria / 1989-1992
Instituto Cumbres, preparatoria / 1992-1995
Universidad Anáhuac / licenciatura en Administración de
    Empresas / 1995-1999
```

A continuación, listó toda su experiencia laboral y sus actividades principales. A esta sección le dedicó más de ocho horas para lograr plasmar lo que, a su juicio, era lo más importante:

```
CONSECO MÉXICO, S.A. DE C.V. / 2005-2008
    Puesto: Gerente ventas / director de comercialización
        Coordinador del área de comercialización y ventas. En-
        cargado de los agentes externos e internos. Ventas por
        5.3 millones de pesos. Incremento de la cartera de
        clientes en 140%. Desarrollo de productos nuevos. Con-
        tratación de personal de ventas. Mercadeo de seguros
        de vida universal y de gastos médicos.


BANAMEX FACTORAJE / 2002-2005
    Puesto: Ejecutivo de cuentas senior / gerente de la di-
        visión centro
    Incremento de cartera de cuentas por cobrar en 300% Ma-
        nejo de clientes e incremento de cartera de 30 a 134
        clientes. Elaboración de estudios de crédito para las
        empresas que requerían factoraje. Presencia en comi-
        tés de crédito nacional.


FACTORAJE BANCO SANTANDER / 2001-2002
    Puesto: Ejecutivo de cuenta junior. Efectué descuento en
        cuentas por pagar (factoraje a proveedores), diseñé y
        elaboré contratos y analicé actas constitutivas y de
        poderes. Incremento de cartera a 300%, de dos a seis
        millones de pesos. Intervine en el diseño del método
```

de descuento de documentos por cobrar del Grupo Soriana, el cual generaba utilidades mayores a 300 000 pesos anuales. Promoví y proporcioné servicio y atención a 159 clientes simultáneamente. Elaboré presentaciones sobre los beneficios del factoraje y más de 90 estudios de crédito.

TELEMANTRA, S.A. DE C.V. / 1999-2001

Puesto: Asistente/gerente de operaciones. Como gerente supervisé a 30 agentes de ventas en el área de *Inbound-Outbound* (recepción y creación) de llamadas telefónicas para la venta de los diversos productos y servicios a través de telemarketing, entre ellos la venta de boletos de conciertos.

Además, diseñé un producto llamado Rosas de Etiqueta, el cual tuvo un incremento de ventas de 30 000 pesos mensuales.

Por último, escribió el idioma extranjero que manejaba y los cursos que había tomado en toda su vida:

Idiomas:	Inglés 100%.
Diplomados y cursos:	Calidad total. CIFRA. Servicio a clientes. AMERICAN EXPRESS. Gestación y planeación de nuevos proyectos. UDLA Análisis y toma de decisiones. Universidad Anáhuac. Servicios administrativos y controles laborales. Universidad Anáhuac. Especialización de crédito. Grupo Banamex Accival. Asesor bursátil autorizado. IMERVAL. Negociación positiva. Banamex. Líneas personales de seguros. IMESFAC. Especialización Afores, Siefores, SAR. CONSAR.
Paquetería:	Microsoft Word, Excel, PowerPoint, Mapping, Internet.

Al final, el currículum vitae (cv) de Cayetano quedó así:

CURRÍCULUM VITAE
Lic. Cayetano Norman Farías
Tláloc núm. 154. Depto. 505
Col. Contadero, Cuajimalpa, México 05500
Tels.: 5259-9677, 5812-3734
Celular: 044 55 2599 6777
RFC: NOFC-770705-IPA
Fecha de nacimiento: 5 de julio de 1977
Mexicano, casado

Educación:
Instituto Cumbres, secundaria / 1989-1992
Instituto Cumbres, preparatoria / 1992-1995
Universidad Anáhuac / licenciatura en Administración de Empresas / 1995-1999

Experiencia laboral:
CONSECO MÉXICO, S.A. DE C.V. / 2005-2008
Puesto: Gerente de ventas / director de comercialización.
Coordinador de área de comercialización y ventas. Encargado de los agentes externos e internos. Ventas por 5.3 millones de pesos. Incremento de cartera de clientes en 140%. Desarrollo de productos nuevos. Contratación de personal de ventas. Mercadeo de seguros de vida universal y de gastos médicos.

BANAMEX FACTORAJE / 2002-2005
Puesto: Ejecutivo de cuentas senior / gerente de la división centro.
Incremento de cartera de cuentas por cobrar en 300%.
Manejo de clientes e incremento de cartera de 30 a 134 clientes. Elaboración de estudios de crédito para las empresas que requerían factoraje. Presencia en comités de crédito nacional.

FACTORAJE BANCO SANTANDER / 2001-2002
Puesto: Ejecutivo de cuenta junior.
Reduje cuentas por pagar (factoraje a proveedores), diseñé y elaboré contratos y analicé actas constitutivas y de poderes.
Incremento de cartera en 300%, de dos a seis millones de pesos.
Intervine en el diseño del método de descuento de documentos por cobrar del Grupo Soriana, el cual generaba utilidades mayores a 300 000 pesos anuales. Promoví y proporcioné atención a 159 clientes simultáneamente.
Elaboré presentaciones sobre los beneficios del factoraje y más de 90 estudios de crédito.

TELEMANTRA, S.A DE C.V. / 1999-2001
Puesto: Asistente / gerente de operaciones.
Como gerente supervisé a 30 agentes de ventas en el área de Inbound – Outbound (recepción y creación) de llamadas telefónicas para la venta de los diversos productos y servicios a través de telemarketing, entre ellos la venta de boletos de conciertos.
Además, diseñé un producto llamado "Rosas de etiqueta", el cual tuvo un incremento de ventas de 30 000 pesos mensuales.

Idiomas: Inglés 100%.

Diplomados y cursos:
Calidad total. CIFRA
Servicio a clientes. AMERICAN EXPRESS
Gestación y planeación de nuevos proyectos. UDLA
Análisis y toma de decisiones. Universidad Anáhuac
Servicios administrativos y controles laborales. Universidad Anáhuac
Especialización de crédito. Grupo Banamex Accival
Asesor bursátil autorizado. IMERVAL
Negociación positiva. Banamex
Líneas personales de seguros. IMESFAC
Especialización Afores, Siefores, SAR. CONSAR

Paquetería: Microsoft Word, Excel, PowerPoint, Mapping e Internet.

Cayetano estuvo trabajando en su documento casi hasta las 11 de la noche, pero quedó satisfecho con la "obra de arte" que había creado después de tantas horas. Al fin tenía su currículum vítae. Estaba seguro de que esas dos páginas constituirían un arma poderosa en su búsqueda de empleo.

Al día siguiente presumió a su esposa Abigaíl su "obra de arte". Ella se había levantado temprano a preparar el desayuno favorito de Cayetano: unos deliciosos huevos con chorizo y salsa verde. Durante el almuerzo, Abigaíl leyó el currículum; en tanto, al otro lado de la mesa, él leía la sección de anuncios clasificados del periódico para examinar las ofertas de empleo que se habían anunciado esa mañana en el periódico *El Universal*. Cuál no sería su sorpresa cuando descubrió que había únicamente seis ofertas de trabajo, de las cuales solo una se acercaba a lo que él buscaba.

El anuncio decía así:

Empresa líder en México solicita:

GERENTE DE VENTAS

Requisitos:

Edad 28-35 años Inglés 100%
Experiencia de más de cuatro años en puesto similar
Carrera administración o afín. Buena presentación
Disponibilidad para viajar

Ofrecemos:

Sueldo $18 000 más prestaciones de ley
Excelentes comisiones y bonos de productividad
Interesados mandar su currículum al correo electrónico
erojas@infomedica.com

Cayetano puso manos a la obra y decidió ir a la oficina de su padre, Silvano, para dedicarse con tranquilidad a enviar por correo electrónico su "obra de arte" a la empresa que necesitaba un gerente de ventas.

De camino a dicha oficina tuvo la inteligente ocurrencia de detenerse en una tienda para comprar otros periódicos y así aprovechar su visita a la oficina de su padre para enviar más correos electrónicos. Mientras esperaba para pagar, hojeó algunos de ellos y al ver que contenían un gran número de ofertas, pensó que esa sería una mañana en verdad interesante.

En el transcurso del día, envió su currículum a más de 30 empresas. Cuando llegó su padre se sentaron a platicar un rato. Él le dio varias recomendaciones; entre ellas, que enviara el CV a su amigo Luis, un *headhunter*. También le aconsejó que se comunicara con Eduardo Plascencia, quien trabajaba en una empresa llamada Smurfit en el área de Recursos Humanos.

Ese mismo día, Cayetano, muy obediente, se puso en contacto con Luis, el cual le propuso una cita para la semana siguiente. También se comunicó con Eduardo Plascencia, quien le pidió contactar a Rodolfo Sheller para programar una entrevista.

En la agenda electrónica de su i-Phone, comenzó a escribir todas sus citas y a hacer anotaciones para no olvidar una sola palabra. La primera que escribió fue la de Luis. Luego regresó a su casa, ya más tranquilo, y después de comer con Abigaíl, decidió invitarla al cine.

Ocho días de desempleo

Cayetano despertó y se preparó para acudir a la reunión que había programado con Luis. Durante la entrevista, Luis le hizo muchas preguntas difíciles como estas: ¿Puedes hablarme de ti?, ¿cómo manejas el fracaso?, ¿por qué te quedaste sin empleo?, ¿cuáles son tus habilidades y cuáles tus debilidades?, ¿qué buscas?, etcétera. Platicaron en ese tenor por más de dos horas.

Cayetano salió muy contento de la oficina de Luis, pues ahora había un *especialista* ayudándolo a buscar empleo. Ese día, después de sentir la bendición de tener el respaldo de un headhunter, decidió buscar otros más. Cuando llamó a su amigo Agustín Barrios Gómez, este le dijo que tenía una lista de los mejores de la ciudad. Le pidió que le proporcionara una copia y le dijo que iría a recogerla al día siguiente.

Todo era color de rosa para Cayetano. Pasaban los días y él continuaba enviando correos electrónicos y haciendo llamadas telefónicas a todas las empresas en las que deseaba trabajar. Usando la lista de Agustín, envió su currículum a otros 70 headhunters de la Ciudad de México, con la intención de lograr la mayor cantidad de entrevistas. Estaba convencido de que pronto encontraría empleo. La búsqueda le estaba resultando sencilla y el progreso parecía notorio.

La primera entrevista

Cayetano decidió llamar a Rodolfo Sheller, de la empresa Smurfit, aunque no sabía exactamente qué le diría. Estaba inquieto, pero se sacudió el nerviosismo y comenzó a marcar el número.

—Smurfit, buenos días.

—¿Me puede comunicar con el licenciado Sheller, por favor?

—Un momento, por favor...

—¿Sí? —contestó una voz masculina.

—¿El licenciado Sheller?

—Sí, él habla.

—Buenas tardes, mi nombre es Cayetano Norman. Hace unos días hablé con el licenciado Eduardo Plascencia y me dijo que me comunicara con usted porque estoy buscando empleo.

—¿Cuándo puedes venir? —respondió Sheller.

—Hoy mismo, si usted está de acuerdo.

—Muy bien, nos vemos hoy a las cinco de la tarde. Hasta luego.

Concertó una cita para su primera entrevista. Mientras festejaba el acontecimiento con su esposa, abrió su armario para elegir un traje y una corbata. A las 4:20 p.m. Cayetano salió en dirección a Smurfit, que se encontraba en Naucalpan.

Durante la entrevista, el licenciado Sheller, quien parecía tener mucha prisa, le comentó de inmediato que estaba buscando un asistente de tesorería, pues él era director de finanzas de todo el grupo Smurfit Cartón y Papel de México. Después le mencionó que el sueldo del puesto era de 12 000 pesos. Por último, añadió que un requisito indispensable para trabajar ahí era hablar inglés, y aunque Cayetano le aseguró que él lo hablaba muy bien, Sheller sacó unos exámenes de su cajón, se los entregó y luego de pedirle que los respondiera se despidió de él. Cayetano pasó a otra sala para contestar la prueba.

Mientras respondía las preguntas, algunas dudas flotaban en su cabeza: "¿Qué será eso de *tesorería*? ¿Doce mil pesos de sueldo? ¿Qué es Smurfit?".

Tres cuartos de hora después entregó el examen resuelto a la secretaria del licenciado Sheller, quien le dijo: "Nosotros nos comunicaremos con usted en unos días", lo cual nunca sucedió.

Transcurrió un mes y Cayetano no había concertado más entrevistas. El espacio de anotaciones y citas estaba vacío.

Treinta y dos días de desempleo

Por fin, después de 32 días, Cayetano recibió una llamada para asistir a otra entrevista. Una compañía de nombre Pacific Wooten, a la que él había enviado su CV (aunque solo hasta ese momento lo recordó), quería entrevistarlo la mañana siguiente.

Se presentó muy temprano en Pacific Wooten, de modo que tuvo que esperar. Estaba un poco nervioso porque era su segunda entrevista. La empresa parecía un tanto extraña y se percibía un gran movimiento de personal. A los 20 minutos llegó su entrevistador, un asiático de nombre Yun Lee. Como no hablaba español, la entrevista se desarrolló en inglés. Sin embargo, Yun no lo hablaba muy bien.

Cayetano se enteró, a través de Yun, que Pacific Wooten era una empresa dedicada al mercado cambiario Forex (*Foreign Exchange*), es decir, era una empresa que ganaba interesantes márgenes cambiando divisas: yenes, libras esterlinas, eurodólares y pesos. Los horarios eran algo extraños: había que presentarse a trabajar los fines de semana y algunas veces también durante las noches. Esto ocurría porque los mercados europeos comenzaban a operar mientras en México aún era de noche.

Yun le ofreció un sueldo base de 5 000 pesos y la promesa de unas comisiones que parecían muy interesantes. Según él, la mayoría de los ejecutivos a su cargo ganaban más de 30 000 pesos al mes. Respondió solamente "Sounds interesting" (suena interesante), y siguieron platicando en inglés.

El objetivo principal del empleo era buscar clientes que invirtieran —y arriesgaran— varios cientos de miles de dólares para comprar y vender divisas, lo que a Cayetano le pareció una tarea bastante difícil.

Se despidió de Yun con un fuerte apretón de manos y le dijo que lo pensaría. Por la tarde lo llamó para decirle que no estaba interesado y le dio las gracias. Definitivamente, no era lo que él buscaba.

Transcurrió otra semana. Ese día Cayetano despertó más tarde de lo normal, ya que sus actividades para esa mañana se reducían a ir al banco a depositar 7 500 pesos por la renta mensual de su departamento, y de paso aprovecharía para pagar el saldo de su tarjeta de crédito. Su viaje a Nueva York había afectado considerablemente su crédito disponible y él ni siquiera lo había contemplado (más bien lo había olvidado), por lo que decidió cubrir solo el pago mínimo, 2 600 pesos, para no desembolsar los 26 000 pesos de adeudo total.

Al salir del banco comenzó a hacer cuentas mentales. El dinero de su liquidación estaba disminuyendo significativamente y aún no tenía opciones de empleo en puerta. Empezó a preocuparse un poco, aunque todavía conservaba algo de tranquilidad.

Cincuenta y cuatro días de desempleo

Cayetano decidió de nueva cuenta *ponerse las pilas*, pues habían pasado ya varias semanas y sus esfuerzos por conseguir empleo no habían sido constantes: únicamente había efectuado un par de llamadas telefónicas que no lo llevaron a nada. Lo peor fue que empezó aburrirse y a perder el tiempo.

En una comida que tuvo en casa de sus suegros ocurrió algo que lo hizo sentirse extraño.

—¿Cómo vas, Tano?, ¿ya encontraste empleo? —le preguntó su suegra Lourdes.

—Ahí vamos, señora. Parece que tengo otra entrevista pasado mañana —respondió él.

Cayetano se sintió molesto al escuchar esa pregunta, como si le hubieran clavado un puñal en la espalda. Aunque no le manifestó el enojo a su suegra, en su interior sintió vacío, lo que nunca había experimentado. El desempleo había empezado a afectar a Cayetano Norman.

Dos meses de desempleo

Después de dos meses sin empleo, por fin las siguientes dos semanas parecían prometedoras: tenía tres entrevistas en puerta, que aparentaban ser buenas opciones. Una de ellas era en Comercial América, otra en el parque de diversiones Six Flags y una más en Iusacell.

Llegado el día de la entrevista en Comercial América, el monstruo mexicano de los seguros, se entrevistó con un tal señor Jesús O. Maya Du-

Pont, quien al ver la experiencia de Cayetano dentro de una aseguradora reconocida como Conseco México, le informó que estaban buscando una persona con su perfil para que ocupara una gerencia media en el área de comercialización.

Aunque el sueldo no se discutió en la entrevista, vislumbró que lo máximo que podría esperar eran 20 000 pesos mensuales. No obstante, se mostró interesado en conocer más acerca de la vacante. Al terminar el encuentro y al ver que Cayetano daba el ancho para el puesto, Jesús le pidió que se comunicara con la persona encargada de aplicar los exámenes psicométricos para que concertara una cita.

No estaba muy convencido de querer trabajar nuevamente en una empresa de seguros; sin embargo, presentó los exámenes al día siguiente y continuó con el proceso de selección hasta concluirlo.

Después de unos días, Jesús llamó a Cayetano. Los resultados de los exámenes habían sido satisfactorios, y le dijo: "Hemos decidido darte el puesto". A continuación le dio todos los pormenores del cargo. Le ofrecían 11 000 pesos de sueldo bruto, bonos de productividad semestrales y prestaciones de ley, 10 días de vacaciones durante el primer año y aguinaldo de 45 días.

En definitiva, no era lo que él buscaba. En su empleo anterior ganaba más del triple, por lo que la oferta le parecía muy baja y estaba seguro de que no le alcanzaría para cubrir sus gastos. Además, Comercial América quedaba a más de una hora de su casa, así que, sin analizar más el asunto, decidió declinar.

En Six Flags, se entrevistó con Alma Garza, la jefa de Recursos Humanos, quien después de una hora lo envió con Antonio Quevedo Diniz, presidente y dueño de una parte del parque. En la entrevista, el licenciado Quevedo le comentó:

—Mira, Cayetano, examiné tu currículum y creo que cumples con el perfil del puesto. Estamos buscando a una persona que se encargue de la comercialización de todos los productos promocionales de Six Flags y de su mascota *Cornelio*, dentro y fuera del parque. Respecto al sueldo, está un poco por debajo de lo que tú buscas, pero ofrece comisiones sobre las ventas globales. Además, contamos con una empresa que se encarga de mantener y promover más de 40 establecimientos de máquinas de videojuegos.

Dicha empresa también estaría a cargo de quien ocupe esta vacante. Hasta el momento, hemos entrevistado a otros cuatro candidatos, pero por tu presencia y tu CV, me atrevo a adelantarte que tú estás en primer lugar; solamente faltaría que te entrevistaras con otra persona.

Cayetano se entrevistó con esa otra persona, quien le comentó los pormenores del puesto. Para desempeñarse en él era necesario viajar a otros estados de la república, controlar todos los inventarios de las tiendas y los *stands* de Six Flags, así como ampliar los establecimientos y cadenas de videojuegos. Su oficina estaría en la sede del parque, ubicada al sur de la Ciudad de México. Si aceptaba el empleo, tendría que reportarle directamente al director de *marketing* del parque de diversiones.

Aunque este trabajo también le quedaba muy lejos de su domicilio, se sintió obligado a interesarse. Una vez en casa, le platicó todo a su esposa, y aunque ella comentó que no le latía mucho, Cayetano se sentía un tanto entusiasmado porque estaba seguro de que podría ser una buena oportunidad de crecimiento. Pero pasaron los días y aunque Cayetano había comentado que tenía interés en el puesto, nunca lo llamaron.

Su entrevista en Iusacell fue un desastre. Cayetano se presentó algo nervioso y, para empeorar las cosas, sintió desde el principio que no le había caído bien a la reclutadora. Inmediatamente, le preguntaron si conocía las actividades y el giro de la industria celular.

—Yo solo sé que ustedes venden teléfonos, y la verdad con regular servicio. Pero me imagino que mejorarán con el tiempo —respondió Cayetano en tono dubitativo.

Luego de esa desastrosa respuesta, le preguntaron por qué quería, entonces, trabajar en una empresa de telecomunicaciones si su experiencia era en seguros y en bancos.

—Pues, este…, no es que quiera trabajar en la industria de las telecomunicaciones, pero como ustedes me llamaron, decidí venir a enterarme de qué se trataba.

Como si la reclutadora quisiera ensañarse contra él, comenzó a acribillarlo con preguntas acerca de su personalidad, su carácter, sus logros anteriores, etcétera. Cayetano no estaba preparado para un interrogatorio así y siguió contestando casi sin pensar, diciendo cosas como "Tengo mucha experiencia en ventas y, desde mi punto de vista, una personalidad agradable y un carácter normal...".

Después de la entrevista, que no duró más de 15 minutos, pasó a otra oficina donde le aplicaron exámenes psicométricos y de inglés durante más de tres horas. Por fin terminó y con la mano adolorida manejó de regreso a casa.

Nunca supo qué puesto le ofrecían, pero no importaba porque tampoco le volvieron a llamar.

Tres meses de desempleo

Un día por la mañana, el coche de Abigaíl se descompuso. Enrique, el mecánico que Cayetano conocía, le dijo que el problema era difícil de arreglar. Cayetano alcanzó a entender que la base del cuerpo del motor estaba oxidada y corroída y que ello ocasionaba que el aceite y el anticongelante comenzaran a mezclarse, por lo que el coche podría desvielarse en cualquier momento. Lo peor de todo era que la compostura costaría más de 5 000 pesos.

Cayetano llevó el coche a una agencia Volkswagen para asegurarse de que el mecánico no hubiera tratado de timarlo. Pero en la agencia le cotizaron el arreglo en más de 16 000 pesos. Cayetano no podía creer que la reparación de un automóvil modelo 2006, valuado en 60 000 pesos en el libro azul (*Blue Book*), pudiera costar más del 20% de su valor.

No le quedó otra opción, así que llamó a Enrique y le pidió que pasara por el coche para repararlo. Cayetano no tenía contemplado gastar 5 700 pesos. Eso alteraría el tiempo que duraría su liquidación para cubrir sus obligaciones financieras. A la vez, acortaría el tiempo que tenía calculado para estar sin empleo y sin ingresos. Ahora sí, Cayetano estaba preocupado y tenía que encontrar un empleo rápidamente.

De pronto, se presentó la oportunidad de asistir a una entrevista más. Isabel, la hermana de Cayetano, le comentó que el cuñado de su esposo estaba reclutando personal para vender tiempos compartidos. Cayetano ya no tenía nada que perder y se presentó en el domicilio de la agencia de viajes en la zona de Polanco. Al entrar conoció a Ralph, el dueño, quien le mostró las instalaciones de la oficina, en cuyas paredes había alrededor de 30 carteles de las playas más bonitas de México, así como el área de ventas, que parecía un restaurante en vez de un centro de labores, pues estaba repleta de mesas y sillas. Ambos tomaron asiento para que Cayetano observara (y lo hizo con interés) a todos los ejecutivos que trabajaban como comisionistas. En esa demostración de ventas, Cayetano presenció el cierre de más de cinco paquetes VTP a Los Cabos y a Cancún.

Gracias a esto, Ralph otorgó a ese grupo de ejecutivos más de 20 000 pesos de comisión, y fue entonces cuando Cayetano decidió que sería bueno intentarlo, ya que necesitaba en forma urgente algunos ingresos.

La agencia de viajes solo organizaba eventos para clientes los martes y jueves por la tarde, por lo que Cayetano tendría tiempo suficiente para continuar con su búsqueda de empleo.

Durante el primer martes que Cayetano asistió, entró un gran número de clientes. El anzuelo para atraerlos a las oficinas era decirles que habían ganado un premio, el cual consistía en un certificado de estancia en un hotel de cinco estrellas. Este certificado era ofrecido con anterioridad por teléfono, pero si querían obtenerlo, tenían que comprar los boletos de avión. Lo que los clientes no sabían era que el precio del vuelo ya incluía la estancia en el hotel.

Cayetano estuvo trabajando en la agencia más de un mes, y aunque al principio entraban muchos clientes, cada día llegaban menos. No obstante, luego de algún tiempo, dejaron de acudir. Él nunca pudo cerrar una venta y decidió que era mejor abandonar este empleo.

Durante su permanencia en la agencia, Cayetano dejó de buscar trabajo.

Cinco meses de desempleo

Cayetano buscaba empleo en forma esporádica. Efectuaba algunas llamadas y a veces decía que había asistido a unas entrevistas, sin que fuera cierto. Según su esposa, se había convertido en "un mueble a medio cuarto", ya que siempre estaba en la casa viendo televisión. Antes jovial y alegre, se volvió reservado y taciturno; ya no era el mismo. Su búsqueda se había tornado tediosa, cansada y verdaderamente irregular.

Abigaíl comentaba con su mamá que todos los días Cayetano se levantaba muy tarde y que los quehaceres domésticos se demoraban por su culpa. Ya no lo veía buscando empleo con el mismo entusiasmo que demostró al principio. Decía que Cayetano antes había sido una persona con gran carácter y un excelente sentido del humor, pero que ahora había perdido todo eso. Abigaíl no sabía qué hacer ni qué le pasaba a su esposo, de modo que tampoco sabía cómo ayudarlo.

Él se mostraba cada vez más triste y pensativo. No entendía por qué ya no le hablaban para entrevistarlo, pese a que había enviado su currículum a cientos de empresas. Tiempo después se enteró de que, dentro de la empresa donde trabajaba un familiar, estaban contratando personal, pero él estaba tan susceptible y tan lastimado en su orgullo que prefirió no pedir ningún favor. Tenía la necesidad de sentirse capaz de encontrar un empleo sin ayuda de nadie, menos aún de alguien cercano.

Cayetano estaba ya tan preocupado que, sin darse cuenta, sus relaciones con Abigaíl, con sus amigos y con su familia habían comenzado a deteriorarse. El desempleo se había convertido en una carga más difícil de soportar de lo que había previsto.

Ese mes, Cayetano comentó con su papá que sentía que le faltaban más estudios y habilidades. Su papá le sugirió aprovechar el tiempo tomando un curso o un diplomado para fortalecer sus conocimientos, pues posiblemente eso le sería de gran ayuda para encontrar un empleo en poco tiempo. Aunque a Cayetano le pareció una gran idea, de momento no podía gastar su dinero en cursos porque no tenía el suficiente para los meses venideros, pero su papá insistió y ofreció sufragar ese gasto. En el fondo, su padre sabía que estudiar lo mantendría ocupado y despejaría un poco su mente del problema, ya que también lo notaba muy desganado.

Al día siguiente, su papá lo llamó por teléfono para informarle que había leído en un periódico la convocatoria para diplomados en el Tecnológico de Monterrey. Cayetano compró el periódico y miró el anuncio entusiasmado. Luego llamó a su padre para comunicarle que, de los más de 10 diplomados que se anunciaban ese día, le había interesado mucho el de Ingeniería Financiera.

El diplomado duraba 96 horas y costaba más de 16 000 pesos; no obstante, casi sin pensarlo, se inscribió. El horario de clases era de 9:00 a.m. a 6:00 p.m. los viernes y sábados, durante cuatro meses.

El Tec de Monterrey resultó muy interesante. La mayoría de las materias eran netamente financieras y el nivel del profesorado era muy bueno, lo cual agradó mucho a Cayetano. Uno de los primeros días, durante un receso entre clases, decidió ir al departamento de bolsa de trabajo del Tecnológico de Monterrey para buscar nuevas ofertas. La encargada le comentó que había siete carpetas clasificadas por carreras, en donde las empresas buscaban estudiantes y egresados del Tecnológico. Se acercó al anaquel y tomó la carpeta correspondiente a la carrera de Administración. Ahí obtuvo algunos datos de vacantes que lucían por demás interesantes:

GE CAPITAL– Ejecutivo de cuenta. **Sueldo $19 000. Lic. Emile Saraf, teléfono 5345-2220, rh@ge.com**

TELEFÓNICA– Subgerente de servicio a clientes. **Sueldo $30 000. Lic. Gregorio Olivares, Jefe de Recursos Humanos. Tel. 5454-3030, go@telefonica.com**

MANPOWER– Ejecutivo de ventas. **5269-7171. Lic. Adriana Gelista. Sueldo según habilidades, adrigel@manpower.com.mx**

ADECCO– Gerente de sucursal. **Lic. Olguín, 5557-2540. Sueldo $16 000. rh@adecco.com**

BANCOMER– Subgerente de crédito de tarjetas internacionales. **Mónica Vasavilbaso. Sueldo $33 000 con automóvil. 5202-9515. mvas@bbva.com**

PROCTER & GAMBLE– Desarrollo de nuevos proyectos. **Martha Ruiz, reclutamiento y selección, 1555-9988, rh@procter.com**

ELEKTRA– Supervisor de ventas. **María Haces Torres, reclutamiento y selección, 5543-3287. Sueldo $16 000 a $28 000, según habilidades.**

SIGMA ALIMENTOS– Ejecutivo de promoción, LAE. **Edad máxima 39 años. Comunicarse con Lorena Ávila Estudillo, jefa de reclutamiento y selección, 5513-4552. Sueldo $19 000 más comisiones. lav@sa.com**

Al regresar al salón para tomar la siguiente clase, Cayetano observaba los datos que recién había recabado. Tuvo un presentimiento que lo alegró y le dio esperanzas, ya que todas las opciones eran muy interesantes.

Envió su CV a todas las empresas. A los pocos días, sucedió lo que tanto anhelaba: el teléfono sonó.

Recibió al mediodía una llamada del licenciado Emile Saraf, de GE Capital; deseaba entrevistarlo el siguiente lunes a las 10:00 a.m. para tratar la vacante de ejecutivo de cuenta. Unos días después le hablaron de dos compañías más, Bancomer y Adecco, también para entrevistarlo. ¡Cayetano daba brincos de emoción! El diplomado ya estaba dando frutos, y únicamente había cursado las primeras ocho horas de clases. Asistir a ese diplomado había sido una gran decisión, por lo que decidió comunicarse de inmediato con su padre para informarle lo sucedido y agradecerle su apoyo.

En su entrevista en GE Capital todo salió muy bien. Emile Saraf era una gran persona. Mientras revisaba el currículum de Cayetano le formuló algunas preguntas y sonreía mucho al hacerlo. La plática con él se extendió más de una hora, y por primera vez olvidó sus nervios, efectuó algunas preguntas y se sintió tranquilo. Posteriormente, lo invitaron a resolver algunos exámenes psicométricos.

Pasó a una sala especial en donde conoció a la licenciada Arlette Martínez, la encargada de aplicar los exámenes. Ella le asignó un lugar para sentarse, colocó un par de lápices en la mesa y le dijo que tenía 35 minutos para completar la primera parte. Solo de ver la cantidad de hojas que tenía el examen, pensó: "¡Qué flojera, caray!... Pero qué se le va a hacer". Comenzó a responder sin entusiasmo; además, había muchas preguntas realmente extrañas.

En la primera parte del examen le pedían que dibujara a una persona; después, que escribiera una historia acerca de la persona dibujada. Cayetano trató de resolver las preguntas de la manera más clara y honesta posible. Luego pasó a la segunda parte del examen, que duró más de 45 minutos. Eran preguntas de conocimientos generales, algo de historia, matemáticas básicas, inglés y algunas más triviales.

Por último, la licenciada Martínez se sentó con Cayetano para efectuarle una prueba tipo rompecabezas. Tenía que memorizar figuras geométricas para después armarlas con cubos de plástico que tenían triángulos y otras formas geométricas en cada uno de sus lados. Parecía difícil, pero no tuvo problemas para superar cada rompecabezas dentro del tiempo señalado.

Al terminar, ella le dijo con voz angelical: "Eso es todo. Estaremos en contacto contigo. ¡Muchas gracias, Cayetano!".

Unos días después llegó la entrevista en Adecco. El nombre de la empresa le sonaba familiar, pero no sabía ni un comino acerca de su giro ni conocía el tipo de actividades que ahí se desarrollaban.

Fue puntual. Una vez que llegó al sexto piso y salió del elevador, se encontró con más de 10 personas en la recepción. La recepcionista le entregó una solicitud y le pidió que la llenara en la sala mientras esperaba junto con las demás personas.

La solicitud tenía más de cuatro hojas y todas las preguntas se resolvían leyendo su CV. Cayetano se acercó nuevamente a la recepcionista para decirle que él ya traía su CV y preguntó si aun así era necesario llenarla. Ella le respondió que sí, porque en Adecco escaneaban todas las solicitudes para que sus datos se incluyeran automáticamente en el banco de candidatos para los diferentes puestos. Cayetano se sorprendió de la tecnología que usaban en Adecco y empezó a llenar la tediosa solicitud.

Casi tres cuartos de hora después, la licenciada Araceli Olguín recibió a Cayetano. La entrevista fue muy bien conducida y profesional. Ella era una ejecutiva atractiva y amable. Durante la entrevista, le preguntó a la licenciada Olguín por el giro de Adecco y ella le respondió: "Somos una empresa trasnacional originaria de Francia y Suiza, con más de 250 000 empleados. Desde hace 50 años nos dedicamos a reclutar personal para otras empresas y manejamos también la nómina de nuestros más de 100 000 clientes. Tenemos más de 52 sucursales en toda la República Mexicana y cientos más en 50 países. Somos la única empresa de reclutamiento con certificación de calidad ISO-9002".

Cayetano quedó sorprendido. Al terminar la entrevista, la licenciada Olguín se despidió y le dijo que lo llamarían para programar la fecha de los siguientes exámenes y las entrevistas posteriores.

A Cayetano no le quedó muy claro si la posición de gerente de sucursal era para una filial de Adecco o una sucursal de alguno de sus 100 000 clientes, pero entendió que sin importar para qué empresa fuera, esta era una compañía que le generaría más opciones.

Nueve días después le llegó el turno de entrevistarse en Bancomer. La cita ocurrió en la oficina matriz del banco. Llegó apenas dos minutos antes y no encontró estacionamiento. Los nervios comenzaron a traicionarlo. Después de casi 10 minutos, halló por fin un lugar a más de cuatro cuadras de ahí. Apagó el motor del coche, azotó la puerta e inició una carrera por la calle. Cuando llegó a la recepción de las impresionantes oficinas, demoró todavía otros cinco minutos en registrarse. Finalmente, arribó a la oficina en donde se entrevistaría con la licenciada Mónica Vasavilbaso para solicitar la vacante de subgerente de crédito de tarjetas internacionales.

El puesto ofrecía excelentes prestaciones, incluso un automóvil utilitario. La entrevista salió a la perfección. Mónica tuvo una grata impresión de Cayetano y le aseguró que había una muy buena oportunidad para que se quedara con el puesto. Lo único que faltaba era que se reuniera con el director del área. Cayetano salió feliz de la entrevista. Tenía otra opción de empleo en puerta.

Siguió llamando a las empresas restantes, cuyos teléfonos había obtenido en la bolsa de trabajo del Tecnológico de Monterrey. Así averiguó que la vacante de Telefónica ya se había cubierto, sin que tuviera oportunidad de competir por el puesto.

Manpower resultó ser otra empresa de reclutamiento, en donde tampoco obtuvo una entrevista, pero le informaron que sí habían recibido su CV y que lo llamarían muy pronto.

En Procter & Gamble tampoco logró una entrevista, pues la política de la empresa era hacer primero a todos los candidatos unos exámenes de matemáticas y de conocimientos generales; después, en caso de que los aprobaran, obtendrían una entrevista. Cayetano hizo cita para los exámenes y los llevó a cabo, pero pasó el tiempo y nunca le hablaron. Tiempo después, un amigo de su cuñada Clarisa, que trabajaba en Procter & Gamble, averiguó que había reprobado los exámenes.

Elektra y Sigma le confirmaron la recepción de su CV y acordaron que le hablarían pronto, lo cual nunca sucedió.

Cayetano seguía cursando exitosamente su diplomado. Estaba feliz porque aún le quedaba un par de opciones; mientras tanto, se mantenía despejado y se ocupaba elaborando algunas investigaciones y trabajos para sus clases.

Seis meses de desempleo

Habían transcurrido más de 180 días desde el despido de Cayetano. Para él ya era medio año sin empleo. No podía creer que el tiempo hubiera pasado tan rápido y que aún no tuviera nada seguro. No le habían hablado para asistir a una segunda entrevista ni en GE Capital ni en Adecco, y tampoco en Bancomer.

Empezó a sentir desesperación. Le tenía prohibido a su esposa realizar llamadas telefónicas extensas porque su teléfono de casa no tenía servicio de llamada en espera, y según él, podían hablarle en cualquier momento para concertar una entrevista; no lo iban a llamar a su celular. Todo el día peleaba con ella por los gastos y otros asuntos de la casa.

También dejó de frecuentar a sus amigos de toda la vida, Hiram, José, Víctor, Pedro, Pablo y Alejandro, ya que la acostumbrada comida de los viernes salía muy cara; además, su diplomado se lo impedía.

Aunque a Abigaíl y Cayetano se les presentó la oportunidad de asistir a algunos convivios, reuniones e incluso a un par de viajes a Acapulco y Valle de Bravo con sus amigos y familiares, no acudieron para evitar que la gente preguntara sobre su desempleo. Por otra parte, no podían darse el lujo de gastar más dinero.

Una noche, sin poder conciliar el sueño, se saturó de preguntas: "¿Por qué ningún headhunter me ha llamado? ¿Por qué no me han llamado para el empleo que presuntamente ya era seguro en Bancomer? ¿Cuándo encontraré trabajo? ¿Qué habrá pasado en GE Capital? ¿No parecía Adecco una oportunidad más que segura?".

Esa noche no pudo dormir. Estaba muy triste e incluso lloró un poco de tanto atormentarse con sus pensamientos.

Al día siguiente decidió hacer otro esfuerzo. Volvió a llamar a Bancomer y mandó nuevamente su currículum a todos los headhunters y a otras empresas que no se habían comunicado con él. Esta vez quiso insistir llamándo también por teléfono para confirmar los envíos.

Se sorprendió al enterarse de que el puesto de subgerente de crédito de tarjetas internacionales de Bancomer había sido cubierto recientemente. Estaba seguro de que la vacante era suya, pero la reclutadora con la que se entrevistó semanas atrás, Mónica Vasavilbaso, ya no trabajaba ahí, y la nueva reclutadora no llevaba un seguimiento de los candidatos entrevistados con anterioridad. De modo que el cv y los datos de Cayetano nunca llegaron a las manos de la nueva reclutadora, quien nunca supo de su existencia; por tal motivo, contrataron a otra persona. Ella le preguntó por qué no había vuelto a llamar unos días después de entrevistarse, y luego le ofreció una disculpa.

Por otro lado, se enteró de que ningún headhunter iba ayudarlo en el corto plazo, ya que la mayoría solo manejaban altos ejecutivos que actualmente estuviesen empleados y tuvieran sueldos superiores a 70 000 pesos mensuales.

Sus opciones se habían esfumado en cuestión de minutos. Cayetano sintió que debía empezar de nuevo porque no tenía nada. Pero no sabía qué hacer e ignoraba si tendría fuerzas o ánimo para volver a intentarlo. ¿Cuánto tiempo más pasaría antes de encontrar empleo? Estaba muy triste y enojado con la vida y consigo mismo. El desempleo lo estaba acabando emocionalmente.

Ocho meses de desempleo

Después de ocho meses el agua le había llegado al cuello. Su respaldo económico se había agotado. El saldo de su cuenta bancaria estaba en ceros y aún debía mucho dinero a su tarjeta de crédito.

La presión psicológica lo forzó a llamar a su padre: "Papá, necesito que me prestes algo de dinero. No sé qué hacer". Su padre solamente pudo prestarle 20 000 pesos. Aunque agradecido, sabía que ese dinero apenas le serviría para cubrir los gastos de cuatro semanas. Tenía que encontrar algo de inmediato.

Por otro lado, Abigaíl, al ver la frustración de Cayetano y el mal momento económico por el que pasaban, decidió buscar empleo para ayudarlo. Por suerte, unos días después una amiga cercana la contactó con una empresa en ciernes llamada Pegaso, que en ese momento estaba contratando mucha gente. De inmediato, Abigaíl fue contratada con un sueldo de 13 000 pesos como coordinadora de *facilities*.

Aunque la intención de Abigaíl era ayudar, sin querer ejerció más presión sobre Cayetano, pues había encontrado empleo más rápido, y él seguía luchando por encontrar uno después de ocho meses.

Nueve meses de desempleo

Cayetano se sentía derrotado. No soportaba que le preguntaran cómo iba su búsqueda. Todo el día tenía cara de enojado y angustiado. No quería hablar del tema con nadie, ni comentaba más su situación.

El desempleo lo había destrozado emocionalmente. Había perdido la noción del tiempo. No había principio ni fin. Los días y las noches pasaban uno tras otro a un ritmo monótono e indiferente. El departamento se convirtió en su vida entera. Afuera, la vida le resultaba extraña, casi de otro planeta. No sabía con exactitud cuánto tiempo había transcurrido desde su salida de Conseco.

Pasaba días enteros encerrado en su hogar. No hacía llamadas telefónicas y se limitaba a salir a sus últimas clases, a presentar los exámenes del diplomado los viernes y sábados y a cargar de gasolina el tanque de su coche. Su desesperación lo obligaba a gastar sus últimos centavos en billetes de lotería y concursos de combinaciones de números. Durante sus encierros lloraba a ratos, hablaba solo, veía mucho la televisión y hacía algunas tareas. En las escasas comidas familiares a las que llegó a asistir con su mujer no hablaba del tema con nadie, era seco y había dejado de ser ameno.

Sin embargo, de un momento a otro, sin darse cuenta, comprendió que era la cabeza de una nueva familia y que no podía desmoronarse, así que decidió no descansar hasta encontrar empleo.

Pensó que parte del problema era que no sabía lo que buscaba o en qué le gustaría trabajar. Comenzó a hacerse nuevas preguntas: "¿Qué busco?, ¿qué puedo hacer?, ¿qué me gusta hacer?, ¿para qué soy bueno?, ¿cuánto debo pedir de sueldo?, ¿cuánto valgo?, ¿estará bien hecho mi currículum?". Cayetano continuó formulándose preguntas durante muchas horas.

Examinó rápidamente su persona y su trayectoria. Al parecer, todo lo conducía hacia los proyectos de ventas. Pensó: "Creo que soy bueno para vender". Decidió que al siguiente día retomaría sus responsabilidades y buscaría un empleo, cualquiera que este fuera.

"Aún no tenemos vacantes, pero queremos entregarle este premio
por haber sido el más insistente durante un año".

CAPÍTULO 3

Gracias,
señor consultor

Una noche, a las 9:00 p.m. ocurrió algo trágico e inesperado. El teléfono sonó y sobresaltó a Cayetano. Por un instante se alegró, pues pensó que alguna empresa lo requería, pero al ver en su reloj que ya era tarde para una llamada de ese tipo, su emoción se esfumó.

Abigaíl contestó el teléfono y cuando colgó tuvo que darle la mala noticia de que su abuela había sido trasladada de emergencia al hospital a causa de una neumonía.

La abuela de Cayetano tenía varios meses de estar enferma en casa. Después de que Abigaíl le dio la terrible noticia, sintió remordimiento y culpa, ya que no la había visitado durante toda su enfermedad. No obstante, sabía que a ella no le gustaba que la vieran en ese estado.

Al parecer, la condición de la abuela de Cayetano era muy grave, por lo que se preparó para salir apresuradamente rumbo al hospital. Cuando por fin llegó a la habitación 321, vio a su abuela June, de 84 años, una bella anciana de ojos azules y cabello plateado, quien yacía en la cama mostrando un marcado gesto de angustia y dolor. Al verlo, sonrió sorpresivamente.

En ese momento no había más personas en la habitación; los demás familiares se encontraban en la sala de espera platicando con uno de los médicos.

Con una pronunciación pocha y un tono de voz suave, haciendo un gran esfuerzo para hablar, June le dijo:

—Cayetano, acércate. —Él acercó su rostro al de su abuela y oyó claramente lo que ella le dijo—: Hijito, voy a morir muy pronto, pero quiero que tú y solo tú me hagas un favor. He dejado un paquete para ti; lo encontrarás en mi casa, debajo de mi cama. Dentro del paquete hay, entre otras cosas, una carta que te dará indicaciones. El paquete contiene lo que has estado buscando y estoy segura de que tú eres la persona indicada para usar su contenido y aprovecharlo. Por favor, sigue al pie de la letra mis indicaciones y no le digas a nadie lo que hablamos aquí, ni le comentes a nadie del contenido del paquete. —Después cerró los ojos y se quedó dormida.

Cayetano quedó confundido, mudo e inmóvil. No tuvo oportunidad de responderle a su abuela. Repentinamente, entraron tres miembros de la familia a la habitación. Elena, su mamá, le dijo:

—Tu abuela está muy mal; puede morir muy pronto —él abrazó a su mamá y a ambos se les llenaron los ojos de lágrimas. Después de unos momentos, Cayetano se despidió de su madre y de algunas tías, al tiempo que miraba de reojo a su abuela, profundamente dormida.

En el coche comenzó a repasar todo lo que su abuela le había dicho. Comenzó a elucubrar cuál sería el contenido del paquete. Quizá sería dinero, joyas, fotos, un tesoro; quizá, su testamento. Seguía formulándose diversas preguntas: "¿qué habría en el paquete?, ¿por qué su abuela le había pedido que no le dijera a nadie de la conversación que sostuvieron?". Se extrañó aún más cuando tomó conciencia de que él y su abuela nunca tuvieron una relación estrecha. Todo le resultaba en verdad raro.

Al llegar a su casa encontró a Abigaíl dormida, así que únicamente se lavó los dientes y se metió a la cama. Esa noche no pudo conciliar el sueño. Cientos de ideas cruzaban por su cabeza. Deseaba que pronto amaneciera para ir a casa de su abuela a recoger el *paquete*.

"El paquete contiene lo que has estado buscando". Recordaba las palabras de su abuela una y otra vez y se preguntaba qué significarían. Al menos esa noche no pensó en la situación por la que estaba atravesando.

A las 6:00 a.m. sonó el teléfono. Cayetano, quien seguía pensando en el paquete, contestó de inmediato la llamada. June había fallecido.

La familia se reunió para el velorio y el sepelio. Los rostros tristes y callados fueron los principales elementos de aquel fatídico día.

Después de unas horas, cuando había más flores que parientes en el salón del velorio, le pidió a su esposa que lo acompañara a casa de su abuela. Durante la silenciosa estancia en la funeraria, no dejó de pensar en lo que le había dicho: "El paquete contiene lo que has estado buscando, y estoy segura de que tú eres la persona indicada para usar su contenido y aprovecharlo...".

Al llegar, Cayetano le dijo a Abigaíl que lo esperara en el coche; no tardaría mucho. Presionó el timbre que estaba junto a un moño negro. De inmediato apareció Julia, la sirvienta que había estado más de 20 años al servicio de su abuela. Antes de que él pudiera saludarla, ella le dijo:

—Sabía que vendrías, Cayetano. Pasa, por favor. No hay nadie.

Ya adentro se sintió extrañamente nervioso, como si se hubiera sacado el premio de la lotería; también sintió la necesidad de apresurar el paso. ¿Qué tal si alguien más llegaba?, ¿qué pensarían de él? Subió las escaleras abochornado y se dirigió rápidamente al cuarto de June. Se agachó para mirar debajo de la cama, estiró su brazo y jaló un paquete, *el paquete*.

Era un bulto rojo, muy bonito, del tamaño de un ladrillo. Estaba amarrado con un cordón dorado y tenía una etiqueta que decía: "Para mi nieto Tano".

Como Abigaíl lo esperaba en la calle, decidió no mirar su contenido y lo guardó como pudo en la bolsa lateral de su saco mientras bajaba apresuradamente los escalones.

Abigaíl le preguntó por qué habían ido a casa de June, a lo que él respondió:

—Solo vine a recoger el acta de nacimiento de mi abuela para hacer los trámites de defunción, pero Julia me dijo que ya la había recogido mi tía Mimi. —Abigaíl le creyó y no hizo ningún comentario.

Al llegar a casa, Cayetano dijo que necesitaba ir al baño, donde se encerró para ver el contenido del paquete. Desenredó apresuradamente el cordón dorado y en el interior encontró una carta y un lío de menores dimensiones. La carta, escrita a mano, decía así:

Querido Tano:

Antes de partir quise asegurarme de hablar personalmente contigo. He seguido tus actividades estos meses, aunque no lo sabías. Sé que te sentiste triste y frustrado por perder tu empleo. Tu madre me mantuvo al tanto todo este tiempo porque yo se lo pedí. No obstante, a ella siempre le extrañó que yo solo preguntara por ti y por nadie más.

Nunca quise hablar contigo de tu situación, de tu desempleo, porque era indispensable que vivieras todo lo que has pasado para comprender lo que harás ahora, todo lo que aprenderás y todo lo que ayudarás.

Como bien sabes, yo nací en San Luis Missouri. Antes de conocer a tu abuelo Higinio, trabajé ocho años en una firma consultora de Estados Unidos, especializada en búsqueda de empleo y outplacement.

En el paquete encontrarás un manual que yo he mantenido actualizado y he adaptado a la situación de México a través de muchos años. Léelo, aprende, aplica, difunde y transmite a las personas que están en tu situación actual todos los beneficios que encontrarás en él. Hazle ese favor a tu abuela.

Gracias por haber sido mi nieto. Te desea éxito.

Tu abuela June

Cayetano se limpió las lágrimas que derramó mientras leía la carta. Con todo, seguía sin entender nada. Rompió el celofán que envolvía el paquete que acompañaba la carta. Dentro, únicamente había un pequeño libro, titulado *Manual de Mooney para la búsqueda de empleo*.

CAPÍTULO 4

El manual para la búsqueda de empleo

D entro del libro, en una parte del prólogo, se hacía mención a una firma consultora. El texto era el siguiente:

Mooney & Gumns Consultants, fundada en 1907

Mooney & Gumns Consultants era, en 1959, una firma de 21 empleados, algunos de los cuales eran también socios. Tenía su única oficina en Green Field, Missouri. La empresa, subsidiada en parte por el Gobierno estadounidense del entonces presidente Dwight D. Eisenhower, se dedicaba a ayudar a quienes habían perdido su empleo.

En ese tiempo su método consistía en impartir pláticas gratuitas, asesoramiento y apoyo económico a personas desempleadas. Dichas pláticas estaban relacionadas con el manejo de las herramientas necesarias para encontrar un empleo digno, en el menor tiempo posible, acorde con el nivel y las necesidades de cada persona.

Hoy, Mooney & Gumns Consultants cuenta con más de 400 empleados y ha ayudado a más de 50 millones de personas de todas las nacionalidades a encontrar empleo. Aunque la firma aún imparte cursos gratuitos, ahora cuenta con más de 60 millones de dólares de presupuesto anual, los cuales son recaudados a través del Gobierno estadounidense y empresas privadas en forma de contribuciones, aportaciones y donativos para la orientación, subsidio y capacitación de ejecutivos en su reubicación y continuidad profesional.

De pronto, Abigaíl golpeó la puerta.

—¡Cayetano! ¿Estás bien? Llevas más de 20 minutos en el baño.

Se asustó, cerró el libro y salió con la camisa desarreglada.

No pudo leer más, pero había hojeado rápidamente el libro, el cual poseía más de 200 páginas arrugadas que, al parecer, contenían estrategias, herramientas, técnicas, recomendaciones, consejos y sugerencias para encontrar un empleo.

Al principio lo decepcionó el contenido del paquete, pues esperaba algo más jugoso. No obstante, tiempo después, entendió el mensaje de su abuela y supo precisamente que era eso lo que él estaba buscando. Se sintió muy agradecido con su abuela porque pensó en él en sus últimos momentos, ya que Cayetano tenía más de 20 primos y él nunca había sido el favorito de June.

Al día siguiente, Abigaíl se despidió de su marido y salió a trabajar. Él optó por aprovechar la mañana para leer el libro. Lo tomó en sus manos y lo revisó mientras sacaba de la alacena una caja de cereal para desayunar. Después de leer la tabla de contenido, quedó más que asombrado. Empezó a leerlo y, sin parar, recorrió las 231 páginas; sobra decir que no probó su cereal con leche...

Leyó lo siguiente:

CONTENIDO

- El primer paso: Entender que estar desempleado es una gran oportunidad y no un gran problema
- Cómo iniciar la preparación de un gran currículum
  - o Recomendaciones iniciales
  - o Secciones o partes de un currículum
  - o Tipos de currículum
  - o Ejemplos reales de currículum
  - o Antes y después

- Carta de presentación
  - o Para qué sirve
  - o Párrafos de una carta
  - o Tipos de carta
  - o Ejemplos reales de cartas de presentación

- Programa de autocontinuación profesional (*self outplacement*)
- Dónde buscar empleo
  - Los cinco lugares o métodos más eficientes
  - Seguimiento

- El mejor método, el número uno: *Networking*
- Bolsas de trabajo especializadas
  - Universidades
  - American Chamber
  - Asociación Mexicana en Dirección de Recursos Humanos (Amedirh)
  - Asociación Mexicana de Bolsas de Trabajo, A.C. (Amebot)

- Internet
  - Los mejores sitios de empleos en México y Estados Unidos
  - La información es el beneficio
  - Sus características individuales
  - ¿Qué hacer al visitarlos?
  - Cómo darles seguimiento

- Publicaciones y periódicos
  - El anuncio clasificado, cómo responder
  - Cómo buscar vacantes en los periódicos

- Agencias de colocación y headhunters
  - Qué son, a quiénes sirven y a quiénes no
  - Listados / ferias de empleo

- Entrevistas
  - Imagen ejecutiva
  - Antes, durante y después de la entrevista
  - Preguntas clave en la entrevista
  - Tipos de entrevistas

- Lista de empresas, contactos, etcétera
- Construye seguridad para el futuro
- Ama tu trabajo y el éxito te seguirá
- Otra opción sería iniciar Mi Propio Negocio
  - El plan de negocios
  - El autoempleo

CAPÍTULO 5

Buscar empleo es una oportunidad

Cualquier cambio laboral es un progreso.
Frank J. Mooney (cazatalentos)

A partir de este instante es muy importante comprender que cuando perdemos nuestro empleo, más que encontrarnos en un problema o en una situación difícil, en realidad tenemos frente a nosotros una gran oportunidad. Por supuesto, es completamente normal no verlo así al principio y padecer sentimientos de tristeza y confusión.

A medida que avances en la lectura de este libro entenderás por qué considero que buscar un nuevo empleo es una oportunidad. Aprenderás las mejores técnicas y herramientas para descubrir las ofertas de empleo más adecuadas para ti y lograrás aterrizar en una de ellas lo más rápido posible.

Una vez que utilices estas técnicas y estrategias que acelerarán tu contratación, podrás visualizar con mayor claridad todas las oportunidades del mercado laboral y encontrarás las mejores opciones de empleo. Este libro te ayudará a detectar tus errores y a emprender de nuevo tu búsqueda de empleo en forma profesional y más productiva; sobre todo, en un modo más divertido y motivante.

Aunque uno llegue a creer que nunca encontrará empleo, siempre es posible conseguir uno. Tú lo obtendrás. Lo que no sabemos —todavía— es cuándo ocurrirá. Pero lo que sí sé (y tú también lo sabrás después de seguir leyendo hasta la última página) es que dependerá completamente de ti y de la forma en que apliques estas técnicas y estrategias para que logres realmente reducir el tiempo de tu contratación.

Buscar empleo es un trabajo por sí mismo y, como tal, requiere muchas horas de dedicación diarias. Cuanto más y mejor trabajes, más rápido lograrás tu meta. Recuerda que *Cada quien es arquitecto de su destino.*

Imagina que fue apenas ayer cuando dejaste el último empleo y que a partir de hoy, _____ de _____ del año _____, inicias tu búsqueda.

El primer paso que debes dar es resolver estas preguntas para encontrar tu empleo u objetivo:

1. ¿Cuáles son tus habilidades más importantes y en qué empresas puedes ofrecerlas?:
    a) habilidades que ya dominas y en qué industria o empresa
    b) habilidades nuevas que te gustaría dominar y en qué industria o empresa
2. ¿Cuáles son las actividades que más desearías hacer en dicho empleo?

El empleo que más deseas tener es:

_____

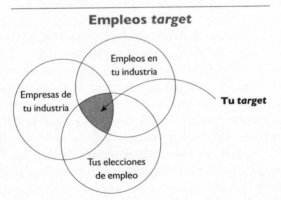

Empleos *target*

Una vez que definas con claridad las respuestas anteriores, podrás dar el siguiente paso, que es **estar convencido de que tienes una gran oportunidad frente a ti** y que estar sin empleo es un reto.

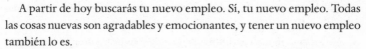

A partir de hoy buscarás tu nuevo empleo. Sí, tu nuevo empleo. Todas las cosas nuevas son agradables y emocionantes, y tener un nuevo empleo también lo es.

Tú superarás esta prueba y, cuando voltees hacia atrás, reirás por todo lo que viviste. Pero además de reír comprenderás que la búsqueda fue una elección. La ventaja que en estos momentos tienes es que ya lo sabes. Convéncete: tienes frente a ti una gran oportunidad.

¿Aún no te convences del todo? Piensa que ahora tienes la opción de buscar:

- un mejor sueldo
- una mejor empresa donde sea más fácil construir un futuro
- mejores prestaciones
- un lugar de trabajo que te permita estar más cerca de tu familia
- menos horas de trabajo (lo que se traduce en más tiempo con tu familia)
- actividades más interesantes
- nuevas amistades (con suerte, ¡hasta pareja!)
- crecimiento, capacitación y aprendizaje
- mayor estabilidad
- hacer por fin lo que más te gusta

Es comprensible que, por un lado, aún no veas el momento de desempleo como una oportunidad, y por el otro, que además te preguntes por qué te pasó esto a ti y no a otra persona. Es probable que en este instante tú seas el único sin empleo dentro de tu círculo directo de amigos y que, por ende, te sientas más triste y confundido. Únicamente debes recordar que el desempleo es un momento en la vida, en tu vida.

Mañana tu mejor amigo perderá su empleo, pasado mañana puede ser tu hermano, después un primo, otro día un conocido, etcétera. Todos hemos pasado y quizá volveremos a pasar por el desempleo. Es como la fila para subir a un juego mecánico: hoy es tu turno, pero también ¡ahora es tu oportunidad!

Imagina que estás en un parque de diversiones, a unos instantes de subir a una montaña rusa gigante. Puedes ver detrás de ti una inmensa fila con muchísimas personas que vivirán lo mismo que tú y sentirán la misma

adrenalina. Quienes subieron ya vivieron la experiencia, pero si les hubieran platicado lo que sentirían, tal vez lo habrían disfrutado más. ¿No lo
crees? Quizá si alguien les hubiera dado algunas pistas no habrían subido
nerviosos o no habrían terminado mareados. Tal vez tampoco habrían vo-
mitado.

Independientemente de la causa de la pérdida de empleo, buscar uno es
una oportunidad fabulosa. Ahora que lo sabes ya no estarás nervioso, no
te sentirás mareado y mucho menos vomitarás; por el contrario, en lo que
sigue te mostraré que al buscarlo disfrutarás mucho el proceso. No obstante, hay que ir paso a paso.

Un buen comienzo es aprender a elaborar un currículum *a la medida*.

CAPÍTULO 6

El famoso
currículum vítae

Es curioso que entre los millones de personas que buscan empleo en México, pocas sepan cómo redactar un currículum en forma eficaz. Todos tenemos diversas opiniones, puntos de vista y explicaciones sobre cómo elaborarlo: algunas personas escriben *curriculum*; otros, *currículo*; otros castellanizan la forma latina y escriben *currículum*... Algunas personas le colocan su fotografía; otras, en cambio, consideran que hacerlo es un error; otras más escriben todo lo que pueden y usan varias páginas, en tanto algunos individuos usan una sola, etcétera.

En el tema del currículum, todo mundo cree saber cómo hacerlo o siguen las instrucciones de algún libro. Ninguna escuela o institución enseña a hacer un currículum porque tampoco saben cómo. Muchas personas creen que debe incluir *todo* lo que han hecho en su vida. Quizá eso se deba a la definición literal de *currículum vítae*, 'carrera de la vida', pero la verdad es que un documento así no siempre sirve para ayudar a alguien a conseguir un buen empleo.

No debes sentirte mal si no sabes cómo hacer tu currículum; al terminar de leer este capítulo, *ya sabrás cómo elaborarlo eficazmente*.

Para enfrentar el mito que existe detrás de la elaboración de un currículum, primero consulté una gran cantidad de bibliografía, nacional y extranjera; principalmente me concentré en la última, pues en México existe muy poca información con buen sustento. Después, les hice a varios colegas y reclutadores la misma pregunta: *¿Qué esperan exactamente encontrar en* un *gran currículum?* Gracias a eso he logrado reunir en este capítulo muchas ideas y ejemplos que te guiarán en el proceso de elaboración de un currículum efectivo. Todo lo he hecho con base en el dicho "Si le das un pescado a un hambriento, comerá hoy; si lo enseñas a pescar, comerá todos los días". Esa es la filosofía general de este libro.

¿Qué es un currículum y para qué sirve?

Para conformar un gran currículum primero hay que saber qué es y para qué sirve. Hablaré primero de la palabra *currículum*. Ahora ya sabes que la expresión *currículum vítae* proviene del latín y significa 'carrera de la vida'. Sobre su plural en español, el cual a algunos les resulta polémico, es preciso decir que al ser *currículum* una palabra en latín, su plural es *curricula*.

Por otra parte, ya es de uso común la castellanización de dicha palabra, la cual es *currículo* y su plural es *currículos*. Sobra decir que las palabras latinas no se acentúan, en tanto que las palabras en castellano sí. Aquí optaré por solo una de dichas formas, a saber, "currículum" con el acento.

No interesa qué forma utilices. A los reclutadores no les importa. Hablando del significado de la palabra *currículum*, los diccionarios coinciden en que este "es un conjunto de datos relacionados con la situación personal, profesional y laboral de un candidato a un puesto, con el solo propósito u objetivo de transmitir información acerca de la trayectoria de una persona".

En este punto te daré el primer dato que marcará un cambio sustancial en tu currículum. La definición que propongo es la siguiente:

Un currículum es el volante de publicidad de tu persona. Debe incitar a su lectura desde las primeras líneas y tener poca información, por lo cual debes mostrar en él solo tus datos más relevantes y organizarlos por orden de importancia o cronológico. Además, siempre debes RELACIONAR todo con el puesto solicitado o con la empresa a la que lo dirijas; de lo contrario, no sirve para nada.

El objetivo de un CV (currículum vítae) es lograr el mayor número de entrevistas **en forma inmediata**. A continuación te mencionaré los elementos principales que necesitas conocer para elaborar un currículum: los materiales necesarios para hacerlo, el estilo o la forma que debes aplicar, los tipos distintos de currículum que existen y las secciones o partes que estos deben contener.

a) Materiales

Los primeros consejos para hacer un currículum están en los materiales que debemos utilizar para su elaboración:

- Se debe emplear papel blanco y más grueso que el común. Preferentemente, debe ser de 200 gramos de peso.
- Un currículum siempre se debe elaborar en una computadora y en el programa Word. Trata de no usar impresión de inyección de tinta, pues la calidad de la impresión láser es inmejorable. Si no tienes a la mano una impresora de este tipo, pide a un amigo que imprima tu currículum en su oficina o ve a un centro de impresión.
- Nunca incluyas tu fotografía en tu CV (a menos que te parezcas a un actor de cine o a una supermodelo): debes tener presente que algunos reclutadores son más o menos elitistas y podrían descartarte si no les gusta cómo luces en la fotografía. Si la empresa exige que incluyas tu foto, hazlo, pero asegúrate de salir muy bien en ella; de lo contrario, te puedes autodescartar. Pon la foto hasta arriba de la hoja, a la izquierda.
- A menudo creemos que mientras más información tenga nuestro currículum haremos notar que valemos más e impresionaremos a los reclutadores. Sin embargo, saturarlo de información es un grave error. Mientras menos información contenga un currículum, más oportunidad tendremos de que los reclutadores lo lean en su totalidad.
- Nunca debe llevar carátulas ni debes engargolarlo.
- Siempre debe colocarse en un fólder sencillo, pero más llamativo que los comunes.
- Asegúrate de poner tu nombre y el encabezado en la pestaña del fólder.

Primera regla de Mooney

El currículum debe leerse SIEMPRE en una sola página. Aunque tengas mucha experiencia, debes tratar de usar el menor espacio posible.

Hay tres motivos que sustentan esta regla:

1. Por lo general, los reclutadores no tienen tiempo de leer más que una sola página. Esto es comprensible, ya que reciben más currículos de los que pueden leer con detenimiento.

2. Si piensas enviar tu currículum por fax o *e-mail*, y este ocupa más de dos páginas, resultará engorroso para el reclutador imprimirlo; incluso puede ser considerado una descortesía de tu parte.

3. En un currículum de una página con la información mínima indispensable y bien seleccionada, los reclutadores pueden detectar a simple vista los datos más importantes sin necesidad de leerlo detenidamente o de buscar en varias hojas lo que quieren saber.

b) Estilo o forma

Existe un método que se llama *mapeo* (*mapping*). Este método ayuda al lector, en este caso al reclutador, a revisar un CV sin tener que leerlo detenidamente. Para aplicarlo son utilizadas herramientas como estas:

1. Se usan palabras en **negritas** para llamar la atención.

2. Las letras *itálicas* (también llamadas *cursivas*) ayudan a enfatizar algunos datos.

3. Las MAYÚSCULAS o las VERSALITAS pueden usarse para resaltar o diferenciar los títulos y subtítulos del texto general.

4. Puedes usar subrayados para <u>resaltar hechos reales.</u>

5. Las viñetas:
   - añaden énfasis
   - generan variedad visual
   - permiten hacer referencias rápidas y facilitan la lectura

6. Si requieres incluir listas, utiliza columnas, como en el siguiente ejemplo:

Word	Access	Unix
Excel	Corel	Java
PowerPoint	Photoshop	

7. Utiliza espacios en blanco para separar secciones o áreas.
8. El uso de distintos tipos de letra puede constituir un estímulo visual si se emplean esporádicamente, pero selecciona solo los que sean fáciles de leer; por ejemplo, Arial o Times New Roman.
9. Puedes usar letra de 10 puntos para el texto general y poner la de 12 puntos para dar mayor énfasis.
10. Usa líneas finas para separar secciones:

___

11. Mantén tus márgenes igualmente espaciados.
12. Maneja tabulaciones al menos en tres niveles, por ejemplo:

TÍTULOS Y SUBTÍTULOS
    Texto general
        Datos generales

c) Tipos de currículos

Los currículos se pueden clasificar en tres categorías base, de las cuales se pueden derivar un sinfín de formatos "híbridos", que se usan dependiendo de cada persona. Incluso, la gente que trabaja en la misma industria debe usar formatos diferentes, ya que la diversidad de sus experiencias, logros y metas futuras suelen variar en cada caso. A lo largo de tu vida laboral, necesitarás utilizar más de un formato diferente para cada etapa.

1. Currículum cronológico

Este formato es el más común. En él se citan, en orden cronológico, la fecha en que se ha estado en cada empleo y la educación que se ha recibido hasta entonces, todo lo cual debe comenzar con lo efectuado recientemente. Cada entrada incluye una descripción breve de las responsabilidades que se ejercieron en cada puesto.

¿Quiénes deben utilizarlo?

- personas con experiencia práctica
- personas cuyo empleo anterior se relaciona con su objetivo actual
- personas que han ido avanzando en su carrera

¿Quiénes NO deben utilizarlo?

- personas con períodos largos de desempleo
- personas que han experimentado muchos cambios de trabajo en poco tiempo
- recién egresados sin experiencia profesional
- gente que está buscando un cambio de carrera

2. Currículum funcional

El formato funcional es un poco menos conocido que el cronológico. En ocasiones, presentar tu experiencia laboral en forma cronológica aporta una imagen que no es del todo positiva. El formato funcional se enfoca más en la descripción de las habilidades y talentos que has desarrollado a lo largo de tu carrera. Esto resta énfasis a los puestos, los nombres de empresas y las fechas en que trabajaste en ellas.

El propósito principal de este formato es mejorar las probabilidades de que los candidatos con credenciales *endebles* consigan una entrevista, sin importar si presentan su información en un formato cronológico. También les sirve a personas que están en pleno cambio de carrera o rumbo profesional y desean restar atención a su empleo más reciente.

¿Quiénes deben utilizarlo?

- personas con amplia experiencia
- personas cuya corta experiencia no justifica usar el cronológico

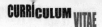

- personas que estén buscando un cambio de carrera
- personas cuya carrera ha ido en decadencia
- personas que intentan integrarse al mercado laboral tras un período prolongado de inactividad

3. Currículum combinado

Este formato puede ser una herramienta poderosa y flexible para quienes cuentan con antecedentes laborales sólidos y desean resaltar sus habilidades especiales, pues reúne lo mejor de los dos formatos antes mencionados. Al igual que el formato cronológico, este también lista de manera sucesiva el historial laboral y de educación, y al mismo tiempo permite resaltar las habilidades que te hacen más cotizable.

¿Quiénes deben utilizarlo?

- personas con una carrera exitosa y en ascenso
- recién egresados con experiencia profesional
- personas que estén buscando un cambio de carrera
- personas que tratan de integrarse al mercado laboral tras un período de inactividad prolongado

d) Secciones o partes

Una vez determinados los elementos básicos de un currículum, es necesario conocer las partes o secciones que lo integran; son *seis*:

1. Encabezado
2. Datos generales
3. Objetivo (o resumen)
4. Educación
5. Experiencia profesional
6. Información adicional

Recuerda que un currículum funciona como un volante publicitario, donde la información más importante debe ir inmediatamente después del encabezado, los datos generales y el resumen u objetivo (en ese orden).

Necesitas analizar con cuidado en qué orden aparecerán los demás elementos. Recuerda que el lugar en que aparezcan dependerá del grado de importancia que estos tengan y el impacto que quieras lograr. Por ejemplo, si tienes mucha experiencia y pocos estudios, esta deberá ir antes que la educación. Pero si tienes una maestría o un doctorado, la sección de "Educación" deberá ir antes que la experiencia profesional.

A continuación detallo cada una de las secciones para que entiendas mejor cómo elaborarlas:

1. Encabezado

Todos los reclutadores estamos acostumbrados a ver en el encabezado la expresión latina *Currículum vítae*, aunque a veces el nombre del pretendiente ocupa tal sitio.

Con todo, piensa en esto. Poner como encabezado las palabras *Currículum vítae* es como si alguien te diera su tarjeta de presentación y en ella estuviera impresa la leyenda *Tarjeta de presentación*, o como si una mesa tuviera escrita encima la palabra *mesa*. ¿No te parecería absurdo? Lo mismo sucede en el caso de un currículum.

Escribir tu nombre como encabezado no resulta tan descabellado, pero no ayuda ni al reclutador ni a ti. Por ejemplo, si un reclutador busca un contador público no le importará gran cosa si se llama Juan, Jorge o Carlos. El reclutador verá currículos de quienes sean contadores, de modo que si eres contador te conviene más facilitarle la búsqueda y escribir como encabezado CONTADOR PÚBLICO.

El encabezado funciona como el título de un libro: si este es llamativo, incita a la gente a hojearlo y comprarlo. Si, por el contrario, tu currículum no tiene un encabezado que explique al reclutador cuál es tu giro, podría no interpretarlo y no comprará el resto de la información que contenga, es decir, no lo leerá; peor aún: terminará en el bote —virtual quizá— de basura.

Nunca está de más dar un toque de creatividad al encabezado de tu currículum. Esto incrementará las posibilidades de que lo lean, lo comprendan y... ¡quizá hasta lo lean totalmente!

El encabezado debe ir cargado a la izquierda de la hoja y escrito con letras MAYÚSCULAS; el tamaño de la fuente debe ser mayor que en el resto del texto (14 o 16 puntos puede ser una medida conveniente). Incluso puedes utilizar **negritas** para distinguirlo de los datos generales. Estos son algunos interesantes ejemplos de encabezados:

> ARQUITECTO ESPECIALISTA EN DESARROLLO URBANO
> EJECUTIVO DE VENTAS LÍDER
> DISEÑADOR DE PÁGINAS WEB
> INGENIERO EN SISTEMAS UNIX
> ASISTENTE EFICAZ PARA DIRECTOR GENERAL
> DIRECTOR DE VENTAS AL MENUDEO
> CONTADOR PÚBLICO FISCALISTA
> DIRECTOR DE NUEVOS PROYECTOS VIRTUALES
> GERENTE DE RECLUTAMIENTO MASIVO
> ESPECIALISTA EN CAPACITACIÓN DE FUERZAS DE VENTAS
> SECRETARIA BILINGÜE CON EXPERIENCIA EN VENTAS Y RELACIONES PÚBLICAS
> SUPERVISOR DE CENTRO DE ATENCIÓN TELEFÓNICA

2. Datos generales

Los datos generales importantes son *únicamente* cuatro: nombre, domicilio, número telefónico y la dirección de *e-mail*. Nunca debes poner en esta sección datos como tu edad o fecha de nacimiento, el RFC o tu estado civil.

No escribas la palabra *generales* para titular la sección ni las palabras *nombre, domicilio, teléfono* o *e-mail* antes de escribir cada dato. Recuerda que mientras menos información escribas menos flojera le dará al reclutador leer tu currículum.

Es común y comprensible que desees poner varios números telefónicos, sean estos fijos o móviles, o bien varias direcciones de correo electrónico. La gente suele hacer esto como si fuera una forma de asegurarse de que el reclutador agotará todas las posibilidades para localizarla, pero esto también constituye una creencia errónea, principalmente por tres motivos claros:

1. El reclutador se sentirá confundido, pues no sabrá a qué número llamarte primero o a qué dirección de correo electrónico enviarte un mensaje (si acaso llegara a hacerlo); por otra parte, tú tampoco estarás seguro del medio por el que podrían contactarte, lo que incrementará la incertidumbre y, por ende, tu ansiedad.
2. Haces notoria la desesperación por encontrar un empleo.
3. Por lo general, los reclutadores no tienen autorización para hacer llamadas telefónicas a números celulares; no obstante, aun si pudieran llamarte al móvil, es probable que te encuentren ocupado en alguna actividad que no te permita concentrarte por completo en la llamada. Por ejemplo, podrían llamarte mientras conduces tu coche o mientras viajas en el transporte público; a la mitad de una comida con tus amigos o, peor aún, en medio de otra entrevista laboral, con lo cual echarías a perder dos oportunidades de un solo golpe (de cualquier modo, evita que esto te ocurra apagando tu teléfono en cada entrevista). Todo esto podría ponerte nervioso y afectar la entrevista telefónica.

Lo mejor es escribir únicamente un número, en el que tengas la seguridad de que alguien tomará el mensaje si tú no estás (al menos, un número en el que tengas conectada una contestadora automática); así podrás prepararte muy bien para devolverle la llamada al reclutador.

Tus datos generales deben ir siempre alineados a la derecha de la hoja para que el encabezado y el objetivo *respiren* mejor. Si centras toda la información, se dificulta más leerla porque no hay guías visuales que dirijan la vista a la información relevante.

Ejemplos:

CONTADOR ESPECIALISTA EN IMPUESTOS

Ernesto Barajas
Horacio, 255. Colonia Polanco
5255-4011
barfad@dsi.com.mx

ABOGADO EN ASUNTOS CORPORATIVOS

José Víctor Torres
Moras, 1257. Col. Florida
5662-6769
jtorres@gcf.com

DISEÑADORA ESPECIALISTA EN
ILLUSTRATOR Y QUARK EXPRESS

Liliana Ávila del Castillo
Presa Oviachic, 77. Col. Irrigación
5557-2262
lavila33@hotmail.com

Quizá pienses que tus datos generales no son importantes para el reclutador, pero uno experimentado obtiene mucha información de ellos. Por ejemplo, tu domicilio puede ser una razón para descartarte: si la distancia entre la compañía y tu casa requiere varias horas de tráfico, quizá a la empresa no le convenga contratarte. Si este es tu caso y te interesa mucho la vacante, te conviene omitir el domicilio. De cualquier forma, te recomiendo nunca trabajar muy lejos de casa.

Tu dirección de *e-mail* le dice al reclutador que tienes acceso a una computadora y que seguramente sabes manejarla, así como algunos programas.

Para que puedas incluir todo el currículum en una sola hoja, puedes escribir tus datos generales en un tamaño de fuente menor que el resto de la información. Esto es aún más fácil si envías tu currículum por *e-mail*, ya que se presta para reducir el tamaño de la fuente hasta ocho o nueve puntos.

3. Objetivo (o resumen)

Esta sección sí debe ir titulada con la palabra **Objetivo** o **Resumen** (en negritas). El objetivo solo es un pequeño párrafo *de no más de tres líneas*. En él podrás resumir a qué te dedicas, qué buscas, tu experiencia y en qué área te desempeñas. *Nunca* debes escribir objetivos personales, pues estos solo quitan espacio y no le dicen nada al reclutador.

He visto un sinnúmero de objetivos incorrectos como estos:

> **Objetivo:** Desarrollar mi capacidad para lograr tanto mis metas como las de la compañía.

> **Objetivo:** Continuar con el desarrollo de mi carrera en un puesto afín a la capacidad y experiencia que poseo, que además me permita tener un desarrollo constante, tanto laboral como económico, que me brinde la posibilidad de consolidarme en la misma.

> **Objetivo:** Adquirir conocimientos y experiencia que me sirvan como herramientas para desenvolverme en el área de mercadotecnia, ventas, recursos humanos o administración, con el fin de superarme y lograr mi satisfacción personal.

> **Objetivo:** Participar en forma activa y positiva en el desarrollo de una empresa, aportando los conocimientos, la integridad y la disciplina necesarias para alcanzar los objetivos de trabajo señalados, buscando asimismo mi estabilidad y una oportunidad de desarrollo dentro de la misma organización.

Como habrás notado, todos estos objetivos hacen demasiado énfasis en las necesidades personales del solicitante, lo cual puede resultar irrelevante para el reclutador. Otros, además, suelen ser demasiado difusos o generales (cuando el solicitante no sabe a ciencia cierta qué espera de su desarrollo profesional, si intenta decir que es bueno para todo, o si le plantea al reclutador una pregunta implícita como "¿dónde podría colocar a este candidato?", esto puede poner al reclutador en una situación difícil).

Aunque suene reiterativo, un objetivo o resumen eficaz es un texto de no más de tres renglones que aclara lo que buscamos y lo que hacemos:

Ejemplos:

> **Objetivo:** Lograr una posición a nivel gerencial, contador público con ocho años de experiencia en impuestos y auditoría.

> **Objetivo:** Trabajar en los sectores editorial y publicitario, diseñador gráfico con amplia experiencia en programas Quark Express, Illustrator y PageMaker.

> **Objetivo:** Laborar en puesto gerencial dentro de una empresa de desarrollo inmobiliario, arquitecto con más de 20 años de servicio ininterrumpido en materia de desarrollo urbano y vivienda.

> **Objetivo:** Obtener posición de nivel medio, especialista en ventas, he logrado destacar en la venta de productos y servicios dentro de mis trabajos anteriores.

> **Objetivo:** Asistir en forma directa al director general de una empresa transnacional.

Este tipo de objetivos le dice con exactitud al reclutador qué buscas y lo que haces; además, amplía la información que ofreces en el encabezado. Recuerda que el título y el objetivo podrían ser lo único que lea el reclutador, por lo que es preciso ser muy claro. Solo así aumentarás tus oportunidades de obtener una entrevista.

Si no tienes experiencia porque eres recién egresado, tu objetivo debe decir en qué área deseas trabajar y por qué crees que es la mejor para ti, o bien qué consideras poder aportar a la empresa, etcétera.

Segunda regla de Mooney

El título y el objetivo *deben estar directamente relacionados* con la vacante que solicitas. Ambos pueden y deben ser modificados para darle a tu currículum otro enfoque u orientación según el puesto, la empresa o la industria donde te postules.

4. Educación

La sección del currículum dedicada a la educación puede estar separada del objetivo mediante una raya fina o un espacio doble; también puedes hacer énfasis en ella con la palabra **Educación** (de preferencia en negritas). Al igual que el resto del currículum, los elementos de esta sección deben ir en orden de importancia.

He visto currículos que en esta sección mencionan primero dónde se estudió la primaria y hasta el último se menciona la licenciatura, lo cual constituye un grave error. Si, por ejemplo, tienes una carrera profesional a nivel ingeniería o licenciatura, debes mencionarla al principio. No es necesario mencionar dónde estudiaste la primaria, la secundaria o la preparatoria (a menos que haya sido en el extranjero).

La manera más precisa y común de elaborar esta sección es dividirla en dos columnas: una con el período de estudios, otra con el título obtenido y con la escuela o institución donde se cursaron, como aparece ejemplificado a continuación:

Educación:

| 20XX-20XX | Maestría en Negocios / UNAM |
| 20XX-20XX | Licenciatura en Administración de Empresas / Universidad La Salle |

Si aún no te has titulado, no es recomendable escribir algo como "cursando el octavo semestre" o "en proceso de titulación". Lo mejor es dejar que el reclutador lea las fechas y lo deduzca, o que te pregunte al respecto durante la entrevista. Si lo hace, podrás mencionar que aún no te has titulado; no obstante, lo más seguro es que no te cuestionen sobre este asunto; por ello te conviene evitar datos que no sean positivos, como pueden ser tu promedio (si este es menor a nueve), el tema de tu tesis (si resulta irrelevante para el puesto que solicitas), etcétera.

5. Experiencia profesional

También esta sección habrá de estar indicada con las palabras *Experiencia profesional* (en negritas de preferencia), y así como en el caso de la educación, deberá ir en dos columnas: las fechas en una y el puesto y la empresa en otra, como aparece a continuación:

Experiencia profesional:

| **20XX-20XX** | **Banco Capital, S. A. / gerente de ventas** |

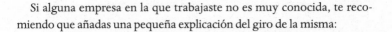

Si alguna empresa en la que trabajaste no es muy conocida, te recomiendo que añadas una pequeña explicación del giro de la misma:

20XX-20XX	**Banco Capital, S. A. / gerente de ventas**
	(Institución de banca múltiple con más de 40 sucursales en México)

Para cada puesto deberás añadir también dos o tres viñetas con los logros o actividades que desempeñaste en las empresas referidas. Debes usar frases cortas que mencionen lo más relevante del puesto que ocupabas, como las responsabilidades que tenías y las metas que alcanzaste.

Estos datos son en verdad importantes porque brindan al reclutador elementos para identificar lo más destacado de las actividades que desempeñabas en cada puesto. Esta información puede ser modificada constantemente, de acuerdo con los puestos que solicites.

Tercera regla de Mooney

Es indispensable que las funciones, actividades o logros que menciones estén directamente relacionados tanto con el encabezado y objetivo de tu currículum, como con la empresa, la industria o el puesto solicitado. De lo contrario, poco servirán. Modifica esta información, según sea necesario.

He visto infinidad de explicaciones que no le dicen nada a un reclutador. Estos son algunos ejemplos:

- Manejo de cartera
- Incremento de clientes
- Desarrollo de productos

Para desarrollar estos puntos y que sean realmente significativos para el reclutador, debes utilizar un método llamado PAR, que son las siglas de Problema-Acción-Reacción.

Este método requiere que respondas tres preguntas:

- ¿Qué **P**roblemas encontré en mi trabajo?
- ¿Qué **A**cciones tomé para resolverlos? (En específico, las que demuestren tus habilidades funcionales o tus conocimientos de la industria).
- ¿Cuáles fueron los **R**esultados? Es decir, los beneficios o reacciones cuantificables de tus acciones en las compañías donde trabajaste. (Para expresarlos utiliza porcentajes, números o cifras y explícalas iniciando siempre cada frase con un verbo en primera persona, conjugado en tiempo pasado, lo cual proyecta fuerza, como los siguientes: analicé, anticipé, asesoré, acerté, audité, ayudé, calculé, califiqué, capacité, clarifiqué, colaboré, comparé, concluí, conceptualicé, construí, contribuí, coordiné, correlacioné, coparticipé, critiqué, definí, desarrollé, detecté, determiné, diagnostiqué, dirigí, diseñé, estimé, evalué, examiné, entrevisté, estimulé, identifiqué, inicié, interpreté, inventarié, investigué, juzgué, lancé, manejé, mantuve, modifiqué, observé, otorgué, participé, percibí, preparé, presenté, promoví, reduje, razoné, relacioné, revisé, supervisé, tuve, etcétera).

Un consejo más es que no repitas ningún verbo en tu CV. Ejemplo (nota cómo a cada acción le corresponde una reacción):

Experiencia profesional

20XX-20XX   *Banco Capital, S.A. / Gerente de ventas*
(Institución de banca múltiple con más de 140 sucursales en México).

- Capacité a 12 ejecutivos de ventas de productos financieros [**acción**], y por ello se incrementaron las ventas 61%, de 530 000 a 853 000 pesos, en el primer trimestre de 1992 [**reacción**].
- Desarrollé un sistema de ventas y prospectación de clientes [**acción**] que agilizó tanto el acercamiento como las ventas a más clientes en menos tiempo: de 30 clientes nuevos atraídos en un mes, se lograron primero 68 y luego 76, aplicando el nuevo sistema en un mismo período [**reacción**].

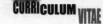

- Supervisé el personal de ventas, que constaba de 47 personas [**acción**], con lo cual se logró un recorte de más de 30 horas extras cada semana y un ajuste en demoras de jornada laboral en más de 80 horas semanales [**reacción**].

Antes de comenzar a elaborar tu CV, te recomiendo escribir en un cuaderno todos los logros y acciones destacadas de tus tres trabajos anteriores, utilizando solo un renglón para cada uno de ellos. Este procedimiento es esencial para hacer un gran CV y tiene el beneficio adicional de ayudarte a mantener los ánimos en alto, ya que te darás cuenta de que aunque no tengas empleo has logrado muchas cosas.

Después crea una lista cronológica de las actividades correspondientes a cada logro. Menciona nombres de clientes, compañías, colegas o participantes. Cuantifica, cuando sea posible, algunos ejemplos estadísticos, como el volumen de ventas, los porcentajes de incremento en utilidades o ventas, inventarios, dinero ahorrado, etcétera.

Otra buena forma de analizar el entorno de tu empleo o de tus logros es cuantificar el número de personas que supervisabas o coordinabas, o bien con quiénes colaborabas o a cuántos clientes atendías.

Algunos ejemplos de logros (acciones) por desarrollar son:

- diseño de panfletos, volantes, dípticos u otras formas de publicidad
- mediación de acuerdos entre dos partes o empresas
- venta de productos, servicios o decisiones a jefes o clientes
- desarrollo y promoción de programas o capacitación a empleados
- elaboración de presupuestos o nuevos proyectos
- investigación de mercados u opciones para instalar métodos o sistemas
- invención de nuevos productos o servicios
- elaboración de discursos y presentaciones
- edición de un formato de documentación y comunicación dentro de la empresa
- involucramiento en cambios organizacionales
- trabajo en equipo para un fin o proyecto determinado
- resolución de problemas en el diseño de un producto o proceso

- apertura de nuevas plazas u oficinas
- selección, entrevista y reclutamiento de personal potencial
- planeación de campañas de publicidad y de relaciones públicas
- implementación de programas de calidad
- actuación decisiva y rápida ante crisis para aprovechar oportunidades
- dirigir, inspirar y motivar a personas para lograr objetivos
- manejo, administración o atención de cartera de clientes (porta-folios)

Después de cada una de tus acciones, escribe la reacción o el beneficio que generaste para la empresa. Recuerda que tus logros deben estar directamente relacionados con el puesto que solicitas, con el encabezado y con el objetivo de tu currículum. Por último, clasifícalos por áreas y reúnelos en tu arsenal para intercambiarlos según sea el puesto para el que te postules.

6. Información adicional

Esta sección debe ir separada de la experiencia profesional con un espacio doble o, si tienes mucho espacio, con otra raya fina. En ella debes incluir solamente uno o algunos de los siguientes datos:

- nacionalidad
- estado civil
- edad o fecha de nacimiento
- los idiomas que manejes y los porcentajes de dominio
- la paquetería o herramientas que manejes (solo las relacionadas con el puesto)
- cursos (solo los que se relacionen con el puesto solicitado)

Algunos consejos adicionales para la elaboración de un CV son:

- Cuida al máximo la ortografía y la gramática. Por ningún motivo, el currículum debe tener errores *de dedo* (mecanográficos). Solicita a varias personas que lean tu currículum para que te ayuden a detectarlos.
- Cuando uses números, escribe con letras los números menores a 10 (tres, nueve, cinco, etcétera) y con guarismos las cantidades mayores

a 10 (18, 36, 4 000, 92 380, etcétera), a menos que inicies una frase con una cifra o escribas un número después de un punto.

- Usa verbos, adjetivos y adverbios suaves en tus descripciones.
- Revisa que todas tus frases terminen en punto.
- No satures de información el currículum.
- No uses abreviaturas sin explicarlas (a menos que sean de uso común).
- Sé consistente en el formato que utilices. Por ejemplo, si escribiste algún puesto con negritas todos los demás también deberán estar escritos con negritas.
- Evita mencionar cuánto quieres ganar.
- Si eres mayor de 45 años, maquilla tu fecha de nacimiento. Por ejemplo, puedes escribirla así: 14 / 02 / 54. Si lo juzgas pertinente, omítela.
- Si incluyes referentes, cerciórate de avisarles y enviarles tu CV con antelación para que estén preparados si reciben la llamada de algún reclutador. Únicamente debes poner como referencias a tus jefes anteriores, nunca a amigos o familiares.

Recuerda que aunque no existe un formato estricto para elaborar un currículum, estas reglas y recomendaciones son los elementos básicos que toman en cuenta los reclutadores. Además, debes tener presente que los lineamientos que te sugiero en este capítulo fueron comentados y recomendados por un grupo de 40 directores en recursos humanos de empresas mexicanas triple A. ¡Utilízalo!

En las siguientes páginas incluyo varios currículos que pertenecen a mexicanos reales. Estos ejemplos representan y refuerzan los principios que he sugerido, pero muestran también diferentes acercamientos para armar un documento capaz de llamar la atención.

Un buen amigo y socio, Jorge López Calvo, me dio un consejo muy valioso: incluir currículos de *antes* y *después*, donde los primeros estén relativamente bien hechos, pero los de la versión posterior sean excepcionales. Mi amigo también me dijo: "No insultes la inteligencia de tus lectores ofreciéndoles ejemplos mal hechos; antes bien, muéstrales cómo algunos cambios sutiles pueden ser la diferencia entre un currículum que logra una entrevista y otro que no logra nada".

ARQUITECTO ESPECIALISTA EN DESARROLLO URBANO Y VIVIENDA

Enrique Ávila Riquelme
Bosque de Caobas 1680
Bosques de las Lomas, México 11700, D.F.

Tel: 5596-3938
Fax: 5596-3905
E-mail: eavilar@yahoo.com

OBJETIVO: *Arquitecto consultor de alta dirección, con 40 años de servicio profesional ininterrumpido en las materias de desarrollo urbano y vivienda a lo largo del territorio nacional.*

EXPERIENCIA PROFESIONAL (Gobierno)

- Director de Obras del Instituto Nacional de la Vivienda. 1967.
- Fundador y Director Técnico del Instituto Nacional para el Desarrollo de la Comunidad Rural y la Vivienda Popular, Indeco.
- Jefe de Proyectos de la Dirección General de Habitación Popular D.D.F. 30 000 viviendas, 1970-1972.
- Fundador del FOVISSSTE. Vocal ejecutivo. 36 000 viviendas. 1972-1976.
- Gerente de Habitación y Desarrollo Urbano de Banobras. 3 000 viviendas. 1976-1982.
- Fundador del Instituto de Vivienda de la Ciudad de México. D.D.F. 1995.

EXPERIENCIA PROFESIONAL (Privado)

- Asociado con HABITAT Arquitectos Enrique Vaca y Emilio Carrera. 1955-1970.
- Asociado con José Grinberg y Sara Topelson Arquitectos. 1985-1990.
- Fundador de la División Vivienda del Grupo SITUR-SIDEK. 500 viviendas. 1990-1995.
- Desarrollo de vivienda donada por Plácido Domingo. Lerma, Estado de México. 200 viviendas.
- Desarrollo de conjuntos habitacionales de INFONAVIT. Villahermosa y Cuautitlán Izcalli. 3000 viviendas. Proyectos ejecutivos urbano-arquitectónicos.
- Fundador y Director de División SITUR-SIDEK- SIKASA (Estructuras Metálicas Atornilladas). 1990-1994.
- Director de Operación de Desarrollos Quintana Roo S.A. de C.V. 376 hectáreas. 1997-2000.

EXPERIENCIA PROFESIONAL (Gremial)

- Presidente del Colegio de Arquitectos de México y de la Sociedad de Arquitectos Mexicanos. 1980-1982.
- Presidente de la Federación de Colegios de Arquitectos de la República Mexicana. 1982-1984.
- Presidente de la Junta de Honor de la F.C.A.R.M.
- Presidente de la Junta de Honor del CAM SAM. 1998-2000.
- Fellow del American Institute of Architects E.U.A. Desde 1980.
- Miembro Honorario de Sociedad de Arquitectos Valuadores, A.C.
- Académico de Número de la Academia Mexicana de Arquitectos.
- Académico de Número de la Academia Nacional de Arquitectura.

EDUCACIÓN ACADÉMICA

- Arquitecto Escuela Nacional de Arquitectura, UNAM. 1959.
- Mención Honorífica, UNAM.

PREMIOS Y DISTINCIONES

- Primer Lugar del Proyecto CASA-HOGAR, convocado por KODAK MEXICANA. Asoc. Grinberg & Topelson.
- Primer Lugar Conjunto de Vivienda, convocado por la Universidad Anáhuac CIDECO. Asoc. Grinberg & Topelson.
- Primer lugar Nacional CAPFCE-SEP. Espacios Educativos Clima Templado. Asoc. Grinberg & Topelson.
- Consejero Técnico de la E.N.A. y Consejero Universitario.
- Medalla Manuel Tolsa UNAM.
- Director responsable de Obra, corresponsable en Arquitectura y Urbanismo y Perito en Impacto Urbano.

DOCENCIA Y CONFERENCIAS

- Titular del Taller Diez de la Escuela Nacional de Arquitectura. 1955-1970.
- Titular de la Materia de Administración de Obras. UNAM. 1960-1970.
- Titular del Taller de Composición. Univ. IBEROAMERICANA.
- Titular del Taller de Diseño. Univ. ANÁHUAC.
- Diversas conferencias en Universidades del país y extranjeras. Maestro Invitado en posgrado: UNAM, Univ. La Salle, Tec de Monterrey, Univ. de Guadalajara, Univ. de Monterrey; y en diversas reuniones en Brasil, E.U.A., Polonia, Bulgaria, Francia, Inglaterra, Ecuador.

GENERALES:

Mexicano, casado. Inglés 80%. Manejo de paquetería: WORD 2000, EXCEL, INTERNET, POWER POINT.

PSICOTERAPEUTA DE PAREJA Y ADICCIONES

María del Pilar Vázquez del Castillo.
Paseo de la Reforma #2233
Lomas de Chapultepec.
11000, México, D.F.
55 89 21 98 / pivazcas@data.net.mx

Objetivo: Psicóloga con ocho años de experiencia en el tratamiento de parejas, adicciones, disfunciones sexuales y tipos psicológicos, interesada en formar parte de consultorio o empresa relacionada con adicciones y/o recursos humanos.

Educación académica

2003-2006   Maestría en Psicoterapia de Pareja: ASOC. MEXICANA DE TERAPIA DE PAREJA.

1995-2000   Licenciatura en Psicología (Área Clínica) UNIVERSIDAD ANÁHUAC.

Experiencia profesional

Dic. de 2009-a la fecha   **CONSULTA PARTICULAR / Directora**
Entrevistas clínicas, diagnósticos e implementación de técnicas específicas para el tratamiento de problemas de pareja, trastornos alimenticios, alcoholismo, tipología, consolidaciones yoicas y disfunciones sexuales en general.

Marzo 2006-Nov. 2009   **ON CLINIC MEXICO / Directora de Psicología**
Entrevistas clínicas, diagnósticos e implementación de técnicas terapéuticas para el tratamiento de disfunciones sexuales, tales como: deseo sexual hipoactivo, disfunción eréctil, eyaculación precoz y eyaculación retrógrada. Dentro de esta clínica se me dio la tarea de implementar el área psicológica, de capacitar a otros terapeutas, así como llevar a cabo investigaciones sobre disfunciones y posibles tratamientos para pacientes mujeres.

Enero 2003-Abril 2006   **AMETEP / Psicoterapia supervisada**
Sesiones de terapia con supervisión y/o coterapia con el fin de desarrollar técnicas específicas para cada caso.

Marzo 2000- Sep. 2003   **HOSPITAL CENTRAL MILITAR / Departamento de Psicología**
Aplicación, calificación e interpretación de pruebas psicológicas.
Selección de personal.
Entrevista y evaluación del estado mental del paciente.
Intervenciones psicoterapéuticas con supervisión.

Otros cursos y diplomados

2002   Center of Applications of Psychological Type.
"An orientation to Jung's Theory and the MBTI Qualifying Program"
UNITED STATES INTERNATIONAL UNIVERSITY

2001   Taller intensivo de Terapia de Pareja
ASOCIACIÓN MEXICANA DE TERAPIA DE PAREJA

2000   Diplomado en Farmacodependencia y Alcoholismo
UNIVERSIDAD ANÁHUAC- MONTE FÉNIX

Generales

Mexicana, casada, 34 años (fecha de nacimiento: 6 de diciembre de 1977)
Dominio del idioma inglés: 90%.

ASISTENTE DE ALTOS EJECUTIVOS

Ligia María Bringas
Olivarito #70, Casa 1,
Olivarito de los Padres
Cel: 55 5681-3679
brinavi@prodigy.net.mx

OBJETIVO: Asistir en forma directa al director general de empresa transnacional.

EDUCACIÓN ACADÉMICA

1987-1991	Licenciatura en Administración de Empresas
	UNIVERSIDAD ANÁHUAC/ Titulada
	Mención Honorífica en examen profesional
1975-1987	MODERN AMERICAN SCHOOL

EXPERIENCIA PROFESIONAL

2007-2011   BANCO QSPU S.A. / Asistente de Direcciones
• Aporté asistencia directa a tres directores internacionales de diversos proyectos, llevando sus agendas, cartas y coordinando diferentes tareas administrativas, ventas y de atención a clientes.
• Enlacé proveedores, clientes y la junta de consejo directivo.

2001-2006   SHCP / Asistente del Subsecretario de la Banca Nacional
• Fungí como secretaria general del subsecretario.
• Colaboré en el diseño e instrumentación de procesos de oficina.
• Diseñé indicadores de gestión bancaria y otros manuales de apoyo.

1990-1995   GRUPO DE CONSULTORÍA INTEGRAL / Coordinadora
• Participé y coordiné equipos directivos.
• Desarrollé herramientas de comunicación entre diversas áreas del grupo.
• Apoyé y asistí al Director General de la empresa y a otros socios.

GENERALES

Mexicana, casada, fecha de nac. 8/VII/1969.
Ingles 100%.
Francés 80%.

OTROS CURSOS

Diplomado en Desarrollo Humano / Alexander Bain. 1998-2000.
Manejo avanzado de taquigrafía, mecanografía y Microsoft Office.

ESPECIALISTA EN COMUNICACIÓN Y MERCADOTECNIA

Mónica Sierra Vasabilvazo
Jesús del Monte 238-11, Cuajimalpa
México, D.F., 05260
Tel. 5816 6242
monsg@hotmail.com

OBJETIVO: Ocupar un puesto ejecutivo en una empresa de medios de difusión donde pueda aplicar mi experiencia de ocho años en Comunicación Institucional y Mercadotecnia, así como mi educación internacional y dominio del idioma inglés.

EDUCACIÓN ACADÉMICA

1993-1996 Maestría en Planeación y Estrategia de la Comunicación / Cornell University. Becaria Fulbright.

1986-1991 Licenciatura en Ciencias de la Comunicación / UNAM. Mención Honorífica.

EXPERIENCIA PROFESIONAL

2004-2011 **UNIVERSIDAD ANÁHUAC / Coordinadora de Mercadotecnia Directa**
 • Coordinación del programa de mercadeo directo (campañas de correo directo y telemercadeo, así como administración de bases de datos más de 12 000 preuniversitarios), el cual ha sido el canal principal de publicidad hacia potenciales estudiantes y sus padres sobre eventos institucionales.
 • Supervisión del trabajo realizado por la agencia de mercadeo directo Telemark.
 • Coordinación de dos cursos de capacitación sobre Mercadotecnia, dirigidos a los 30 encargados de la promoción por escuela y facultad, los cuales han generado una cultura y acciones concretas demercadotecnia en la universidad.

2000-2004 **PROCTER & GAMBLE / Coordinadora de Prensa de Comunicación**
 • Convocatoria periódica a la prensa mexicana sobre eventos institucionales.
 • Coordinación de un curso para empresarios mexicanos de alto nivel sobre la familia como principal empresa.
 • Manejo de las relaciones institucionales con la Asociación Internacional de Comunicadores de Negocios (IABC) y el Consejo para el Avance y Apoyo de la Educación (CASE).

2000 **PRONATURA / Coordinadora de Comunicación Interna**
 • Editora de la revista interna enfocada a la conservación del medio ambiente.
 • Supervisión de un video producido por Defenders of Wild Life.
 • Participación activa en la organización de una reunión nacional sobre conservación ambiental patrocinada por el Banco Mundial.

1990-1999 **SABRITAS / Coordinadora de Comunicación Interna .**
 • Creación del primer boletín interno Sabrinoticias, el cual sigue en circulación hoy.
 • Organización por vez primera del evento "Día de la Familia", dirigido al personal y sus familias.
 • Creación única de una publicación especial con motivo del 50 aniversario de la Empresa.

1990 **SMURFIT CARTÓN Y PAPEL DE MÉXICO / Asistente de Comunicación Interna**
 • Investigación, redacción, edición de artículos en inglés y español para la revista interna.

INFORMACIÓN ADICIONAL
Generales: Mexicana, soltera, 43 años.
Idiomas: Inglés 100% (hablado, escrito y comprendido).
Cursos: Curso de Mercadotecnia Directa, programa de intercambio en Georgetown University, E.U.
Otros: Manejo avanzado de PC: Microsoft Office e Internet.

Gerente de Ventas

Joaquín Manuel Noriega Sánchez
Álamo Rojo 2, "Los Álamos"
Naucalpan, Edo. de México. C.P. 53230
Tel. 5343 18 20
E-mail. joaco63mx@yahoo.com.mx

Objetivo: 17 años de experiencia en ventas industriales al sector químico a escala nacional e internacional. Interés en formar sistemas de mejora de servicio a cliente, así como de estrategias de comercialización.

Educación académica:

1997-1999	**Maestría en Administración de Empresas**
	Instituto Tecnológico Autónomo de México
1994-1995	**Diplomado en Gerencia de Ventas**
	Instituto Tecnológico Autónomo de México
1988-1993	**Licenciatura en Ingeniería Química**
	Universidad Autónoma Metropolitana

Experiencia profesional:

Septiembre de 2008 **Schenectady International Inc.** (productor de alquilfenoles).
Gerente de Ventas. Responsable de las ventas de la División Química, reportando a matriz en Nueva York. Área de responsabilidad: México, Venezuela, Colombia y Perú.
• Elaboración de estudios de Benchmarking y servicio a cliente, así como estudios de factibilidad de distribución local. Manejo de agentes y distribuidores en México y Sudamérica.

Febrero de 2006 **Hüls de México, S.A. de C.V.** (productor de especialidades químicas). **Gerente de Ventas**. Responsable de las ventas de dos divisiones: Materias Primas para Recubrimientos y Polímeros Especiales. Reportando a Hüls América (Nueva Jersey). Un representante de servicio a cliente y una asistente bajo supervisión directa.
• Manejo de distribuidores e incremento en ventas en un 120% en 1995 (1 200 000 USD adicionales) y 320% en 1996 (un total de 3 800 000 USD).

Marzo de 2001 **Química Amtex, S.A. de C.V.** (productor de polímeros hidrosolubles).
Gerente de Mercadotecnia. Responsable del desarrollo del estudio de mercado en EUA del consumo de Carboxymetil-Celulosa de Sodio. Un representante de servicio a cliente bajo directa supervisión.
• Se contactaron y visitaron directamente clientes en la costa este de EUA en las industrias detergenteras, farmacéuticas, de electrodos y petroquímica básica.
• Dos negocios fueron cerrados.

Junio de 1999 **Dow Química Mexicana, S.A. de C.V.** (productos químicos en general).
Representante de Ventas. Responsable por la venta de materias primas para poliuretanos y productos terminados.
• Se coordinó exitosamente el servicio técnico entre la compañía en EUA y las cuentas enMéxico.
• El negocio creció en volumen en un 15% (300 000 USD).

Septiembre de 1996 **Pennwalt, S.A. de C.V.** (productor de especialidades químicas). **Representante de Ventas**. Responsable de aditivos para la industria refresquera y lavanderías industriales. Responsable del control de distribuidores para los anteriores giros.
• Las ventas se incrementaron significativamente (55% en volumen–70 000 USD.) en la parte institucional.

Abril de 1992 **Jefe de Tráfico. Pennwalt, S.A. de C.V.** Responsable de la logística de sosa cáustica para las planta de Pennwalt en la Cd. de México y de Cloro de Tehuantepec en Coatzacoalcos.

Información adicional:
Generales: Mexicano, 41 años.
Idiomas: Inglés 100%.
Cursos: Habilidades avanzadas de ventas (Union Carbide), Professional Selling Skills (The Dow Chemical Company).

DIRECTOR EN TECNOLOGÍAS DE INFORMACIÓN

Lic. Carlos Salgado Lara
Periférico Sur 4091 Edificio CH-1 Depto. # 7
Col. Fuentes del Pedregal
Casa: 5630-5437, e-mail: mexintrade@hotmail.com

RESUMEN

Administrador Informático con más de 11 años de servicio profesional y experiencia en desarrollo de sistemas, telecomunicaciones, servicio al cliente y ventas de tecnología.

EDUCACIÓN ACADÉMICA

2000-2002	Maestría en Administración Especialidad Marketing	Tecnológico de Monterrey (ITESM)
2000	Diplomado en Habilidades Directivas	(ITAM) Instituto Tecnológico Autónomo de México.
1990-1994	Licenciatura en Ciencias de la Informática	(IPN) Instituto Politécnico Nacional

EXPERIENCIA PROFESIONAL

2010–Hoy **XEIPN CANAL ONCE** / DIRECTOR DE INFORMÁTICA

• Función: Planear y dirigir el funcionamiento de un equipo de 21 personas divididas en 3 departamentos: Sistemas y Proyectos, Redes y Soporte y Capacitación Informática.
• Establecí una estrategia de mediano y largo plazos para eliminar la desintegración y falta de estandarización entre los sistemas de finanzas, presupuestos, contabilidad, recursos humanos y recursos materiales a través de la implantación de un ERP (Enterprise Resource Planning).
• Se mejoró 16% (7.47 a 8.66 en escala de 10) de la percepción general de calidad de servicio que los clientes internos recibían de la Dirección de Informática.

2007–2010 **AVANTEL** / GERENTE DE SOPORTE Y ATENCIÓN A CLIENTES

• Función: Planear y coordinar los esfuerzos de un grupo de 16 ingenieros de soporte de 1er. y 2do. nivel para atender, diagnosticar y resolver los problemas que los clientes empresariales y corporativos reportan sobre sus servicios.
• Se establecieron controles para reducir el abandono de llamadas, de 8% a 2% (de casi 8 000 llamadas mensuales).
• Se implementaron las acciones necesarias para que este mismo equipo de soporte incrementara el promedio de problemas resueltos desde la primera llamada (en menos de 2 horas), de 25% a 75%.
• Otros puestos ocupados en AVANTEL: Gerente de Soporte a Ventas, Gerente de Capacitación, Gerente de Ventas y Ejecutivo de Cuentas Corporativas.

1999–2007 **TELEVISA** / GERENTE DE PROYECTOS PSPECIALES

• Función: Evaluación, coordinación e implantación de proyectos diversos en el campo de la informática y telecomunicaciones.
• Coordiné varios proveedores externos para la implantación de 3 redes LAN / WAN en el corporativo.
• Coordiné el desarrollo de 4 sistemas de información bajo el esquema de outsourcing en plataformas de Oracle, y DB2.

INFORMACIÓN ADICIONAL

Mexicano, casado, 90% de inglés hablado y escrito, manejo avanzado de PC.

Gerente de Promoción y Telemarketing

Gabriela Arrechea Ruiz Sandoval
Ejército Nacional # 254 Edificio J Depto. 401
México, D.F. 11590, Tel. 55.45.89.30
garrechea@yahoo.com

OBJETIVO

Consolidar mi experiencia de 12 años en promoción, ventas, capacitación, telemarketing, realización de eventos, marketing y administración de personal para ocupar una posición a nivel gerencia o directiva en call centers.

EXPERIENCIA PROFESIONAL

2010-2011
HOTEL MELIA MÉXICO REFORMA / Gerente de Ventas Internacional
(Brindar el servicio de hospedaje y banquetes a la sociedad y hombres de negocios)
• Responsable de negociaciones a nivel nacional e internacional con consorcios, prestadores de servicios turísticos y cuentas comerciales.
• Implementación de cursos a las agencias de viajes más productivas de los globalizadores.
• Renegoció contratos de tripulaciones que representan 17% de ocupación mensual del hotel.
• Firmé contratos con cuentas como BBVA BANCOMER, EDS y MULTISISTEMAS, siendo estas las cuentas más importantes de facturación en el hotel (100 cuartos mensuales / 5 millones de pesos).
• Elaboré todo el proyecto para lograr alianza con consorcios y globalizadores para sistematizar nuestras tarifas e incrementar ventas; también hice el material publicitario y promocional.

2009-2010
TRANSPORTES AEROMAR, S.A. DE C.V. / Gerente Regional
(Empresa dedicada al servicio de transportación aérea regional)
• Responsable de la administración de personal de 30 personas, operacional y administrativamente, que prestaban sus servicios en estaciones foráneas de la línea aérea y ejecutivos de ventas en el D.F., y elaboración de sus cuotas de venta.
• Negociaciones con cuentas clave en cada plaza y manejo de material promocional y publicitario, organización de eventos.
• Supervisión oficinas de boletos.
• Implementé cursos de capacitación para personal de ventas.
• Elaboración de base de datos por plaza y monitoreo vía telemarketing logrando mantener un buen seguimiento a nuestros mejores clientes.
• Firma de convenios con las principales cuentas, entre ellas Pemex, Apasco, Grupo Cruz Azul y Agencias de viaje, con base en volumen garantizado mensual. Diseño y operación de promociones especiales a clientes con resultados del 10% de incremento en ventas.

2005-2009
GRUPO ACCOR, S.A. DE C.V. / Gerente de Telemarketing
(Venta de Vales de Despensa, Restaurante, Gasolina y Uniforme)
• Logré la creación integral del departamento de Telemarketing.
• Elaboré e implementé todos los manuales de operación del área, realicé el organigrama del departamento así como las descripciones y cuotas de venta.
• Diseñé scripts telefónicos y contratos de venta del área (todo esto con apoyo de un asesor externo especialista en el área).

2000-2005
AMERICAN EXPRESS COMPANY MÉXICO S.A. de C.V. / Ejecutivo de Ventas
Tener el control administrativo y ventas de 72 cuentas clave, así como promoción de todos los servicios que ofrece la empresa. Manejo del pool de secretarias de mis cuentas.
• Elaboré base de datos de cada cuenta, agrupándola por orden de importancia con base en su nivel de compra, para establecer un programa de visitas continuo.
• Capacitación a mis contactos y secretarias acerca de los servicios de viaje y manejo de programa firma en expediente.
• Brindé atención personalizada a todos los clientes para la resolución de problemas y garanticé la entrega de respuestas antes de 5 días.
• Elaboré material promocional y publicitario.

EXPERIENCIA PROFESIONAL

Diplomado en Mercadotecnia.   UNAM.
Lic. Admón. de Empresas Turísticas.   Universidad Hispano Mexicana.
Inglés 80%.
Manejo de PC: Word, Excel, Power Point, Internet.

DIRECTOR FINANCIERO

SILVANO GONZÁLEZ HERNÁNDEZ
Cerrada del Agua # 38, Col. Jardines del Bosque
C.P. 02840, México D.F. Tel. 4609-8256
carlosgonz@santander.com
Móvil: 04455 2685-4509

OBJETIVO PROFESIONAL

Aplicar y desarrollar mis conocimientos en Ingeniería Financiera, financiamiento de proyectos y análisis financiero en una gerencia o dirección de finanzas de una empresa sólida con prestigio internacional. Más de 15 años trabajando en Banco Santander con crecimientos representativos.

EDUCACIÓN ACADÉMICA

MBA / Universidad de Duke
North Carolina, 1998-2000
Inglés 100%

Universidad Iberoamericana
1992-1997
Lic. Administración de Empresas

EXPERIENCIA PROFESIONAL

GRUPO FINANCIERO SANTANDER

Director de Finanzas Administrativo. Mayo de 2007 a la fecha

- He controlado las finanzas e implementado el sistema contable de la empresa.
- Estructuré el financiamiento a los proyectos de importación de la empresa. Implementé controles financieros y contables de presupuestos, flujo de efectivo, cuentas por cobrar, cuentas por pagar e inventarios.

Director Work Out. Septiembre de 2005 a mayo de 2007

- Adecué soluciones a la problemática de falta de pago de créditos de empresas en dificultad financiera.
- Director del personal responsable del proceso de recuperación de cartera de crédito de una unidad de Work Out. Implementé la reestructuración de cartera por un valor de 16 millones de USD de una empresa del sector Alimentos, y negocié la recuperación de la cartera por un valor de 120 millones de pesos de una empresa del sector Inmobiliario, y de cartera por un valor de 100 millones de pesos de una empresa del sector Financiero.

Director Banca Corporativa. Junio de 2004 a septiembre de 2005

- Integré la información financiera de Bancos en un modelo de asignación global de líneas de crédito.
- Director del personal responsable de las carteras de préstamos e inversiones del sector Financiero.
- Implementé el modelo de análisis de líneas de crédito operativas para Bancos. Estructuré y presenté la renovación anual de las líneas de crédito para las filiales de Grupo ABC.

Ejecutivo de Cuenta Banca Corporativa. Agosto de 2003 a mayo de 2004

- Gestioné el otorgamiento de créditos de exportación por 100 millones de USD a empresas siderúrgicas e incrementé mi habilidad en el análisis y estructuración de financiamiento a proyectos de inversión.
- Responsable de las carteras de préstamos e inversiones del sector siderúrgico desde julio de 1996.
- Cuadrupliqué la rentabilidad del sector de Insumos para la Construcción. Estructuré la propuesta de financiamiento de importante proyecto inmobiliario en Santa Fe, por 80 millones de USD. Diseñé e implementé la reestructuración de créditos de empresas inmobiliarias.

Ejecutivo de Cuenta Banca Corporativa. Octubre de 2000 a febrero de 2002

- Recomendé e implementé una línea de crédito a largo plazo por 200 millones de pesos reestructurando los pasivos de una empresa del sector Comercio, reduciendo así sustancialmente su riesgo financiero.
- Diseñé e implementé la reestructura de pasivos de corto a largo plazo en moneda nacional de una empresa importante del sector Comercio. Manejé eficientemente las carteras de préstamos e inversiones de los sectores Comercio y Tiendas Departamentales.

RELACIONES PÚBLICAS Y VENTAS

Ana Laura A. Fernández
Magnolias 54-1, Country Club
México D.F. 53830
Tel. 5294-6696 Cel. 55 45678902
E-mail: anouska62@hotmail.com

OBJETIVO: Desarrollarme en el área de relaciones públicas y ventas de empresa enfocada en la organización de eventos, ferias y convenciones.

EDUCACIÓN ACADÉMICA

2010-2011   Desarrollo Humano / **INST. DE COMUNICACIÓN Y DESARROLLO HUMANO**
2000-2005   Ciencias de la Comunicación / **ITESM (TEC. DE MONTERREY)**
1986-2000   Colegio Moderno Americano y Colegio Miraflores

EXPERIENCIA PROFESIONAL

2009-Hoy   **LOREN BURR, S.A. DE C.V. / <u>Coordinadora de ventas y servicio al cliente</u>**
(Diseño, confección y comercialización de ropa para niños y adolescentes)
• Coordinación y supervisión de la promoción para la empresa por medio de stands en eventos especiales, expos y ferias como Expo-outlet, Gala del regalo, Expo Kid´s, Moda Outlet e Intermoda (Guadalajara).
• Coordinación y supervisión para la venta de los productos en bazares como Promisiones Lindavista, Fundación Gilberto y Ambrosía.
• Coordinación y supervisión de desfiles de modas para dar a conocer y promover la marca, como Desfile de modas APAC, desfile Palacio de Hierro, desfile de modas Guadalajara, desfile de modas Aldeamérica, entre otros.
• Coordinación de aparadores en las sucursales Santa Fe, Polanco, Interlomas y Puebla.
• Coordinación de las noches de American Express de El Palacio de Hierro.
• Coordinación de catálogos.
• Relaciones públicas con clientes y prospectos en el extranjero.

2005-2009   **PROVEEDORA ELKAR, S.A. / <u>Gerente de Relaciones Públicas / Asociada</u>**
(Representación y comercialización de empaques para alimentos, tiendas de regalo y boutiques)
• Creación del departamento de relaciones públicas.
• Manejo del personal de ventas, demostradoras y representantes de ventas.
• Atención a tiendas de autoservicio, hoteles, restaurantes, pastelerías, pizzerías, tiendas de regalos, boutiques, etcétera.

INFORMACIÓN ADICIONAL

Generales: Mexicana, casada, fecha de nacimiento 23 de sep. de 1982.
Idiomas: Inglés 90%. Toefl 780
Cursos: Aprenda a vender BENASSINI & ASOCIADOS.
Otros: Manejo de PC: Microsoft Outlook, Word, Excel, PowerPoint, Internet, SAE y Corel Draw.

MANAGER OF NEW PRODUCTS

Juan De la Mora Márquez
Palmas #123, Col. Lomas de Virreyes,
Ph: (52) 5210-5020.
E-mail: jmora@prodigy.net

OBJECTIVE: To obtain a management position with a focus on marketing analysis and administration of client relations.

EXPERIENCE

2005 up to date   **Nabisco-Foods Group-Planters Division**   Mexico City
                       Manager of New Products

• Participated in all aspects of brand management as part of the New Products team.
• Led initiative to identify new business / product opportunities that complemented company's strategic direction. Worked with R&D, production and market research to determine product attributes to best meet consumers needs.
• Recommended product positioning and distribution and presented proposals to senior management. Results of efforts include planned $120 million entry into a new category and planned tests for a new product.
• Worked with sales, promotions and coupon clearing house to recommend 2001 program improvements. Developed the 2001 promotional end-aisle display.
• Used IRI and Spectra databases in analysis and created Spectra training manual.

2000-2005   **La Salle Partners Inc.**   Mexico City
                       Senior Analyst - Real Estate Division

• Analyzed and sold credit strategies to senior management, including recommendations on direction of existing relationships and structure and viability of new loans.
• Selected to perform analytical work on a $250 million high risk commercial developer relationship.
• Marketed $110 million revolving loan request to senior management (largest deal in 3 years for the division).
• Directed cross-functional support team of four individuals to expedite completion of projects.

EDUCATION   **HARVARD UNIVERSITY**   Cambridge Mass
                       Master of Business Administration, May 2000. Co-chair of
                       Admissions Task Force. Selected as one of 13 Placement Peer
                       Counselors. Marketing Club.

                       UNIVERSIDAD IBEROAMERICANA   Mexico City
                       Bachelor of Business Administration, June 1998.

LANGUAGES   Fluent in English, Spanish Native Speaker.

                       Knowledge of Microsoft Office and Windows.
                       Participated in student exchange in Germany.

CONTRALOR CON ESPECIALIDAD EN COSTOS

Pablo Castro Chávez
Smetana No. 15, Depto. 3
México D.F. 07870, Tel. 5537 7604
Pablob0022@prodigy.net.mx

OBJETIVO: *Ocupar un puesto ejecutivo como contador público donde pueda aplicar mi experiencia en la implantación de sistemas de Costos, Contraloría, Finanzas, Contabilidad, SAP y Administración.*

Educación académica

2000-2002	*Master of Business Administration /*
	UNIVERSIDAD DE LAS AMÉRICAS
	(Mención Honorífica en Examen Profesional)
1996-2000	*Contador Público / INSTITUTO POLITÉCNICO NACIONAL*

Experiencia profesional

2002-2012 SMURFIT CARTÓN Y PAPEL DE MÉXICO
CONTRALOR
• *Desarrollo de Presupuestos, Proyectos de Capital, Análisis de Cartera.*
• *Implantación de un Sistema de Costos en el área de Plegadizos, SAP.*
• *Interrelación dinámica de toda la información financiera registrada en las diferentes áreas y concentración de la misma para la toma de decisiones.*

CONTADOR DE COSTOS
• *Costeo de las órdenes de producción.*
• *Apoyo en el desarrollo del sistema de cotizaciones.*
• *Análisis de contribuciones y suministro de información a la alta dirección.*

ASISTENTE DE COSTOS
• *Registro de mano de obra, cargos directos.*
• *Registro y control de materia prima y materiales.*

1998-2002 *GRUPO LOREDO S.A. / **JEFE DE REGISTROS CONTABLES***
• *Evaluación y revisión de todas las pólizas entre filiales, así como la conciliación de todos los auxiliares vs. cuentas de mayor, conciliaciones bancarias, cuentas por cobrar.*

GENERALES
Mexicano, casado. Inglés 70%. Manejo de Word, Excel, PowerPoint, Internet.

Otros diplomados
Diplomado en Reingeniería Financiera / Universidad de las Américas, A.C.
Diplomado Integral de la Contaduría / GVA Consultoría y Capacitación, S.C.

Ingeniero en Telecomunicaciones
Experto en WAN, LAN y Wireless

José Eduardo Porras Gómez
Lope de Vega No. 244-402
Col. Polanco, C.P. 11560
Tel.: 55- 5203-2243
Eduardo0724@aol.com

Objetivo:

Ingeniero en Comunicaciones con 15 años de experiencia, especialista en redes de datos (WAN, LAN y Wireless). Mi interés es continuar ocupando una posición gerencial en Ventas, Infraestructura o Ingeniería para implementar los nuevos conceptos de negocios y dirección.

Experiencia profesional

Enero 2010–Hoy *Carrier Internetworking Consulting* / **Consultor Director. Socio**
- Asesoramiento a distribuidores para la venta de equipo de comunicación a sus proyectos de telecomunicaciones.
- Obtención del proyecto de red de TDM en CFE por 3 millones de dólares y la red ATM en Telcel por 5 millones de dólares.

Mayo 2010–Dic. 2010 *Intervan CCI* / **Subdirector de Infraestructura Proyecto IP**
- Proporcioné servicios de Datos e Internet a empresas nacionales e internacionales como Sony, Gamesa y Telmex.
- Creé la Subdirección de Infraestructura con más de 25 personas.
- Este proyecto llegó a ser el principal negocio de la compañía y sus clientes.

2004–2009 *Newbridge Networks Inc.* / **Manager Technical Training**
Chantilly Virginia USA
- Venta de equipo de telecomunicaciones para las principales compañías telefónicas en América Latina.
- Consolidar, a través de asistencia técnica, proyectos en Telefónica Argentina, Embratel Brasil, Entel Chile, Canteve Venezuela, Telcel México, Cotas Bolivia y Codetel Rep. Dominicana, por 90 millones de dólares por año.

1996–2004 *Alactel Indetel Industria de Telecom* / **Gerente de Proyectos**
- Gerente del Departamento de Redes de Datos, dando soporte a ventas y servicios.
- Realicé la Red WAN para Telmex, Iusacell, CFE, Pemex, Capufe, HP, EDS.

Educación académica

1995–1996 Accesos a satélites y microondas / UNAM. Unidad de Posgrado.
1990–1995 Ing. en Comunicaciones / Universidad Nacional Autónoma de México.
Técnicas de Ventas y Negocios / Universidad Iberoamericana.

Generales

Mexicano, casado, 39 años.
Idioma: Inglés 80%   Visa: L1 residente.

Otros

Paquetería: Windows, Microsoft Office, Apple, Unix Basic, MapInfo.
Actualizaciones: Participación en los Foros de Frame Relay y ATM en Washington D.C. año 2000.

Asistente /Auxiliar en Finanzas

Pedro Fuentes Morales
Bosques de España #1223
Bosques de Aragón. C.P. 57170
Cel. 0445 56 77 88 32 Particular 57 94 87 82
pfuentes@hotmail.com

Objetivo

Recién graduado con deseos de incursionar en el ámbito financiero. Sin experiencia previa; dinámico, con facilidad para los números. Busco desarrollo a largo plazo, lo económico no es primordial en estos momentos.

Estudios académicos

Ago. 2006–Dic. 2011	**Licenciatura en Administración Financiera** Tec. de Monterrey, Campus Estado de México.

Experiencia laboral

Ago. 2011–Dic. 2011   **Auditoría Administrativa / Aeroméxico**
- Prácticas estudiantiles enfocadas a finanzas.
- Análisis del área de tesorería.
- Búsqueda de malos manejos en el área de inversiones.
- Recomendaciones de fondos e instrumentos.
- Análisis de manuales de procedimiento.
- Fondos de ahorro.

Información adicional

Generales:	Mexicano, soltero, 23 años.
Idiomas:	Inglés 75% (hablado, leído, escrito)
Otros:	Manejo de PC, Office (Word, Excel, PowerPoint), Internet.

GERENTE DE COMPRAS

Ralf Baier
Cañada 10, Plazas de la Colina
Tlalnepantla, C.P. 54080, Edo. de México
Tel.: 5362-9402 baierralf@hotmail.com

OBJETIVO: Ocupar un puesto ejecutivo en una empresa internacional donde pueda aplicar experiencia de 15 años en el área de compras y manejo de materiales, desarrollando procesos que mejoren y reduzcan los gastos.

EDUCACIÓN ACADÉMICA

1999-2001	MBA (Administración de Compras) / University of Warwick
1994-1999	Licenciado en Administración de Empresas / University of Warwick
1990-1994	Educación Escolar con Certificado / Bergkamen, Alemania

EXPERIENCIA PROFESIONAL

2008–hoy   **Osram S.A. de C.V. (Casa matriz: OSRAM Munich–Siemens) /**
Gerente de Compras
• Responsable del área de Compras de la organización, con más de 1 000 personas a mi cargo, cinco compradores con valor total anual aproximado de 65 mdd.
• Integración en el año 2001 de 750 productos adicionales por cambio de líneas de producción de EUA a México, incluyendo la integración de todos los nuevos proveedores.

2006–2008   **Uniferm GmbH & Co. KG / Comprador Producto Terminado**
y Materia Prima (Industria Alimenticia– Productos para Pastelería e Industria de Pan, No. 1 en Europa en levadura)
• Compras internacionales de materias primas alimenticias, como melaza, almidón, glucosa, azúcar, gluten en mercados muy especializadas de la industria urbana con gran influencia de calidades que cambien frecuentemente con respecto al tipo de cambio (USD-EURO).
• Comprador responsable de la casa matriz de varias plantas en Europa (por ejemplo ascorbic acid, almidón), respetando estrictamente la calidad específica.

2005– 2006   **Nadler Feinkost GmbH & Co. KG / Comprador de Empaques**
(Industria Alimenticia–ensaladas, fast food, productos de leche como yogur y pescado)
• Responsable de la compra de todos los tipos de empaques de la casa matriz para cubrir y unificar las necesidas de las diversas plantas en Europa. Líder de programas de reducción de proveedores usando empresas multinacionales para mejorar costos.
• Encargado de proyectos especiales como el análisis Lease or Buy, con el objetivo de cambiar toda la flotilla de 78 montacargas a un contrato de Leasing (un ahorro aprox. de 150 000 USD anuales).

2002–2005   **Wenning-Delikat GmbH & Co.KG / Gerente de Compras**
(Industria Alimenticia–pescado, ensaladas)
• Coordinador de todas la compras nacionales e internacionales de empaques y materias primas para la producción en Bergkamen. Trabajé en la planta de Polonia dos años para iniciar el manejo de compras y materiales para reducir costos.
• Ahorros de 500 000 USD anuales por la realización de varios proyectos "optimizando empaques", como películas especiales y empaques de inyección de plástico.

INFORMACIÓN ADICIONAL

Alemán, 35 años, casado con mexicana, dos hijos.
Alemán, nativo; Inglés, 100%; español, 90%.
Manejo de paquetería: SAP / 3 Módulo MM, FRIDA, Microsoft Office.
Curso especial: Certificado como Auditor DIN EN ISO 9000 ff.

LÍDER DE PROYECTO EN SEGURIDAD INFORMÁTICA

Cinthya González Galán
Bosques de Líbano #21, Bosques de Aragón
Edo. de México, C.P. 57170, Tel.:5794-2800
E-mail: cinthya_gonzalez@hotmail.com

Ingeniera en Sistemas Computacionales con 3 años de experiencia en control y seguridad informática, así como en planeación y administración de proyectos.

Experiencia profesional

2009-2011 INSYS S.A. DE C.V. / **Consultor *Senior* en Seguridad Informática**
- Mejoré la metodología para el Análisis de Riesgos, en tiempo de ejecución y resultados entregados.
- Desarrollé la metodología para la administración de proyectos, optimizando el seguimiento y control de todos los proyectos de Insys.
- Capacité al staff en las diversas metodologías desarrolladas, logrando mejorar su desempeño en un 100%.
- Elaboré una estrategia de ventas a mediano plazo para la recuperación y la captación de clientes.
- Reestructuré e implementé los manuales de operación del call center, así como la descripción de puestos y responsabilidades.

2008-2009 ARTHUR ANDERSEN / **Consultor en Control y Seguridad Informática**
- Me desarrollé como auditora de diversos procesos bancarios en las principales instituciones financieras del país, logrando colocar el área como una de las mejores en TI.
- Fui responsable de realizar numerosas auditorías a los operadores de larga distancia de la Cofetel.
- Me desarrollé como consultora de aseguramiento de ingresos, logrando localizar fugas de dinero y fraudes monetarios en procesos como facturación.

2008 DELTA NETWORKS SYSTEMS / **Customer Advocacy Representative**
- Responsable de proporcionar asistencia técnica especializada en sitio.
- Coordiné el proyecto de Cableado Estructurado para la implantación de nuevas computadoras en el área administrativa del periódico *El Universal*.
- Manejé y administré los equipos de red de *El Universal*.

Educación académica

Feb.-Nov. 2009 **Diplomado en Planeación, Administración y Evaluación de Proyectos**
Instituto Tecnológico y de Estudios Superiores de Monterrey.

Mar.-Dic. 2008 **Diplomado en Telecomunicaciones Digitales**
Instituto Tecnológico y de Estudios Superiores de Monterrey.

2002-2007 **Ingeniería en Cibernética y Sistemas Computacionales**
niversidad La Salle.

Información adicional

Mexicana, soltera, 27 años. Inglés: 80%. Manejo de Microsoft Office, Internet y conocimiento de software para minado de datos y análisis de redes.

Gerente de Administración y Finanzas

Adolfo Santillán González
Teléfono: 2699-2935
e-mail: adolfofra@hotmail.com

Objetivo

Licenciado en Administración Industrial, con experiencia en análisis y reducción de gastos, elaboración de flujos de efectivo, control y supervisión de ingresos e implementación de controles administrativos. Con deseos de incursionar en empresas transnacionales.

Experiencia profesional

Abr'05 a Ene'11　　**Gerente de Administración / Utility Trailers de México**
(Compra, venta, renta y transformación de cajas de tráileres)

- Analicé y reduje los gastos de 8 000 a 5 000 dólares mensuales, mediante un estudio de la telefonía, comedor, viáticos e intereses financieros.
- Participé en la elaboración de los flujos de efectivo para el mejor control de los ingresos y egresos.
- Implementé documentos y controles administrativos que dieron como resultado un control de inventarios, así como traspasos de capital y materiales intercompañías.
- Controlé, supervisé y aumenté los ingresos de 65 000 a 80 000 dólares mensuales, mediante la aplicación correcta de contratos y cobranza.
- Controlé los inventarios con valor aproximado de 3 millones de dólares.
- Estuvieron bajo mi cargo y en coordinación con el área dos supervisores, dos auxiliares, staff contable, cinco personas de crédito y cobranza, dos de logística, tres de finanzas y cinco personas de operaciones.

Sep'98 a Dic'04　　**Analista de Costos / Grupo Industrial Magamex**
(Empresa dedicada a la elaboración de calentadores)

- Elaboraba el Estado de Costo de Producción y Ventas.
- Participé en la elaboración de presupuestos de producción y compras, con la finalidad de no tener faltantes en la producción.
- Validé y actualicé estándares de materias primas, que servían de parámetro para la producción y control de desperdicios, así como para la elaboración de estadísticas de consumos.

Educación

1990 a 1995　　Licenciatura en Administración Industrial / IPN

Información general

Inglés: Actualmente curso el cuarto nivel de inglés avanzado en Harmon Hall.
Manejo avanzado de Office 2000 y sistemas administrativos mvplus y star.
Ene'01 a Mayo'01 cursé "El mejor líder".

ABOGADO ESPECIALISTA EN DERECHO CORPORATIVO

José Torres
Calle del Moral 27 Col. Lomas de Tetelpan
Tel: (c.) 56 61 08 87 y 56 68 69 18
(of.) 21 22 80 78
(cel) 044 55 19 53 61 58

PERFIL: Abogado con 12 años de experiencia en derecho corporativo. Elaboración de contratos, fideicomisos, patentes y marcas, litigios y negociación de convenios diversos.

EXPERIENCIA PROFESIONAL

Enero de 2005 a la fecha   **MICROSOFT / Director Jurídico**

• Elaboración de contratos inmobiliarios y elaboración de contratos de obra, permisos, licencias y otros trámites.
• Negociación con clientes, resolución de consultas internacionales.
• Elaboración de fideicomisos, tramitación y registro de obras y construcciones. Coordinación de los litigios de la empresa en materia civil, mercantil, penal y laboral.

1998 – 2005   **ORACLE / Director Jurídico**

• Elaboré diversos contratos de compraventa para la comercialización de los productos y software así como licencias y patentes.
• Resolución de consultas jurídicas del grupo inmobiliario. Elaboración de fideicomisos, tramitación y registro de NOM y marcas. Coordinación de los asuntos legales de la inmobiliaria.

1995 – 1998   **SAP DE MÉXICO / Gerente Jurídico Contencioso**

• Desarrollé convenios judiciales de reconocimiento de adeudo.
• Supervisé demandas interpuestas por y en contra de la Institución. Definí avances a consultas jurídicas planteadas por otras áreas. Supervisión y coordinación del avance extrajudicial y judicial de asuntos asignados a los siete despachos externos de la zona metropolitana.
• Controlé y coordiné el avance extrajudicial y judicial y la recuperación de los asuntos asignados a los 85 despachos externos que colaboran con la Institución en la República Mexicana.

EDUCACIÓN ACADÉMICA

1992-1994 Posgrado de Contratos y Obligaciones / ESCUELA LIBRE DE DERECHO
1984-1989 Licenciatura en Derecho / ESCUELA LIBRE DE DERECHO
1982-1984 Curso de Inglés en la Universidad de Toronto, Canadá

GENERALES

Mexicano, casado. Fecha de nacimiento: 14 de octubre de 1966. Inglés: 100%.

Gerente de Planeación y Desarrollo de Negocios

Ing. Luis Francisco Torres Pérez
Corregidora 550-20, Ampl. Miguel Hidalgo, México, D.F.
Contacto: 5599-7761, luisftorrest@gmail.com

Objetivo

Investigar, diseñar y desarrollar nuevos negocios para captar nuevos mercados o aumentar la participación de la empresa en sus mercados actuales. Mi experiencia se centra en la búsqueda, planeación y operación de nuevos negocios.

Escolaridad

2006-2009	**Maestría en Economía de Negocios**	Tec. de Monterrey
2001-2006	**Ingeniería Industrial**	Universidad Iberoamericana

Experiencia profesional

Septiembre 2009 a la fecha **Ceisersat, S.A. de C.V. / Gte. de Operaciones Comerciales**

• Planear el suministro y la distribución, dar servicio y asistencia técnica a distribuidores. Coordinar proyectos de desarrollo de software y hardware. Diseñar e implementar procesos de operación.

• Al ser una empresa nueva, implementé el departamento de operaciones comerciales. Bajo mi supervisión se ha logrado mantener la operación, desde el suministro hasta la entrega al cliente. Mis decisiones han sido importantes para las estrategias de mercado y de desarrollo de aplicaciones para nuestros productos.

• Se inició la operación de la empresa alcanzando ventas por 200 000 dólares durante el año 2009; para marzo de 2010 se han logrado ventas iguales que las de todo el año anterior, cumpliendo así con las expectativas de suministro, distribución y servicio a clientes.

Marzo 2007 a enero 2009 **Ceicer, S.A. de C.V. / Gte. de Desarrollo de Negocios**

• Investigar nuevas oportunidades, elaborar los modelos de negocio y proyecciones financieras, evaluar la viabilidad y rentabilidad. Desarrollar el plan de negocios incluyendo recursos, mercado, tecnología y finanzas.

• Durante mi participación se iniciaron tres nuevos negocios, en los que colaboraron socios tecnológicos extranjeros que creyeron en los proyectos.

• He participado en la operación de dos de los nuevos negocios, uno de ellos, el de mi actual posición, tiene expectativas de ventas de 2.5 millones de dólares para el año 2002.

Agosto 2005 a marzo 2007 **DuPont, S.A. de C.V. / Líder de Desarrollo de Negocios**

• Vender productos en mercados nuevos o donde la participación era pequeña. Investigar todo lo relacionado con los nuevos mercados; creación de los planes estratégicos y de mercadotecnia, e implementación de dichos planes.

• Logré ventas en mercados donde no participábamos y conseguí clientes clave en los diferentes segmentos objetivo.

• Incrementé ventas por un monto mayor a 150 000 dólares, e inicié relaciones, tanto en la industria como con los clientes, para alcanzar ventas de hasta un millón de dólares en el corto plazo.

Información adicional

Generales:	Mexicano • casado • 29 años
Idiomas:	Inglés 95%, hablado y escrito
Cursos:	Programa de Desarrollo de Habilidades Gerenciales
	• Decisiones Estratégicas •Mercadotecnia Estratégica

EJECUTIVO DE VENTAS LÍDER

Ariel Eduardo García Pérez
Tel. 58 39 86 46
eduardogarci50@hotmail.com

OBJETIVO

Desarrollarme en el área de promoción y ventas de una empresa internacional automotriz donde pueda aplicar mi experiencia de seis años como ejecutivo de ventas de planes de financiamiento automotriz e inmobiliario (prospección, presentación, negociación, cierre y seguimiento), así como explotar y desarrollar mis habilidades como capacitador (líder de equipo, coordinación de personal, organización de equipos, servicio y calidad en la venta).

EXPERIENCIA PROFESIONAL

Ene. 2008 a la fecha   **AUTOFINANCIAMIENTO MÉXICO S.A. DE C.V.** / Área Inmobiliaria y Automotriz / Ejecutivo de Ventas Líder Capacitador
- Creación de manual de venta del producto inmobiliario, que logró aumentar las ventas en un 60% a nivel agencia.
- Capacitación de 30 vendedores en el producto de financiamiento inmobiliario, quienes lograron aumentar su volumen de ventas hasta en un 60% en dos meses.
- Orientación hacia la calidad de la venta en ambos productos de la empresa.

Dic. 2005 a Nov. 2007   **FORD DE MÉXICO S.A. DE C.V.** / Área Automotriz / Ejecutivo de Ventas
- Prospección, presentación, negociación, solución y cierre de ventas con calidad.
- Solución a las necesidades de los consumidores, lo que me permitió cerrar 80% más operaciones al año que el resto del equipo.
- Asesoramiento y solución de necesidades a más de 300 familias.
- Implementación de técnica de disciplina y calidad en la venta, lo cual logró colocarme dentro de los primeros lugares en toda la Republica en dos años.
- Liderazgo de grupo, creando un clima óptimo para el trabajo en equipo por objetivos.
- Apoyo de ideas y acciones para mejorar la calidad de la venta, así el equipo llegó a obtener el primer lugar en ventas en toda la República, con 450 unidades.

EDUCACIÓN ACADÉMICA

2004-2008	**UNIVERSIDAD ISEC/** Licenciatura en Mercadotecnia y Ventas
2001-2004	**CBTIS 202/** Técnico en Informática Administrativa

GENERALES

Mexicano, soltero, 25 años
Manejo de PC y Office
Diplomado en Venta
y Autofinanciamiento Inmobiliario

LOGROS Y AWARDS

* Reconocimiento como mejor Ejecutivo de Ventas Novato de 2006.
* Reconocimiento como Ejecutivo de Ventas Master 2009.
* Reconocimiento al mejor Ejecutivo de Ventas 2010.

CAPACITADORA

LAURA MIREYA ACOSTA ROBLES
Camino Amistad No. 215, Col. Campestre Aragón
México. D.F., C.P. 07530
CEL. 044 55 6573-9834 TEL: 57-57-47-04
CORREO: laumiac3@gmail.com

OBJETIVO

Ocupar un puesto de Coordinadora de Capacitación, desde la Implementación de Programas de Capacitación hasta la programación de conferencistas. Especialista en el desarrollo de temarios y manuales de soporte para la capacitación.

EDUCACIÓN ACADÉMICA

2005 - 2008   Maestría en Recursos Humanos / Centro de Educación CAP.

1994 - 1999   Lic. en Administración de Empresas / Centro de Educación CAP.

EXPERIENCIA LABORAL

2004 - 2012   **BANCO NACIONAL DE MÉXICO / Capacitación**
• 8 años de experiencia en Banamex, realizando diversas funciones relacionadas con la capacitación del personal.
• Elaboración, coordinación y capacitación de cursos.
• Control y seguimiento de los programas de capacitación impartidos al personal.

1999 - 2003   **PROMOCIÓN EMPRESARIAL S.A. / Asistente de Capacitación**
• Capacitación de diversos cursos en el sector financiero y humano.
• Coordinación de cientos de programas de capacitación impartidos al personal de diversas empresas corporativas.
• Desarrollo y diseño de manuales y material de apoyo.
• Organización de talleres y cursos foráneos.

TEMAS IMPARTIDOS

- Sensibilización al cambio.   - Administración del tiempo.   - Habilidades de negociación.

- Calidad en el servicio a clientes.   - Aprendizaje acelerado.   - Integración de equipos.

GENERALES
• Mexicana, soltera, sin hijos, 35 años. Disponibilidad para viajar.

"Señorita Pérez, por favor comuníqueme con el candidato que tuvo la gran idea de enviar su currículum de siete páginas".

Cuando Cayetano leyó esta parte quedó sorprendido, sobre todo porque se percató de la gran cantidad de errores que había cometido al redactar su currículum. Sin perder tiempo, modificó el suyo conforme releía el manual.

Así quedó el currículum base de Cayetano después de aplicar las estrategias del Manual de Mooney *(puedes compararlo con su* CV *anterior):*

DIRECTOR DE VENTAS Y PROYECTOS

Cayetano Norman Farías
Tláloc No. 154, Depto. 505
Col. Contadero Cuajimalpa
Cel 044 55 25 99 67 77
Cayetano.norman@gmail.com

OBJETIVO: Once años de experiencia en áreas comerciales. Estoy interesado en desarrollar productos y servicios e implementar su comercialización a nivel dirección.

EDUCACIÓN ACADÉMICA

2008–2009	Diplomado en Ingeniería Financiera / **TECNOLÓGICO DE MONTERREY**
1995–1999	Licenciatura en Administración de Empresas/ **UNIVERSIDAD ANÁHUAC**
1989-1995	Instituto Cumbres y Cardigan Mountain School, Canaan New Hampshire, E.U.A.

EXPERIENCIA PROFESIONAL

2005-2008 **CONSECO MÉXICO S.A. DE C.V.** *NYSE Conseco* / **Director comercial**
(Filial de aseguradora estadounidense con ventas anuales de 8 billones de dólares en seguros de vida universal)
- Desarrollé una línea de productos de vida universal llamada "Clase", que competía directamente con GNP. En sólo dos meses la compañía alcanzó ventas por 590 mil dólares, contando únicamente con 10 agentes iniciales.
- Fui responsable del área comercial conformada por cuatro ejecutivos de cuenta y una red de 112 agentes externos, 19 internos y cuatro miembros del personal administrativo. Miembro del consejo directivo de la Asociación Mexicana de Instituciones de Seguros (AMIS).

2002-2005 **BANAMEX FACTORAJE** / **Ejecutivo de cuentas** *senior*-**Gerente de la división centro**
- Rebasé las metas de colocación de cuentas por cobrar de 12 millones a 90 millones de pesos, y de 45 millones a 112 millones de pesos en 2004 y 2005, respectivamente, por lo que fui ascendido a gerente.
- Participé en comités nacionales de crédito, donde estuve involucrado en la creación del nuevo sistema para la estructuración del Crédito Banamex, el cual redujo 19% de la cartera vencida en 2005 y 26% en 2006.
- Manejé y creé cuentas importantes como CIFRA, Celanese y Palacio de Hierro, las cuales actualmente agilizan liquidez a más de 1 260 empresas en México.

2001-2002 **FACTORAJE SANTANDER** / **Ejecutivo de cuenta** *junior*
- Encargado del área de factoraje a proveedores de tiendas comerciales y de autoservicio.
- Incrementé la cartera de mi área 300%, de 2 millones a 6 millones de pesos.
- Intervine en el diseño del método de descuento de documentos por cobrar del Grupo Soriana, el cual generaba utilidades superiores a 300 000 pesos anuales.
- Promoví, di servicio y atención a 59 clientes simultáneamente.
- Elaboré presentaciones sobre los beneficios del factoraje y más de 90 estudios de crédito.

INFORMACIÓN ADICIONAL

Generales:	Mexicano, Casado, 31 años (fecha de nacimiento: 5 de julio de 1977).
Idiomas:	**Inglés 100 %** (hablado, escrito y comprendido).
Cursos:	Calidad total, **CIFRA.** Servicio a clientes, **AMERICAN EXPRESS.** Gestación y planeación de nuevos proyectos, **UDLA.** Análisis y toma de decisiones, **U. ANÁHUAC.** Servicios administrativos y controles laborales, **U. ANÁHUAC.** Especialización en ventas, **G. BANAMEX ACCIVAL.** Negociación positiva, **BANAMEX.**

Cayetano nunca imaginó que podía cambiar su CV para darle una orientación hacia cada puesto que solicitara, y que utilizar versiones distintas de su currículum, con diferentes encabezados, objetivos y logros, le ayudaría a concertar más entrevistas.

Cada vez que se enterara de nuevas ofertas o empresas prospecto, solo necesitaría hacer algunas modificaciones a su currículum base. Conforme pasó el tiempo reunió en su arsenal por lo menos siete encabezados diferentes con sus objetivos correspondientes: ejecutivo de ventas, director de ventas, gerente de ventas, director de nuevos proyectos, director de comercialización, especialista en equipos de venta, director de capacitación, etcétera.

Además, desarrolló una amplia gama de logros y responsabilidades correspondientes a encabezado y objetivo, para así poder siempre relacionar su CV con el puesto o empresa para la que se postulaba. Clasificó sus logros en seis rubros: ventas, capacitación, negociación, presentación, desarrollo de nuevos productos y manejo y creación de equipos o vendedores.

Puntos clave para recordar sobre la elaboración de un currículum:

- Enfoca siempre cada currículum que elabores a un puesto en particular.
- Asegúrate de que tu CV aclare perfectamente lo que pretendes y relaciónalo con lo que busca la empresa solicitante.
- Elabóralo siempre a una página, en papel blanco de 200 gramos.
- Asegúrate de que contenga las seis secciones (encabezado, datos generales, objetivo, educación, experiencia profesional e información adicional) en orden de importancia y aplicando el sentido cronológico donde corresponda.

CAPÍTULO 7

Las cartas de presentación

¿Qué es y para qué sirve una carta de presentación?

Una carta de presentación es un documento que *siempre* se debe anexar al currículum que se envía a una empresa, con el objetivo de generar mayor impacto. Con una carta de presentación se logra dirigir la atención de un potencial entrevistador a los puntos de tu trayectoria profesional que más te interese vender, por estar relacionados con lo que busca una empresa determinada.

¿Es seguro que la lean? No, pero si haces una buena carta de presentación, puedes aumentar las probabilidades de que el reclutador la encuentre interesante y, de ese modo, se muestre motivado a leer la segunda parte de tu envío: tu currículum.

Los elementos básicos de una carta de presentación son:

- Encabezado
- Entrada (primer párrafo)
- Cuerpo (segundo párrafo)
- Cierre o conclusión (último párrafo)

Los lineamientos generales para redactar una carta de presentación son casi los mismos que los de un currículum: es indispensable enviar siempre originales, usar papel de alta calidad, dirigirla a una persona en específico (si no sabes el nombre de la persona encargada de la contratación, deberás investigarlo), relacionar tus logros con la empresa en cuestión, ser claro, breve y conciso, así como utilizar siempre una sola hoja con un máximo de tres párrafos fáciles de leer.

Enseguida describo los detalles de cada parte de una carta de presentación:

a) Encabezado

Consta de dos partes. La primera de ellas va al centro o a la derecha de la hoja y debe presentar como máximo tres de tus datos generales: nombre, domicilio y teléfono. La segunda parte del encabezado debe ir pegada al margen izquierdo y tiene que mostrar tanto el nombre del reclutador como el domicilio de la empresa.

b) Entrada

En esta sección se enuncia el motivo por el que escribes, mencionando siempre cómo te enteraste de la empresa, cómo supiste que en ella había una vacante, quién te recomendó hacerlo (si es que alguien te instó) y por qué le envías tu currículum a esa persona. A continuación puedes incluir algún comentario o los datos que conozcas sobre la empresa en cuestión.

c) Cuerpo

En el cuerpo de la carta debes exponer los motivos que tienes para creer que tú eres la persona indicada para ocupar el puesto en cuestión, o bien mencionar tu trayectoria académica y algunos logros que sirvan para hacer patente que estás calificado para ocupar ese puesto. A fin de obtener mejores resultados, investiga el giro de la empresa y sus intereses para que puedas relacionar tus logros con lo que esta necesita. En el cuerpo de la carta puedes señalar:

- tus principales habilidades
- cómo te relacionas con el puesto o con la empresa
- otros conocimientos clave

d) Cierre o conclusión

En la última parte deberás refrendar tu interés en el puesto e indicar el siguiente paso que piensas dar; por ejemplo, puedes usar una frase como "Me comunicaré con usted la próxima semana. Espero que pronto pueda concederme una entrevista". Después de la conclusión escribe una breve nota de agradecimiento y haz mención de que anexas tu currículum.

A continuación amplío los consejos anteriores y ofrezco dos ejemplos de cartas de presentación para que termines de comprender cómo elaborarlas y logres causar un gran impacto en quien las lea:

1. Debes dirigirla *siempre* al responsable de encontrar a quien pueda cubrir la vacante. Dicha persona no siempre pertenece al área de Recursos Humanos; podrías enviarla a quien sería tu futuro jefe. Asegúrate de escribir correctamente el nombre de la persona. A veces no es fácil saber cómo se llama el reclutador (o tu jefe prospecto), pero con un poco de iniciativa puedes averiguarlo. Es más probable lograr que te contraten si tratas directamente con tu futuro jefe, de modo que si tienes oportunidad, envíale la carta a él.

2. Haz una breve mención de las causas por las que su empresa te parece interesante. Averigua cuanto puedas de ella y asegúrate de que todos los datos que menciones sean genuinos. Hay personas que no hacen una investigación seria y mandan cartas a empresas poco conocidas diciendo cosas como "Me interesa mucho hacer carrera en su empresa de gran prestigio internacional". Si el director de la empresa lee eso, la conclusión inmediata a la que llegará es que esa persona solo lo quiere adular. Hay empresas muy buenas que, sin ser

internacionales o grandes, ofrecen excelentes oportunidades de crecimiento a sus empleados. Un comentario hecho a la ligera puede perjudicar tu imagen y enviar tu currículum al basurero más cercano.

3. Usa un vocabulario parecido al que emplearías al hablar; las frases demasiado rebuscadas, con palabras sofisticadas o con las clásicas *expresiones cohete* (por ejemplo: *logística organizacional*) pueden arruinar tu imagen y hacerte quedar como un presuntuoso o incluso como un lambiscón. Lo peor que puede pasarte es que crean que estás rogando por un trabajo. Además, los reclutadores no siempre están familiarizados con expresiones sofisticadas o con palabras técnicas, por lo que te recomiendo mantener muy simple la redacción de tu carta.

4. Menciona tus habilidades confiadamente pero sin exagerar. No caigas en la trampa de que tus palabras suenen a "yo soy Superman y todos me necesitan". Si trabajaste de empleado eventual en una tienda departamental, no significa que tengas *amplia experiencia en la administración de tiendas departamentales*.

5. Vigila al extremo tu ortografía y gramática. Usa una puntuación adecuada y procura que la redacción sea congruente y comprensible. Así como te sugerí hacerlo con tu CV, puedes pedir a alguien que lea tu carta antes de que decidas enviarla. ¡Asegúrate de que no tenga errores!

6. Usa un formato profesional y una calidad de impresión impecable. Evita los adornos: estos no le darán originalidad a tu documento; por el contrario, pueden hacer que sea de difícil lectura o incluso provocar que luzca ridículo.

7. Termina la carta con una frase que indique cuál es el paso que piensas dar a continuación. Toma la iniciativa para solicitar una entrevista o indica que te pondrás en contacto en unos días.

8. Guarda copias de todo lo que envíes, sobre todo si envías diferentes tipos de cartas e historial para solicitar distintos puestos. Es vital que te mantengas organizado, de modo que cuando te llamen a las entrevistas recuerdes lo que dijiste en cada caso particular y qué vacante estabas solicitando.

9. Una carta de presentación debe tener dos o *máximo* tres párrafos, con no más de cuatro renglones cada uno.

10. Si envías tu CV por *e-mail,* aprovecha el mismo cuerpo del mensaje para escribir tu carta de presentación (en este caso es recomendable hacerla todavía más breve: no más de cuatro o cinco renglones). Además, nunca la envíes como documento adjunto (*attachment*). Únicamente tu CV puede ser enviado de esta manera.

Cuarta regla de Mooney

Anexa una carta de presentación inteligente a cada currículum que envíes o entregues.

Ejemplo de carta de presentación para entregar personalmente

Araceli Plancarte
Palmas 810, Col. Lomas
5520-4206

Lic. Arturo Peralta
Director de Industrias Alimenticias K.
Av. de los Morales 125
Col. Bustamante
12345, México, D.F.

México, D.F., 5 de noviembre de 2011.

Estimado Lic. Peralta:

El motivo de la presente es comunicarle mi interés en el puesto de director de la división alimentos, que apareció anunciado el pasado 30 de octubre en el periódico *El Universal*. Su empresa me interesa especialmente porque estoy familiarizada con los procesos de fabricación y comercialización de sus productos.

Mi experiencia se concentra principalmente en empresas del sector alimenticio como Yogur S.A., Productos Lácteos del Norte y Botanas La Charrita. Además cuento con más de 15 años de experiencia en rubros tales como calidad, evaluación de proyectos y lanzamiento de nuevos productos.

Estoy muy interesada en concertar una cita con usted en el momento en que mejor le convenga. Junto con esta carta anexo mi currículum, en él expongo mi experiencia laboral. Le agradezco mucho su atención a la presente y me pondré en contacto con usted el día de mañana.

Atentamente,

Lic. Araceli Plancarte.

Esteban D. Tijeras Fernández
Clavería No. 23, Azcapotzalco
5678-4205

Lic. Mario Bringas L.
Curtis Mallet-Prevost Colt and Mosle
Abogados S.C.
Rubén Dario 281-9
Col. Polanco
11580, México, D.F.

México, D.F., 9 de enero de 2012.

Estimado Lic. Bringas:

El motivo de la presente es informarle que tengo gran interés en formar parte del equipo de su prestigiado despacho. Soy muy amigo de su concuño Ramón Benítez, quien me recomendó ampliamente con usted.

Mi experiencia se ha concentrado principalmente en litigios y asuntos corporativos en despachos como Creel García Cuéllar, S.C. y Noriega Escobedo, S.C. cuento con una maestría en el extranjero y tengo más de nueve años de experiencia en los sectores inmobiliario, tecnológico y gubernamental. He manejado asuntos de empresas como Pemex, Telmex, Televisa, Grupo Loma y Terrum.

Anexo mi currículum, el cual habla con mayor detenimiento de mi experiencia laboral. Agradezco de antemano la atención que se sirva dar a la presente y me pondré en contacto con usted en unos días para concertar una cita.

Atentamente,

Lic. Esteban Tijeras Fernández.

Ejemplo de carta de presentación para enviar por e-*mail*

```
○ ○ ○                          Respuesta

Message    Options

Calibri          ▾ 14  ▾
Send     B  I  U  ABC  A  ▾ ABC  ▾          Attach  Picture          Check Names

From:
  To:  Lic. González
  Cc:
Subject:  Respuesta
```

Lic. González:

El día de ayer nos conocimos en la feria del WTC. En nuestro encuentro le mencioné que estoy interesado en el puesto de ventas que está vacante en su compañía, ya que las actividades de su empresa se relacionan mucho con las que realicé en mi empleo anterior. Adjunto mi CV, en él amplío detalles sobre dicha relación y sobre mi experiencia. Me pondré en contacto con usted mañana en espera de que me conceda una entrevista.

Cuando Cayetano leyó el capítulo de las cartas de presentación, no pudo evitar cerrar los ojos y bajar la cabeza consternado. Ahora le quedaba claro que, al no haber enviado su CV con una carta de presentación dirigida a cada reclutador en específico, su documento nunca llamó la atención de nadie, por ello lo más probable era que no lo hubieran leído nunca y que terminara en un cajón o, peor aún, en la basura.

Pero ya no era tiempo de arrepentirse, de modo que decidió que a partir de ese momento siempre elaboraría una carta de presentación, y que lo haría a la medida de cada empresa con la que hiciera contacto.

CAPÍTULO 8

Proceso de duelo: motivación psicológica para superar la pérdida del empleo*

Acusar a los tiempos no es otra cosa que excusarnos a nosotros mismos.

THOMAS FULLER

En la historia de nuestra vida existen situaciones que estamos obligados a vivir. Son experiencias irremediables que suceden y que nos dejan una huella muy profunda. Algunas están llenas de dicha y felicidad, mientras que otras son inolvidables porque nos hacen sentir mucho dolor, tristeza y desolación. Los especialistas nos referimos a estas experiencias como *crisis*, porque son vivencias esperadas o inesperadas que nos impactan, nos sacuden y hasta nos descontrolan. Lo más interesante es que descubren lo mejor y lo peor de nuestra persona.

La **crisis** universal por excelencia es la *muerte de un ser amado*. El proceso de duelo es una de las cosas imposibles de evitar. Así como tenemos la seguridad de que algún día moriremos, también es cierto que algún día seremos testigos de la muerte de un ser querido. Aunque existe el conocimiento de que la muerte llegará algún día, reaccionamos sorprendidos cuando finalmente sucede. Sin temor a equivocarme, diría que ver morir a alguien con quien hemos creado un vínculo de amor o de cariño es de lo más doloroso y deprimente en la vida de cualquier ser humano.

* Capítulo en colaboración con la psicóloga Roxana Aguilar Camacho, especialista en pérdidas y plan de carrera.

Ahora bien, existe otra *crisis* que por su naturaleza es comparable con la anterior. Esta sacude nuestros planes y nos pone en una situación complicada y difícil. Nos cuesta trabajo entenderla, y dependiendo de cómo suceda puede provocarnos angustia y dolor. En el mejor de los casos, nos obliga a actuar a la altura de las circunstancias, y en el peor, nos produce un sentimiento depresivo. Esta situación amarga nos puede crear un problema existencial. La crisis de la que estamos hablando se conoce como **desempleo**.

Perder el empleo se está haciendo una pésima costumbre. Te aseguro que todos conocemos a alguien que, en este momento, se encuentra sin trabajo. Por la situación política de nuestra economía globalizada, las empresas que operan en nuestro país se han fusionado necesariamente para seguir siendo competitivas en el mercado, o han decidido eliminar innumerables puestos para reducir sus gastos. Esto ha traído como consecuencia que muchas personas sean liquidadas y retiradas de sus trabajos. El *empleo perdurable* está desapareciendo, y en su lugar es normal que vayamos coleccionando trabajos a lo largo de nuestra experiencia. Por ejemplo, este libro especializado en búsqueda de empleo, escrito por mi maestro Jorge Muniain, nos muestra en la *Pirámide de veces y meses* cómo un trabajador que gana menos de 4 000 pesos puede estar sin empleo hasta 40 veces durante toda su vida.

¿Es una profecía quedarnos sin empleo?

Sí, te puedo asegurar que por lo menos una vez en tu vida te quedarás sin trabajo. Tal vez sea una semana, un mes o un año; el caso es que son muy altas las probabilidades de que pruebes el mal sabor del desempleo.

La clave para sortear lo irremediable

A propósito de lo irremediable, vale la pena mencionarte un libro que alguna vez llegó a mis manos y que hablaba de Viktor Frankl. En el año de 1942, cuando los judíos fueron perseguidos y eliminados por los nazis, Frankl fue internado en un campo de concentración. Gracias a esta cruda vivencia, y después de su liberación, comenzó a reflexionar y a escribir acerca de una teoría que se basaba en la búsqueda del sentido para la vida del hombre. Esta fue la manera que él eligió para sortear la crisis de ser prisionero durante mucho tiempo, bajo las manos nazis. A partir de ese momento, el creador de la logoterapia (una de las tres escuelas más importantes de la psicología actual) se convirtió en uno de los psicoterapeutas más famosos y profundos del siglo XX.

Una de las ideas clave de Frankl es que cuando un ser humano se siente impotente para controlar las cosas externas que lo lastiman, solo tiene que decidir si se quedará con la mejor o la peor actitud para enfrentarlas.

"Tú eres el único responsable de todo lo que te pasa"

Por ejemplo, cuando somos separados de nuestro trabajo sentimos precisamente impotencia, ya que la decisión ha sido tomada y no hay marcha atrás. Surge entonces la primera pregunta:

¿Por qué a mí?

Apoyándome en la visión de Frankl, diría que tienes dos opciones...

- actuar de la mejor manera para beneficiarte, o
- actuar de la peor manera para perjudicarte.

Lo que trato de decir es que, independientemente de las circunstancias externas,

Solo tú eres responsable de cómo quieres que te afecten

Tal vez en un principio cambiar de ideas te parezca simple, pero te propongo que hagamos un primer ejercicio para demostrarte que modificar nuestra forma de pensar puede marcar la diferencia. El ejercicio consiste en que repitas en voz alta la siguiente frase durante tres veces. El propósito es que repares lo que vas sintiendo cada vez que pronuncias las palabras. Te ayudará hacer una pausa breve entre cada repetición.

Si el Gobierno cumpliera con sus promesas de crear más fuentes de empleo, yo no estaría padeciendo quedarme sin trabajo.

Ahora escribe en una hoja las impresiones de lo que sentiste al pronunciar esta frase. Para ayudarte con esta parte, te sugiero que además respondas las siguientes preguntas:

- En la frase que leíste, ¿quién es el responsable de tu situación?
- ¿Cómo te sientes respecto al que sientes que es el responsable?
- ¿Estás proponiendo alternativas para solucionar lo que sucede?

Después de responder, anota tus impresiones respecto a la lectura. Sé breve y lo más específico posible. Una vez que termines, pasarás a la siguiente etapa del ejercicio. Seguirás exactamente las mismas instrucciones, solo que con el siguiente enunciado:

Lo acepto... Me está pasando a mí...
Estoy sin empleo. ¿Qué haré al respecto?

La crisis como oportunidad

Bien, ahora responde: ¿notaste la diferencia entre las frases?, ¿tus impresiones escritas fueron distintas para cada una? ¡¡¡Apuesto a que sí!!! Si te has identificado con la primera oración, significa que te inclinas por responsabilizar a otros de lo que te ocurre, y si eso pasa contigo, entonces es lógico que decidas colocarte fuera del juego, con lo cual corres el riesgo de amargarte la existencia y, encima de todo, de pasarte la vida preocupándote por el problema en lugar de ocuparte en solucionarlo.

Por otro lado, si te identificas con la segunda frase, entonces te beneficiarás, porque estás aceptando que en el último de los casos solo tú eres responsable de lo que te sucede. Así, recuperas el control de la situación y solo entonces serás capaz de crear alternativas para cambiar aquello que no te satisface. Es a partir de este cambio como se logra **transformar la crisis en una oportunidad**.

Espero que con ayuda de este ejercicio hayas comprobado por ti mismo que la forma como visualizas las cosas representa una clara diferencia en la actitud que eliges para enfrentarlas. En este caso, puede significar la diferencia entre deprimirte por estar sin trabajo o *motivarte para conseguir un nuevo empleo*.

Por otra parte, vale la pena mencionar que para lograr este nivel de ganancia frente a las *crisis* debes recorrer cierto camino. Estarás de acuerdo conmigo en que las situaciones no se dan por arte de magia, sino, más bien, se tornan mágicas cuando te das tiempo para pulirlas a través del **arte de la acción**. Cuando actúas y ejerces un efecto sobre lo que te acontece, puedes descubrir que estás a la altura de los hechos, y gracias a ello comprenderás los beneficios que acompañan a cualquier tipo de crisis.

El desempleo como duelo

En la experiencia profesional como psicoterapeuta me he encontrado con muchas personas que me han pedido apoyo para asimilar el hecho de haberse quedado sin empleo. Y recuerdo que en todos los casos el sentimiento más puro que se expresaba como consecuencia de esta vivencia era una especie de *dolor*, como el de *haber perdido algo*. Así fue como llegué a la conclusión de que *el desempleo duele*. Y si padeces el dolor de una pérdida, entonces decimos que vivirás el *desempleo como un* **duelo**.

Desempleo + Dolor + Pérdida = DUELO

Aquí comprenderás que referirnos al duelo es hablar de pérdidas. En el caso del desempleo, la sensación de pérdida aparece porque sientes que junto con tu trabajo estás perdiendo todas aquellas cosas valiosas que te permitían generar otras igual de importantes. Por ello surge un sentimiento de frustración, porque el desempleo comunica que tu estilo de vida no volverá a ser como antes; que todos los planes que habías hecho desde que conseguiste ese puesto se ven amenazados y corren peligro de irse por la borda. Te das cuenta de que el hecho llegó a tu vida para cambiarla y exigirte que te adaptes a las nuevas circunstancias.

¿En qué momento comienza mi duelo?

Inicias el camino del duelo con una notificación. La historia del desempleo comienza cuando alguien (un colega, tu jefe inmediato, el jefe de Recursos Humanos, el director general, etcétera) se reúne en una entrevista formal contigo para confirmarte (con fundamentos justificados o no) que a partir de ese momento dejas de trabajar para la empresa. Y te repito: el duelo arranca a partir de una notificación explícita, no cuando sospechas (sin haberlo confirmado) que cualquier día serás despedido.

Las estaciones del duelo

Digerir un duelo y particularmente el relacionado con el desempleo es como sortear las distintas estaciones del año. Puede pasar que ya cuentes con una experiencia previa o incluso que tengas muchísima información sobre el tema; sin embargo, el camino es de tal naturaleza que necesitarás muchísima paciencia y tolerancia para comprender que esta vereda se sitúa en un escenario donde se pueden mezclar lo conocido y lo desconocido al mismo tiempo.

También quiero comunicarte que, de entrada, tienes la obligación de incorporar estas dos afirmaciones a tu sistema de creencias:

> **Todas las experiencias de mi vida tienen un tiempo de duración; es decir, el desempleo —por fortuna— tiene una fecha de caducidad, así que poco importa si por el momento no tengo la certeza de cuándo será exactamente esa fecha.**

> **Existen aspectos en la vida que necesariamente escapan de mi voluntad y control; esto significa que soy consciente de que en la forma para enfrentar la crisis habrá cosas para las que no esté preparado. Y esto también se vale.**

Te sugiero un segundo ejercicio: escribe esas dos frases en un Post-it y llévalas en tu agenda o en tu cartera. El objetivo es leerlas con frecuencia, tantas veces como sean necesarias, hasta que comprendas junto con todos los ejercicios de este capítulo que únicamente actuando es como resolverás tus problemas cotidianos.

Regresando a la analogía con las estaciones del año, comprenderás que la primavera solo tiene un período específico para manifestarse y que, cumplido su tiempo, cede el paso al verano, y sucesivamente lo mismo ocurre con el otoño y el invierno. Por otra parte, a pesar de su carácter interminable, cada estación del año se manifiesta como única e irrepetible. Y si tú crees que la primavera de este año se presentará con un sol abrasador como en la primavera de años anteriores, tal vez te sorprenda el hecho de que ahora se pueda presentar con días nublados o lluvias intensas.

Quise presentarte toda esta reseña de las estaciones porque algo similar ocurre con los períodos del duelo. El proceso para que tú asimiles la pérdida de empleo implica que pasarás por ciertas etapas que tienen su propia razón de ser y que comprenden una duración limitada. Espero que esta noticia le dé una pizca de felicidad a tu alma porque significa que la incomodidad de no tener trabajo terminará cuando menos te lo imagines.

Por otro lado, en este tránsito por las distintas etapas, tienes que prever que no existe una preparación anticipada para experimentarlas. Lo interesante de las estaciones de duelo es que no existen recetas ni tampoco un riguroso orden para vivirlas. Esto es maravilloso porque el proceso de duelo se convierte en una creación flexible con la libertad de ser modificado en cualquier momento que lo desees.

En mi intención de colaborar y apoyarte durante este proceso, he decidido redactar una semblanza del significado de cada estación, así como de la importancia de ser el mejor observador de ti mismo y conseguir que este conocimiento que comparto contigo te pueda ser de utilidad en la práctica cotidiana y te sea favorable también en todas las ocasiones difíciles que pongan a prueba tu capacidad para adaptarte a los cambios.

Antes de continuar, me gustaría que leyeras el siguiente fragmento en voz alta:

Estar sin trabajo me ha hecho salir de mi lugar de confort, y me he permitido iniciar el proceso de duelo para digerirlo. estoy seguro de que esta aventura nueva en mi vida desencadenará beneficios en mi desarrollo y evolución como persona. el misterio de descubrir los beneficios de esperar es lo que me motiva a iniciar el camino.

Ahora toma una hoja blanca (de preferencia, tamaño oficio) y un lápiz: serán tus instrumentos y los ocuparás en los ejercicios que te propongo realizar para cada una de las estaciones. ¿Listo?... Entonces, comencemos.

Primera estación: INCREDULIDAD

Mencioné que el duelo comienza cuando se nos informa que la empresa ha decidido prescindir de nuestros servicios, ¿cierto? Pues en cuanto lo hemos escuchado comienza la *estación de incredulidad*. Independientemente de la forma en que la empresa haya implementado la desvinculación, la notificación, los esquemas de liquidación, las propuestas de apoyo por parte de la corporación y la persona que se haya responsabilizado de informarte todo, resulta que **NO DAS CRÉDITO A LO QUE TE ESTÁ PASANDO.** Experimentas una especie de conmoción, y por más clara, directa o considerada que haya sido la manera de proporcionarte el mensaje, es lógico que te sientas indignado. ¿Te suena familiar?

Es clásico durante un período de incredulidad que cuando alguien te pregunta cómo te sientes al respecto, respondes cosas como estas:

- Estoy bien. No pasa nada.
- Tengo la esperanza de que me trasladen a otro puesto.
- No soy ni el primero ni el último que ha perdido su empleo... Esto pasa todos los días.
- No es tan grave. Ya encontraré otro trabajo.
- Seguramente es un error y todo se arreglará.
- No entiendo... ¿Por qué a mí?

O lo que es peor, decides no contarle nada a nadie y *tragarte* tú solito todo lo que estás sintiendo. Pero despreocúpate, porque si tú eres de los que al principio callan, habrá algún momento en que la *válvula de escape* dejará salir todo eso que en silencio te está mortificando, si es el caso. Los psicólogos decimos que la incredulidad permite alejarnos momentáneamente de la situación desagradable para darnos la oportunidad de digerirla poco a poco.

También es habitual que te sientas paralizado, confundido y que te empeñes en negar tu realidad, pero debes ser consciente de que te conviene que este período dure poco tiempo: cuanto más te aferres a la incredulidad, te desgastarás y perderás la oportunidad de pasar a la siguiente estación.

Ejercicio

Ocupa toda la hoja y dibuja en ella el contorno de una montaña. Ahora aprovecha el espacio disponible de la base de esta cima y escribe todo lo que pensaste y sentiste cuando te dijeron que estabas fuera de la empresa. Sé honesto y también especifica cada una de las cosas que anotes. Para lograrlo, describe sensaciones que tu cuerpo estaba expresando y que recuerdas haber sentido con mucha claridad. Enseguida te daré algunos ejemplos:

- Lo primero que sentí fue angustia y un nudo en la garganta; me sudaban las manos y pensé que mi corazón se iba a parar.
- Recuerdo que veía todo nublado, sentía un hueco en el estómago y mi respiración estaba muy agitada.
- Pensé que se trataba de una broma pesada, que en cualquier momento entraría alguien de Recursos Humanos para decirnos que habían cometido un error y que yo conservaría mi empleo.
- Sentí pánico; pensé en mi familia y en lo tristes que se pondrían con la mala noticia.
- Me quedé sentado, sin moverme ni decir nada, sentí la mirada perdida y no hice caso a lo que me decían.

Una vez que hayas terminado de anotar tus primeras impresiones, te invito a que las leas en voz alta, lo cual permitirá desahogarte, descubrir tu personalidad y conocer el arrojo con el que reaccionas en los momentos de tensión.

Segunda estación: REGRESIÓN

Este período comienza cuando te has desgastado tanto que terminas por aceptar que no fue un error, que no te van a trasladar a otro puesto, que es a ti al que le está pasando y que también te está afectando. Aquí, la válvula de escape se torna escandalosa porque aparecen reacciones como el llanto, el berrinche y la desesperación. Si tuviéramos que comparar esta etapa, diría que es muy parecida a la que sucede con los niños pequeños cuando se muere su mascota favorita.

Esa es la verdad, **TE DESAHOGAS COMO UN NIÑO** y por eso lloras hasta el cansancio, a veces hasta con gritos. Por eso berreas y pateas las cosas o avientas todo lo que tengas a la mano. Te desesperas tanto que tu cuerpo empieza a cobrar la factura: te da insomnio, sufres tics nerviosos, escalofríos, o te sientes débil. Y empeoran las cosas si te niegas a comer o a desquitarte con la gula porque tu cuerpo desarrollará gastritis o colitis nerviosa y congestión estomacal u obesidad.

De repente tienes actitudes irracionales como fumar o beber en exceso. Y fumas y bebes tan compulsivamente que llega el momento en que ni siquiera disfrutas hacerlo. A veces te expones al peligro sin ninguna consideración; por eso manejas con exceso de velocidad o andas solo hasta altas horas de la madrugada.

Si te fijas, actúas puerilmente porque reprimes al adulto sensato que le pondría límite al comportamiento de ese *niño* descarriado. Pero no te avergüences si actúas como un niño: es parte del proceso. Lo importante es que esto tampoco dure una eternidad. Darle rienda suelta al niño que llevas dentro te ayudará a expulsar todas las cosas que en algún momento hayan quedado reprimidas en la estación anterior.

Ejercicio

Grito energético
Primero, asegúrate de inhalar y exhalar con profundidad hasta que te sientas completamente relajado y sereno. Ahora, aspira por la nariz la mayor cantidad de aire que puedas; luego, manteniendo el aire en los pulmones, abre la boca lo más grande posible. Entonces exhala el aire con fuerza al mismo tiempo que gritas ¡¡¡AAAHHH!!!

Es importante que a este ejercicio le inyectes mucha intensidad porque de eso dependerán los beneficios. También puedes repetirlo cuantas veces sea necesario hasta que sientas el pecho, los hombros y la espalda muy ligeros. Incluso puedes utilizar las cinco vocales del alfabeto para darle más creatividad al ejercicio.

Movimiento energético
Igual que en la versión anterior, primero asegúrate de inhalar y exhalar con profundidad hasta que te sientas tranquilo y relajado. Ahora coloca una

almohada sobre la pared a cierta altura con la que te sientas cómodo y golpéala con fuerza. Otra variante consiste en hincarte y golpear los cojines del sillón, o pedirle a un amigo que sostenga la almohada frente a ti mientras que tú vas sobre ella.

Ambos ejercicios son de mucha utilidad para dejar fluir los comportamientos infantiles e irracionales de la estación agresiva. Y recuerda: hay un niño dentro de ti que tiene que aprender que no solucionará nada haciendo berrinches o desesperándose. Es tu oportunidad para que ese niño aprenda a ser más creativo.

Tercera estación: FURIA

Llegamos ahora al momento del coraje. **TE ENOJAS CON TODO Y CON TODOS.** Es la forma en que te desquitas de lo que te lastima. Yo creo que esta fase consiste en amortiguar la incertidumbre de lo que pasará con nosotros más adelante. Y lo más interesante es que la furia surge porque tienes la necesidad de esconder una tristeza que tarde o temprano se manifestará.

A propósito de la furia y su relación con la tristeza, quiero contarte una historia que aprendí del libro *Cuentos para pensar*,[1] de Jorge Bucay, la cual describe perfectamente cómo es que vivimos la furia.

La tristeza y la furia

Había una vez una laguna de agua cristalina y pura donde nadaban peces de todos los colores existentes. Un día se acercaron a bañarse, haciéndose mutua compañía, la tristeza y la furia. Las dos se quitaron sus vestimentas y, desnudas, entraron al estanque. La furia, como siempre apurada y urgida sin saber por qué, se bañó rápidamente y aún rápidamente salió del agua. Pero la furia ciega, que no distinguía claramente la realidad, al salir se puso la primera ropa que encontró y sucedió que esa ropa no era la suya sino la de la tristeza. Y así, vestida de tristeza, se fue. En otro momento, muy calmada y muy serena, dispuesta a quedarse en el lugar en donde estaba, la tristeza terminó su baño y sin conciencia del paso del tiempo, como es su costumbre, perezosa y lenta, salió del agua y se encontró con que su ropa

---

[1] Jorge Bucay, *Cuentos para pensar*, RBA Libros, 1997.

ya no estaba. Y, como todos sabemos, si hay algo que a la tristeza no le gusta es quedar al desnudo, así que se puso la única ropa que había junto al estanque...: la ropa de la furia. Se cuenta que desde entonces muchas veces nos encontramos con la furia ciega, cruel, terrible y enfadada, pero si nos damos el tiempo de mirar bien, encontramos que esta furia solo es un disfraz y que detrás del disfraz de la furia en realidad está escondida la tristeza.

Ahora comprenderás que en esta etapa la mayor parte del tiempo te la pasas enojado con todo y con todos. Empiezas a acusar a otros de tu suerte y a culparte de haber perdido el trabajo. También discutes y peleas con las personas que están a tu alrededor por cosas pequeñas e insignificantes. ¿Te encuentras así ahora?

A estas alturas del camino, es importante reconocer que tienes derecho a enojarte, pero de ninguna manera se vale que lastimes a otros con el pretexto de desahogar tu coraje. Es el tiempo de reivindicarte, observar a tu alrededor y aceptar que nadie tiene el deber de aguantar tu molestia y malos tratos.

Te diré algo: cuando lastimamos a otros nos hacemos el *haraquiri* al mismo tiempo. Cada vez que señales a alguien con tus reproches, en ese momento también te señalas tres veces (haz la prueba: señala algún objeto que tengas al alcance ahora mismo, apuntándolo con el dedo índice; descubrirás que tres dedos de los que doblas están apuntando hacia ti).

La estación de la furia es como un arma de doble filo. Puede servir para defenderte y para hacerte sentir más fuerte e indestructible, pero también se te puede revertir y entonces te servirá solo para destruirte porque provocarás tantos conflictos con esta actitud agresiva que llegará el momento en que tu presencia será insoportable para los demás.

Ejercicio

El encuentro silencioso

En esta ocasión identifica primero a la persona con la que has tenido más conflictos y enfrentamientos. Comunícale que quieres estar con ella a solas para que colabore contigo en este ejercicio. Elijan un lugar cómodo donde no sean interrumpidos por nada ni por nadie. Pídele a esa persona que se siente frente a ti y, tomándola de las manos, le explicarás que quieres que te vea a los ojos en silencio. Tú harás lo mismo.

Lo elemental en este ejercicio es mantener el contacto visual acompañado del silencio y el contacto con las manos. Es de gran ayuda si pones música de fondo que sea del gusto de ambos. Lo maravilloso de este ejercicio es que el contacto visual te sensibilizará, así que no te preocupes si de repente evades o te evaden la mirada. Solo siente y sé espontáneo en todo lo que te suceda a partir del encuentro. Te aseguro que, pase lo que pase, terminarás aliviándote con esta experiencia. Y bueno, también se vale conversar; no obstante, te recomiendo que el tiempo de silencio sea más largo que el diálogo.

Cuarta estación: CULPA

Esta es una versión corregida de la anterior. Aquí lo que sucede es que toda la furia que antes habías dirigido a los demás ahora la interiorizas, y arremetes en tu contra recriminándote todo lo que hiciste mal. Surge una sensación de arrepentimiento por no evitar que te liquidaran y no conseguir que te reubicaran.

El peligro de la estación es cuando **TE SIENTES CULPABLE**, pues la autoestima empieza a fracturarse. Puedes sentirte inseguro e inferior respecto a los demás y compararte todo el tiempo para *confirmar* que los otros son mejores que tú: claro, ¡ellos tienen empleo y tú no! Lo más irónico es que al mismo tiempo que te devalúas también te compadeces y así formas un círculo vicioso. Con el tiempo, esto se convierte en una pésima costumbre y puedes afectar terriblemente tu desempeño en la búsqueda de una nueva oportunidad de empleo.

Ejercicio

El espejo

Haz una lista de afirmaciones que hablen de las cualidades y fortalezas que tienes como ser humano. Ahora, colócate frente a un espejo (lo importante es que el tamaño te refleje todo el rostro) y repite todas las afirmaciones que has escrito. La clave está en que las verbalices y que te veas a los ojos cada vez que lo hagas. Deberás formular cada oración en primera persona.

La finalidad del ejercicio es que te convenzas de que tienes derecho a equivocarte y que de ninguna manera te destruyas. A continuación te presento algunas afirmaciones que te pueden servir de ejemplo:

- Me veo y descubro que soy un ser humano que siente y piensa.
- Tengo derecho a ser feliz y la obligación de hacer todo lo que esté en mis manos para lograrlo.
- Tengo un talento profesional que consiste en _____ y lo utilizaré a mi favor.
- Me doy cuenta de que cuando me enojo empiezo a hablar mal de mí; en cuanto me sereno descubro el talento que no había visto antes.
- Quiero dejar de compadecerme; por el contrario, yo quiero admirarme.
- En la práctica cotidiana, debo recordar lo que siempre he creído: "no hay peor enemigo que uno mismo".
- Si antes he logrado superar peores problemas, no veo la dificultad para conseguirlo nuevamente.
- El *hubiera* no existe y el presente es lo único que tengo en realidad.

Sé honesto y justo contigo mismo, siente que eres digno de ti y haz que esa lista de afirmaciones sea tan larga como la vida que has recorrido. Incluso se me ocurre que puedes incluir frases que te han dicho otras personas y que suenan tan halagadoras y llenas de reconocimiento que te cuesta trabajo creerlas.

Quinta estación: DESOLACIÓN

Esta es la etapa tímida porque es el clímax de toda elaboración de duelo. Este es el momento de la verdadera tristeza; precisamente ahora *te cae el veinte* de que no hay nada por hacer para recuperar el empleo perdido.

Tal vez solo hasta ahora **TE VES Y TE ACEPTAS COMO UN DESEMPLEADO** en toda la extensión y experimentas la profunda melancolía y tristeza de haber perdido ese momento de confort. Volteas a tu alrededor y observas con asombro que tu estilo de vida ha cambiado y que debes adaptarte a las nuevas circunstancias. Este momento desolador corre el riesgo de tornarse *depresivo* cuando has llegado a este punto del camino sin digerir con conciencia y profundidad las estaciones anteriores.

La depresión no es otra cosa más que el miedo de observarse. Debes tener muy claro que *la tristeza y la depresión son dos cosas completamente distintas*. Que por naturaleza todos los seres humanos tenemos la capacidad de sentirnos tristes en algún momento de la vida. Sin embargo, la depresión en los seres humanos no es natural; es una actitud culturalmente aprendida, una elección, y comienza cuando eliges aferrarte al pasado y sufrir por ello, lo cual impedirá que disfrutes el presente.

Ejercicio

La bienvenida al presente
Toma una hoja de papel y córtala por mitades hasta que tengas ocho cuadros del mismo tamaño. En cada uno anota lo que perdiste junto con tu empleo. Es importante que escribas las ocho pérdidas más significativas. He aquí algunos ejemplos:

- Sin trabajo, siento que perdí un ingreso seguro.
- Sin trabajo, siento que perdí estatus.
- Sin trabajo, siento que perdí la oportunidad de ver a mis amigos todos los días.
- Sin trabajo, siento que perdí el espacio para hacer lo que más me apasiona.
- Sin trabajo, siento que perdí la actividad para ocupar mi tiempo.
- Sin trabajo, siento que perdí seguridad personal.
- Sin trabajo, siento que perdí las ganas de luchar por lo que quiero.
- Sin trabajo, siento que perdí la credibilidad en mí mismo.

Una vez que has escrito sobre los ocho cuadros de papel, te sugiero que los leas por última vez; luego toma uno por uno y quémalos con un fósforo. Al mismo tiempo que se consumen en el fuego, piensa que lo único que perdiste fue el espacio para conseguir todas estas cosas que te hacen sentir bien. Por ejemplo, cuando dices que sin trabajo has perdido la seguridad personal, **tienes que comprender que la seguridad personal sigue estando en ti y que solo necesitas renovar el espacio perdido para que esta se**

manifieste. En ello radica la ganancia: cuando miras hacia tu interior… todo sigue ahí.

> **No es el trabajo perdido lo que te desconsuela, sino descubrir que siempre has estado perdido interiormente y que el trabajo solo te distrajo para no darte cuenta de ello.**

Sexta estación: FECUNDIDAD

Particularmente, esta fase de duelo es la que más me gusta y apasiona. Este es el momento de advertir quién eres y qué estás haciendo con tu vida realmente. Es cuando **TE RESPONDES QUÉ HARÁS A PARTIR DE AHORA** y cuando se te ocurren las clásicas preguntas existenciales:

> **¿Qué hago en este mundo? ¿Cuál es la misión de mi vida? ¿Cuáles son mis razones para vivir?**

La fecundación es la estación donde recuperas la confianza tornándote más creativo. El magno descubrimiento es que la motivación proviene de cómo te sientes y si estás dispuesto a sacarle partido, así como a emplearla en todos los proyectos que surgen en tu mente y en tu espíritu.

Cabe ocuparte de las áreas de tu vida que habías descuidado por estar cumpliendo con el trabajo. Es la oportunidad para compartir momentos con tu pareja, con tus hijos o con tus amigos. Es el espacio para que saldes todas las cosas que tenías pendientes; por ejemplo, visitar al doctor, salir de día de campo con tu familia, terminar de leer el último libro que compraste, titularte o estudiar otra carrera, aprender otro idioma, plantar un árbol, viajar a otra ciudad, ordenar tu álbum fotográfico, practicar un deporte o hacer ejercicio.

Ejercicio

Te recomiendo (para alimentar este maravilloso período de emociones renovadas e ideas nuevas) realizar actividades que se relacionen con cualquier tipo de arte. El arte, por naturaleza, es una actividad creativa e innovadora. Puedes elegir entre teatro, pintura, música, literatura, danza, cine o escultura. Ya sea que decidas ser un lector o un espectador, o que te animes a conocerlo como aprendiz, el contacto con las artes te hará sentir más creativo que nunca.

Séptima estación: ACEPTACIÓN

Llegamos al final del camino del duelo, y a partir de esta estación **TE HACES DUEÑO DE TI MISMO.** Ahora te permites recordar y sentir plenitud y satisfacción por haber sorteado de la mejor manera todas las estaciones anteriores. Parece que nacieras y agradeces por haberte reinventado. Estás convencido de que perder el empleo tuvo un motivo y ahora, disfrutando las ganancias del cambio, lo has descubierto.

Una vez que vives en carne propia todo el proceso, estableces que tu trabajo debe estar en perfecto equilibrio con tu vida personal, que nada vale la pena aplazar excusándote en el trabajo, que nada vale la pena sacrificar por el trabajo, que no debes esperar a jubilarte para decidir lo que realmente quieres hacer con tu trabajo y tu vida.

Ejercicio

La carta
Para cerrar con broche de oro este proceso de duelo, te invito a que escribas una carta narrando con detalle la forma en que lo viviste. Puedes ser tan extenso como tú lo decidas; lo importante es que recrees todo a través de las palabras. Los terapeutas afirman que la escritura es la forma de dignificar todo lo que vivimos; es como darle el justo valor a las cosas que dejan huella en nuestra vida. Es como testimoniar los hechos clave que le dan un giro a nuestra vida.

Observaciones adicionales

Espero que todo lo que has leído hasta ahora contribuya a amenizar el camino del duelo para asimilar la pérdida de tu trabajo. Desde mi experiencia, te puedo decir que las crisis siempre traen cambios positivos a nuestra vida, y que la tuya no será la excepción. Finalmente, quiero agregar algunas ideas importantes que deberás tomar en cuenta durante el tiempo que dure tu duelo:

- Tómate el tiempo para disfrutar y digerir cada una de la estaciones.
- El orden de las estaciones puede ser distinto al que hemos presentado en este apartado.
- Incluso, te puedes sorprender saltando de la estación dos a la cuatro o de la cinco a la tres.
- Eso sí, tu duelo comenzará con la estación de incredulidad y terminará con la de la aceptación.
- Existe la posibilidad de que consigas un empleo antes de vivir todas las estaciones de tu duelo.
- Si consigues un empleo antes de terminar el proceso de duelo, te sugiero que, aun empleado, termines este proceso.
- El camino del duelo es más enriquecedor cuando lo compartes con la persona que más amas.
- Empleado o no, ten presente día a día tus motivos para vivir.
- Ama, apasiónate por todo cuanto hagas y vive cada día como único.
- Escribe la experiencia de tu desempleo en una bitácora o en un diario. Tu testimonio puede ayudar a otros desempleados a levantarse.

Pues bien, he escrito todo este episodio con la esperanza de favorecer tu mente y espíritu, porque alguna vez yo estuve en tu lugar y recuerdo que fue muy consolador dejarme acompañar en este difícil proceso de quedarme sin empleo.

¡ÁNIMO, ESTE ES EL MOMENTO DE SACAR LA CASTA Y SABER DE LO QUE ESTÁS HECHO![2]

[2] Para mayor información y terapias, puede ponerse en contacto con la autora de este capítulo en yocreoconciencia@gmail.com.

Psicóloga Roxana Aguilar Camacho, cofundadora de www.elplacerdecrecer.com y @elplacerdcrecer. Creadora de Redes Lunarias, la red de conciencia femenina, en redeslunarias@elplacerdecrecer.com y www.despiertaydatecuenta.blogspot.com.

CAPÍTULO 9

Programa de *self outplacement* o transición profesional

Existen en México cursos de búsqueda de empleo llamados programas de *outplacement*. Estos programas son adquiridos por empresas que están a punto de efectuar recortes, liquidaciones o reestructuraciones de personal. Ayudan a los ejecutivos a superar la pérdida del empleo y los orientan para identificar quiénes son, qué buscan y cuáles son los pasos que deben dar al salir de la empresa.

No obstante, las empresas solo dan esta prestación a algunos empleados de confianza como parte de su liquidación para ayudarles a encontrar otro empleo en el menor tiempo posible.

Los programas de outplacement suelen incluir muchos beneficios y prestaciones que ayudan a la gente a agilizar su búsqueda de empleo. Dichas prestaciones pueden ser, por ejemplo, el uso de oficinas equipadas y asesores personales. Pero precisamente esas prestaciones, como el uso prolongado de instalaciones y equipos de oficina, hacen que los programas de outplacement sean costosos y, por lo mismo, que no sean ofrecidos por igual a todos los empleados.

No obstante, las personas que pierden su empleo y no reciben un programa de outplacement como parte de su liquidación, pueden (y deben) crear su propio programa, es decir, un **self outplacement**.

Sin importar por qué motivos perdiste el empleo, la mejor recomendación que puedo hacerte para encontrar uno nuevo es buscar desde un lugar distinto a tu casa. Este paso, de suma importancia, debe ser siempre uno de los primeros que des.

Buscar empleo desde la comodidad del hogar provoca que nuestra búsqueda sea irregular, pobre y lenta. Lo más común es que dentro de nuestra casa existan distracciones que nos quiten demasiado tiempo, al grado de que uno puede perder semanas e incluso meses sin buscarlo, sin lograr tener entrevistas, sin encontrar contactos y sin hacer llamadas telefónicas.

Actividades como ver televisión, dormir, llevar a los hijos a la escuela o ir por ellos, comprar comestibles, atender asuntos familiares, entre otras tantas cuestiones, no solo afectan nuestra productividad para buscar, sino que afectan nuestra persona, nuestro carácter, nuestra actitud y, en muchas ocasiones, pueden afectar nuestras relaciones de pareja o familiares.

Tienes que ser un tanto egoísta y pensar en ti. ¡Nunca busques empleo desde tu casa! (aunque tengas un despacho en casa). Este es un error tan grave como frecuente.

No importa si eres casado o soltero, si vives solo o con tu familia. Cuando estés buscando un nuevo empleo debes hacerlo desde otro lugar, lo cual tampoco incluye la casa de un amigo ni un club deportivo donde estés todo el tiempo hablando desde tu teléfono celular.

La mejor opción es buscar a un familiar, amigo o conocido que tenga un negocio propio y a quien le tengas la confianza suficiente como para solicitarle un espacio dentro de su oficina, para que desde ahí puedas dedicarte a buscar empleo.

Es obvio que no solicitarás hacer uso de esa oficina todos los días; será solo para salir de tu casa y hacer la búsqueda. Más bien podrías ofrecer tus servicios (en el negocio) *sin solicitar remuneración alguna*, básicamente para ayudar en actividades propias del mismo; a cambio, solo debes pedir permiso para usar ese lugar de base de operaciones de tu búsqueda. Tal vez pienses que ofrecer tus servicios sin recibir un pago a cambio no te conviene, pero de hecho, una situación semejante resulta en verdad ventajosa.

Buscar empleo fuera de casa y tener un espacio dentro de una oficina ajena no solo te ayudará a fortalecer tu carácter y tu actitud; también te ayudará a superar *de manera instantánea* la pérdida de tu empleo. Tendrás más control sobre tu búsqueda, lo cual la hará más efectiva, ahorrarás mucho dinero, evitarás tener problemas familiares y, por si fuera poco, incrementarás *significativamente* tus probabilidades de encontrar empleo.

Existen estadísticas que demuestran que una persona que busca empleo desde su casa tarda de dos a cinco veces más tiempo en encontrarlo que una persona que busca desde una oficina.

Las ventajas potenciales de utilizar una oficina ajena como base de operaciones para la búsqueda de empleo son:

- Eliminas o disminuyes de tu presupuesto los gastos de servicios de luz, agua, teléfono y fax. Por ejemplo, si haces 20 llamadas diarias, ahorrarás casi 1 000 pesos al mes.
- Aprendes nuevas habilidades manuales, técnicas o empresariales, o fortaleces las que ya posees. Por ejemplo, puedes mejorar tu pericia en el uso de programas de hojas de cálculo o de elaboración de presentaciones.
- Te involucras en actividades de oficina y te mantienes habituado a estar activo durante los horarios regulares de trabajo.
- Te relacionas con personas y empresas que podrían ayudar en la búsqueda. Por ejemplo, si te ofreces para recoger un pago o cheque en otra empresa, podrías enterarte de que en esa empresa están haciendo contrataciones, enterarte de noticias o tendencias en la industria o incluso de vacantes que pudieran interesarte.
- Puedes conocer nuevos giros o industrias, así como nuevos productos y servicios.
- Tienes acceso gratuito a productos, papelería y artículos de oficina o a servicios de *e-mail*, fax, fotocopiadora, etcétera.
- Tienes el apoyo de una secretaria, asistente o personal que pueda atender tus llamadas; eso te dará mayor seguridad y te permitirá realizar otras actividades.
- Puedes evitar en gran medida conflictos domésticos o familiares.
- Mantienes la mente despejada y se fortalece la actitud de búsqueda.
- Puedes obtener ingresos por trabajos de asesoramiento o comisiones por ventas, etcétera.

Aun a sabiendas de estas posibles ventajas, lo más importante es que no solo tendrás mayor conciencia de la responsabilidad de buscar empleo, sino que también aprovecharás al máximo el tiempo para generar contactos y lograr entrevistas que te ayuden a alcanzar tu objetivo.

Quinta regla de Mooney

Sal de casa para buscar un nuevo empleo. Establece un horario y síguelo rigurosamente. Recuerda que buscar empleo es un trabajo en sí mismo; requiere que le dediques por lo menos cinco horas diarias. Efectuar un programa de self outplacement es una importante regla y recomendación.

Luego de leer esto, Cayetano levantó el teléfono y le habló a su cuñado Juan para solicitarle una cita. Juan tenía un negocio de venta e instalación de sofisticados equipos de luz, sonido y video llamado Novotech. Sus oficinas eran relativamente nuevas y estaban situadas dentro de una bodega impresionante, localizada en la zona de Naucalpan.

En la reunión, le pidió a Juan que le diera la oportunidad de colaborar con él en la oficina, sin retribución económica. Lo único que pidió a cambio era la oportunidad de usar un espacio en la oficina y el teléfono. Juan se mostró con ganas de ayudar e incluso le ofreció un sueldo base, pero Cayetano rechazó el ofrecimiento.

Le asignó un espacio de oficina. Era un cubículo con mucha luz que tenía una silla nueva de piel, un escritorio y un teléfono con decenas de botones. Como no había computadora en el cubículo, pidió permiso para llevar la suya.

Cayetano se despidió y le dio las gracias, con toda sinceridad. Luego le dijo que se presentaría a diario de 9:00 a.m. a 6:00 p.m. Juan quedó un poco perplejo. No podía imaginar lo que Cayetano se traía entre manos, pero como tenía mucho espacio libre decidió ayudarlo sin hacerle preguntas.

Al día siguiente Cayetano se levantó muy temprano para empacar su PC, desayunó y salió corriendo de su casa.

Con el paso de los días, empezó a involucrarse en muchas actividades de Novotech. Aprendió lo relacionado con facturación, ventas, contabilidad, productos, contratos, presentaciones y algunos tecnicismos del negocio. En tres semanas hizo muchos amigos, se contactó con proveedores y clientes de su cuñado, se embolsó 16 000 pesos de comisión por la venta de unos equipos de video y empezó a tener muchas citas, algunas para vender y otras para solicitar trabajo. Las opciones de empleo llegaban rápidamente a la puerta mientras generaba ingresos y aprendía más día con día.

Para ese momento, Cayetano ya había leído en el libro de June el capítulo sobre dónde buscar empleo y estaba aplicando una de las herramientas más importante descritas en el libro: el networking.

CAPÍTULO 10

Dónde debes buscar empleo

Cuando buscamos empleo podemos llegar a ocupar gran parte de nuestro tiempo examinando lugares en donde hay poca o ninguna posibilidad de encontrarlo. Por ejemplo, las vacantes que son publicadas en medios de difusión masiva suelen ser las más competidas, por lo que la probabilidad de ser contratado es menor.

Suponiendo que alguien te dijera que la mayor cantidad de empleos como el que buscas está en un lugar específico, imagino que preferirías comenzar tu búsqueda allí en vez de perder tu tiempo explorando en otras partes.

Entonces, ¿dónde se encuentra la mayoría de las ofertas de empleo? Sigue leyendo para encontrar una respuesta.

Después de elaborar un análisis exhaustivo de los lugares donde es conveniente buscar empleo, llegué a la siguiente conclusión: la mayoría de las ofertas está en los siguientes cinco lugares:

1. *Networking*.
2. Bolsas de trabajo y eventos especializados.
3. Internet y redes sociales.
4. Periódicos.
5. Headhunters, agencias y ferias de empleo.

En los cinco capítulos siguientes notarás que junto al título hay un porcentaje, el cual indica la cantidad de ofertas de cada rubro, tanto en tu nivel o sueldo como en la industria o empresa en la que deseas trabajar.

"Srita. Fontanot, haga pasar al siguiente candidato y obséquiele una pluma con nuestro logotipo al que va de salida."

CAPÍTULO 11

Networking: la mejor herramienta para buscar empleo (75%)

E s normal que un desempleado se sienta capaz de encontrar un trabajo sin la ayuda de otras personas (o al menos sienta que puede hacerlo). ¿Alguna vez has escuchado o dicho alguna de estas frases?:

- Yo puedo solo.
- No quiero que mi cuñado tenga la impresión de que me ayudó.
- ¡Me da mucha pena!.
- No pienso pedirle ningún favor a mi tío.
- No quiero hablarle al amigo de mi mamá.
- No lo conozco bien, pero me cae mal.
- Mejor no le pido nada porque no le caigo bien.

En Japón, cuando alguien pierde el empleo, siente tanta vergüenza que oculta lo sucedido a sus familiares. Incluso sale todas las mañanas, como si aún fuera a trabajar, y va a perder el tiempo a otra parte para evitar que todo el mundo se entere de lo que le ocurre.

En México la situación no es tan extrema, pero a la mayoría no nos gusta que todo el mundo sepa que nos corrieron o que salimos de una empresa. Si llegamos a comentarlo, lo hacemos con nuestros familiares directos y uno o dos amigos. De esto, lo único que se obtiene es un largo período de desempleo.

Dado el actual panorama económico de México y el contexto laboral, hay pocas formas tan efectivas de encontrar empleo como las redes de relaciones profesionales (o *networking*). Parecería que el contacto con profesionales de otras especialidades e industrias no es muy útil si uno es despedido, pero resulta ser de gran valor *justamente* cuando se presenta esa situación.

Llevando a cabo una networking efectiva, encontrarás la mayoría de las oportunidades para emplearte, ya que son *exactamente esas* las que nunca verás anunciadas. Esas son las famosas "ofertas de empleo ocultas".

Para que comprendas qué tan importante es llevar a cabo una networking, vuelve a mirar el porcentaje de oportunidades que estas brindan.

Pero, ¿qué es *networking*? En este contexto, es el desarrollo y cultivo sistemático de contactos y relaciones informales e interpersonales con tres propósitos:

1. Obtener información que te ayude a concentrar los objetivos de tu búsqueda de trabajo, enterarte de tendencias, eventos o cualquier cosa relevante para tu seguimiento. Si corres con suerte, puedes incluso enterarte de algunas vacantes de tu interés.
2. Exponerte en el mayor grado posible al mercado de trabajo.
3. Reunir más nombres y referentes para ampliar tu red, obtener más fuentes de información, presentarte más, obtener aún más referentes, entre otras cuestiones.

La palabra clave de la definición es *sistemático*. Muchas personas creen que llevar a cabo una networking es realizar una búsqueda esporádica y desorganizada, que consista en llamar a sus familiares o amigos, recurriendo siempre a una desesperada plegaria, que a menudo reza así: "¿Sabes de alguien que esté contratando gente como yo?... ¿No? Bueno, si sabes de algo, me avisas".

Si procedes de ese modo, es decir, si no informas a tus conocidos qué pretendes obtener con tu búsqueda, puedes dar a entender que estás dispuesto a tomar cualquier oportunidad que se presente. En ocasiones, puedes tener un golpe de suerte, pero este no es un método efectivo para generar una variedad de oportunidades que valgan la pena.

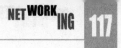
Es decir, networking no consiste en llamar por teléfono aleatoriamente a algunos amigos, sino en elaborar una campaña estructurada y bien planeada, lo cual requiere una inversión de tiempo.

Casi siempre el primer paso es llamar a familiares, amigos y conocidos. Esta etapa se llama *desarrollo de contactos*. Después, esas llamadas deberán convertirse en citas y entrevistas, primero con personas cercanas y luego con desconocidos, los cuales te recomendarán con otras personas.

Muy pronto te darás cuenta de que una entrevista exitosa, gestada a través de networking, es la que une dos o más nombres de contactos y referentes nuevos. De este modo obtendrás una progresión geométrica de tus fuentes de información y, por ende, de tus oportunidades en el mercado laboral. Este efecto de multiplicación tiene el beneficio adicional de brindarte mayores conocimientos, mejores perspectivas, más opciones y, lo mejor de todo, sentirás que mantienes el control en el proceso de búsqueda de trabajo.

A continuación aparecen los detalles de las tres categorías de redes de contactos con las que deberás empezar:

- **Red de relaciones personales**
  - familia inmediata
  - familiares cercanos y lejanos
  - amigos, amigos de los amigos y excompañeros de actividades
  - miembros de organizaciones sociales, clubes deportivos, gimnasios, etcétera
  - tu médico, abogado, dentista, contador, agente de seguros, sacerdote, etcétera

- **Red de relaciones profesionales**
  - colegas de trabajos anteriores: jefes, subordinados, secretarias, etcétera
  - LinkedIn, Google +, Facebook, Myspace, Twitter, etcétera
  - clientes, proveedores y otros colaboradores
  - vendedores, consultores, contratistas, etcétera

- **Redes oportunistas**
  - o el señor que conociste en una boda
  - o ese tipo que te cayó bien en la fiesta
  - o una señora que viajó junto a ti en el avión
  - o una pareja con la que platicaste en un restaurante, etcétera

Una vez determinadas las personas con las que harás tus primeros contactos, deberás tomar en cuenta los siguientes consejos para llevar a cabo una networking exitosa:

1. Solo funciona cara a cara: únicamente en una reunión informal con el amigo de tu amigo podrás transmitir tu objetivo y platicar, en forma interpersonal, cuál ha sido tu trayectoria y cuáles son tus necesidades en ese momento. La única manera de dejar huella en una persona y lograr que te recomiende es comentar de frente tu historia, caer bien y dejar físicamente tu currículum y tu carta de presentación. Recuerda que en cada entrevista deberás solicitar al menos dos nombres de personas a quienes conocer, ya sea que tengan una empresa, que conozcan mucha gente o sepan de una vacante en alguna empresa o en tu área de interés.

2. Seguimiento: es muy importante dar seguimiento o continuidad a cada entrevista generada por networking. Solamente si te mantienes en contacto te enterarás de oportunidades. Esa persona que visitaste hace tres semanas puede saber ahora algo que ignoraba cuando la visitaste. Pero sé prudente; recuerda que no es prioridad de nadie ayudarte a encontrar trabajo.

3. Entiende qué es networking: para que sea efectiva es necesario entender muy bien cómo funciona. Por eso, como tercer consejo, haré un resumen de los pasos principales.

Básicamente, buscar trabajo a través de networking significa formar una red de contactos a través de amigos, amigos de tus amigos y los amigos de los amigos de tus amigos. ¿Suena complicado? Pues no lo es. A continuación detallo un ejemplo muy claro de red y de cómo crearla de tal manera que te ayude a realizar, a efecto, los tres puntos anteriores.

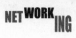

Llama a tus mejores amigos para que te reciban en su oficina, pero no para solicitar empleo. Limítate a comentarles qué estás buscando exactamente o a pedir un consejo. Entrégales tu currículum. Pídeles que te avisen cuando posean información al respecto a través de sus amigos o clientes y diles que te mantendrás en contacto con ellos. Por último, lo más importante: solicita los datos de tres buenos amigos suyos que no conozcas, clientes o proveedores, y visítalos de inmediato. Luego comienza nuevamente.

Entrevistarte con tus mejores amigos no requiere mucha ciencia, ¿verdad? Lo único que necesitas es una entrevista informal e interpersonal. Bastaría una llamada telefónica para que te recibieran en su oficina. Gracias a los dos contactos que ellos te faciliten, podrás conocer a sus suegros y a sus clientes consentidos.

Si haces esto con todas las referencias que obtengas, estarás creando una red extensa con personas de diversos giros y profesiones. Cada uno conoce un contador, tiene un mejor amigo, un cliente favorito, un hermano, un jefe de su anterior trabajo, un abogado e incluso un reclutador. Contáctalos a todos y haz tantas preguntas como sean necesarias, gracias a ellas podrás detectar tu objetivo, identificar posibles errores que cometas en tu búsqueda, etcétera.

Muy pronto alguno de tus contactos se enterará de algo interesante y cuando eso suceda tú estarás en los primeros sitios de su agenda, por lo que serás candidato para ese puesto, sobre todo porque estarás muy bien recomendado por alguien de tu red.

A continuación presento, como ya mencioné, un ejemplo donde puedes apreciar a simple vista la forma en que se construye una red de más de 45 contactos, iniciando con tu mejor amigo. Basta un mes para construir una red así, pues cada uno de estos contactos te recomendará muy bien, debido a que, a la vez, estás muy bien recomendado por alguien cercano a él.

Este ejemplo de red de contactos se inicia con tu mejor amigo (véase en página siguiente, Networking. Ejemplo de red de contactos). Es casi obvio que tú ya sabes cuál es su empleo, pero para efectos de este ejemplo, supondré que tu mejor amigo tiene un despacho de abogados:

Networking
Ejemplos de red de contactos

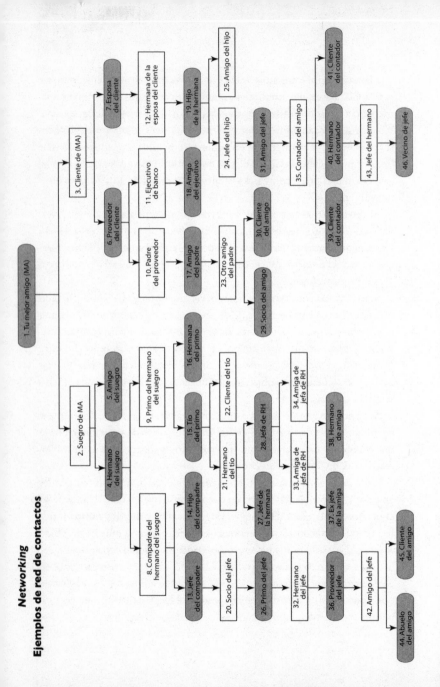

1. Le hablas por teléfono a tu mejor amigo (MA) para que te reciba en su oficina. Estarás de acuerdo conmigo en que tu MA te atenderá rápidamente, digamos al siguiente día. Ya en su oficina sigues estos pasos: *a)* le comentas lo que realmente estás buscando, es decir, qué puesto te gustaría ocupar dentro de otra empresa y algunas otras de tus principales habilidades y le pides que, si sabe de algo, te avise; *b)* le entregas tu currículum, y *c)* le pides que te contacte con más personas. Tu MA te da los nombres de su suegro y de un cliente.

2. Te comunicas con su suegro y, obviamente, le dices que hablas de parte de tu MA, con el pretexto de que necesitas pedirle un consejo (no pidas trabajo ni digas que estás desempleado a ningún contacto de tu red). Ya en la cita te enteras de que él es dueño de una gran fábrica de zapatos. Después sigues los pasos *a*, *b* y *c*. De momento, él te informa que no está contratando, pero te recomienda con su hermano y con un amigo.

3. Visitas al cliente de tu MA, quien te recibirá de inmediato, por ir recomendado por su abogado. Él es uno de los dueños de una cadena de farmacias. Sigues los pasos *a*, *b* y *c*. Te recomienda con un proveedor y con su esposa.

   Aquí voy a hacer una pausa para que mires nuevamente el organigrama de la red.

   Notaste cómo a través de tu MA conociste a dos personas totalmente desconocidas para ti: su suegro y uno de sus clientes. Ambos tienen en mente información que tú no conoces: empresas, contactos, noticias, etcétera. Esa información es la que te va a llevar a una entrevista o a la puerta de una nueva empresa.

4. El hermano del suegro de tu MA trabaja en la empresa Bacardí, en el área de Finanzas. Obtienes los datos de la reclutadora y sigues los pasos *a*, *b* y *c*. Él te remite con su compadre (contacto número ocho) y con su primo (contacto número nueve). El primero trabaja como agente de seguros y el segundo es contador de una empresa relacionada con internet. Con ambos sigues los pasos *a*, *b* y *c*.

5. El amigo del suegro de tu MA es una persona muy seria y ocupada, que no te proporciona mucha información, pero al menos conociste su empresa, la cual es una importante constructora. (Obtienes los datos del reclutador).

6. El proveedor del cliente de tu MA trabaja en un laboratorio gigantesco; te da los datos de la reclutadora y te lleva para que la conozcas. Sigues los pasos *a*, *b* y *c*.

Como te has dado cuenta, todos los contactos te reciben muy rápido porque siempre estás referido o recomendado por alguien que ellos conocen a la perfección. Apenas llevas un par de días efectuando conexiones y ya conoces casi a 10 personas que trabajan en diferentes empresas y giros. Todas ellas te recomendarán con más personas y así sucesivamente.

7. La esposa del cliente de tu MA es dueña de una escuela muy importante. Sigues los pasos *a*, *b* y *c*. Te recomienda con su hermana.

8. El padre del proveedor del cliente de tu MA es director de marketing de Santander. Sigues los pasos *a*, *b* y *c*. Te lleva con la reclutadora. Además, te proporciona mucha información relevante; por ejemplo, te informa que se va abrir una filial de Elektra, llamada Banco Azteca, y que Toyota viene a México. Imagínate cuántas plazas nuevas se crearán en ambas empresas.

9. El ejecutivo de Banorte, quien es amigo del proveedor del cliente de tu MA, te informa que actualmente están contratando, te da los datos de la reclutadora del banco y también te recomienda con un amigo.

10. La hermana de la dueña de la escuela es asistente del director de la cadena de hoteles Fiesta Americana. Sigues los pasos *a*, *b* y *c*.

11. El jefe del compadre del suegro de tu MA es dueño de una promotora de seguros y te recomienda con su socio y con el director comercial de GNP.

12. El hijo del compadre del suegro de tu MA es gerente de una empresa de publicidad…

Este ejemplo sería demasiado extenso si continuara hasta explicarte la industria en la que trabaja el vecino del final del organigrama, pero estoy seguro de que ya quedó claro. Cuantas más personas te traten y sepan de tu situación, más probabilidad tienes de que te ayuden a encontrar empleo porque cada uno de ellos ya te conoce personalmente, sabe bien lo que buscas y está enterado de cuáles son tus habilidades. También es factible que, después de un tiempo de haberlos visitado, uno de ellos se entere de

algo que te pueda servir, y créeme: se va a comunicar contigo, pues quiere ayudarte. Realmente todos queremos ayudar a un amigo.

Ahora, mantén comunicación con cada uno de tus contactos; quizá algún día harás un negocio con ellos. En el medio hay un dicho que reza así: "Dime a quién conoces y te diré quién eres".

Cada vez que solicites una entrevista para tu red, deberás buscar que sea informal e interpersonal. Recuerda que *nunca* debes solicitar trabajo en dichas entrevistas; limítate a pedir consejos. Ten en cuenta que la finalidad de la red es presentarte, exponerte al mercado de trabajo, dar a conocer tu situación, recabar información interesante y expandir tu red de contactos. Además, te será mucho más fácil concertar citas a través de la red que de entrevistas de trabajo.

Un ciudadano común logra un promedio de solo seis citas de trabajo al mes, pero puede conocer a más de 45 contactos profesionales en el mismo período, es decir, 700% más.

Si realizas una campaña seria y organizada de networking, verás cómo muy pronto tus citas se convertirán en entrevistas de trabajo.

Recuerda que la información relevante sobre empleos y las vacantes no están cuidadosamente organizadas cual productos en los pasillos de un supermercado. Por eso, lo mejor que puedes hacer para tener éxito es hacer cualquier cosa que esté a tu alcance para informarte.

Sexta regla de Mooney

Networking es la manera más efectiva de encontrar empleo. Por eso, crearla, sostenerla y dar seguimiento logrará muchas entrevistas informales. En ellas debes hacer lo siguiente:

- infórmalos de tu situación, entrega tu CV y una carta de presentación
- solicita a cada contacto de tu red más referencias
- obtén información de cada contacto y dale seguimiento

Aunque lo dicho sobre networking parece obvio, es normal que cuando nos quedamos sin empleo nos resulte molesto platicarle a todo el mundo sobre nuestra situación. Sin embargo, ahora sabes que si no haces networking, únicamente estás atacando 25% de probabilidad de encontrar empleo en un corto plazo.

Más que los avisos de ocasión, más que las agencias de colocación, los sitios de búsqueda de empleo en internet y los headhunters, la herramienta más efectiva y eficaz para encontrar empleo es la red.

Si Cayetano se hubiera enterado antes de networking, quizá habría actuado de otra manera. Cierto es que él había sentido mucha vergüenza por su situación y por no poder conseguir un empleo rápidamente, pero ahora sabía que era un error. Ya no perdería más oportunidades para conocer nuevas personas en todas esas fiestas familiares y reuniones con amigos que había comenzado a rechazar.

Para iniciar su red, Cayetano concertó una entrevista con un cliente de Novotech llamado Organización Ramírez, una empresa dedicada al ramo del cine que necesitaba renovar sus equipos de audio y video. En la cita, Cayetano hizo una presentación acerca de los beneficios de los equipos de Novotech a los licenciados Isidro López y Joaquín Santa Cruz, altos funcionarios de esa empresa.

Aunque ese día no tuvo suerte en la venta de equipos, sucedió algo increíble cuando finalizó su presentación: inició su red de contactos. Comentó su situación con Joaquín y le entregó su CV. El ejecutivo le dio el teléfono de su cuñada Liliana, quien trabajaba en un despacho de diseño gráfico. Liliana lo contactó con su primo Mauricio, quien tenía una empresa de relaciones públicas.

Cayetano llamó de inmediato a Mauricio para programar una cita. Ya en la entrevista, conversaron muchos temas, entre ellos el golf, pues a Mauricio le gustaba practicar este deporte. Le entregó su CV mientras Mauricio le daba los datos del papá de su esposa, Marcela. Al parecer, el señor Carlos, suegro de Mauricio, era dueño y vicepresidente de una gran fábrica de muebles. Cayetano le causó una grata impresión al señor Carlos, quien lo recomendó con dos personas, su hermano Sergio Ramírez, quien era directivo de una consultoría, y Alberto, quien tenía un negocio muy interesante de distribución de medicamentos. A su vez, Alberto y Sergio lo remitieron con Adalberto y Héctor, quienes trabajaban en el sector gubernamental.

Héctor y Adalberto lo recomendaron con Antonio, un arquitecto; con Esteban, un empresario; con Guillermo, quien trabajaba en el hipódromo; con Rodrigo, un contador, y con Pablo, un especialista en computadoras, por citar tan solo unos ejemplos.

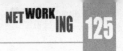

Pablo lo recomendó con Felipe; Felipe, con Germán, un consultor financiero. Este último lo recomendó con Fernando, un alto directivo en Citibank.

Cayetano se entrevistó con Fernando; le pareció una persona muy antipática y sintió que no había hecho mucha química con él. No obstante, Fernando lo recomendó con otras dos personas, Patricia y Jaime, y ellos lo recomendaron con otras cuatro personas, que luego se convirtieron en ocho, después en 16, 32, 64, 128 y 256, y así exponencialmente.

¡En solo tres meses Cayetano había conocido a cientos de personas de diversos giros, profesiones e industrias!

Puntos para recordar sobre networking

- Inicia la red con tu núcleo de influencia directa: familiares directos, tíos, abuelos, primos, etcétera.
- Continúa con tus amigos y los conocidos o amigos de estos.
- Recuerda NO solicitar empleo; limítate a pedir consejos.
- SIEMPRE solicita a cada contacto de tu red los datos de por lo menos dos personas más.
- Networking solo funciona con citas informales e interpersonales.
- Entrega tu currículum y carta de presentación a cada contacto; comenta tu trayectoria y lo que estás buscando.
- Para evaluar si estás llevando a cabo una red efectiva, debes obtener al menos entre cinco y 12 contactos nuevos a la semana. Si lo consigues, es casi seguro que encontrarás empleo en una tercera parte del tiempo promedio.
- Recuerda que si no te vendes bien, es decir, si no le caes bien a cada persona de tu red, nunca te recomendarán. Trata de sonreír en todo momento, transmite seguridad y trata de establecer relaciones amistosas.
- Da seguimiento a cada nuevo contacto una vez al mes.
- Por último, una vez que encuentres empleo, avisa a todos los contactos de tu red y agradéceles sus atenciones, pues aunque no hayas encontrado el trabajo gracias a ellos, podrías volver a necesitarlos (por ejemplo, si vuelves a quedar desempleado o si quieres cambiar de empleo).

CAPÍTULO 12

Bolsas de trabajo y
eventos especializados
(10 a 15%)

Existen en México diversas bolsas de trabajo y eventos importantes que considero interesante que conozcas:

- *Asociación Mexicana de Bolsas de Trabajo, A.C.* (Amebot). Esta empresa se dedica principalmente a la capacitación y *coaching* de personas que buscan empleo. Imparte regularmente un taller de búsqueda de empleo para ejecutivos; vale la pena tomarlo en cuenta, pues abarca muchos temas y es sumamente económico; además, incluye muchos valores agregados tangibles. También cuenta con los mejores libros para buscar empleo, puedes comprarlos en línea y descargarlos en segundos. Te sugiero pedir información al correo electrónico jorgemuni@gmail.com o visitar la página www.amebot.com.

- *Asociación Mexicana en Dirección de Recursos Humanos* (Amedirh). Esta asociación tiene más de 52 años en el ramo y reúne a cientos de empresas de todos los giros industriales y de diferentes tamaños en toda la República Mexicana. Su intención es mantener debidamente informada e integrada a la comunidad responsable de la administración de los recursos humanos. Se ubica en Av. Liverpool 19, Col. Juárez. Tels. 5140-2200 y 8140-2200. Sitio en línea es www.amedirh.com.mx.

- *American Chamber of Commerce in Mexico*. Dirección: Lucerna 78, Col. Juárez. Tel. 5141-3800. Pide que te comuniquen a la extensión de su bolsa de trabajo.

Estas últimas dos empresas cuentan con un boletín de bolsa de trabajo que envían a todos sus asociados. En él podrás registrarte para que te conozcan y sepan sobre ti. Sus cuotas se calculan según el sueldo que desees ganar. El costo incluye un par de publicaciones.

Los requisitos para boletinarte son:

- Llenar solicitud
- Llevar fotografía
- Cubrir la cuota preestablecida

Otra opción muy interesante es visitar la bolsa de trabajo de tu universidad. Todas las universidades cuentan con un departamento de bolsa de trabajo para sus estudiantes y egresados. Si no hubiera vacantes relacionadas con lo que haces, te recomiendo recabar todos los datos de las empresas que te parezcan atractivas y buscar una entrevista por tu cuenta.

Asiste a todas las ferias de empleo. Averigua las fechas comunicándote a los principales lugares en donde se llevan a cabo estos eventos, como el World Trade Center, el Palacio de los Deportes y las delegaciones políticas. También te recomiendo asistir a las exposiciones. Vale la pena visitarlas porque siempre hay muchas empresas interesantes que quizás estén contratando personal en distintas áreas.

CAPÍTULO 13

Internet y redes sociales (8 a 12%)

L a búsqueda de ejecutivos a través del ciberespacio crece en México. Esto se evidencia en la cantidad de cibernautas que existe en nuestro país: aproximadamente 27.3% de la población mexicana tiene acceso a internet.[1] En Estados Unidos la cifra es de 71%.[2] Estoy convencido de que la búsqueda de empleo a través de medios electrónicos en México cada vez ganará más adeptos.

Es muy importante que tu correo sea fácil de escribir y que exprese seriedad. Si actualmente tu correo es algo así como florecita_12@hotmail.com o destroyer@yahoo.com.mx, es el momento de abrir uno nuevo con tu nombre. De preferencia, hazlo en Gmail (que es de Google), que es muy eficiente y la empresa que mayor continuidad y crecimiento tendrá. Asimismo, cuida la información que subas a tus redes sociales, pues es posible que muchos reclutadores comparen tu CV con esos datos.

---

[1] Las estimaciones para julio de 2011 indican 31.02 millones de usuarios de internet, para una población total de 113 724 226 habitantes. Véase: http://www.indexmundi.com/es/mexico/. Consultado el 1 de enero de 2012.

[2] En Estados Unidos, las estimaciones para julio de 2011 indican 245 millones de cibernautas de una población total de 313 232 044 habitantes. Véase: http://www.indexmundi.com/es/estados_unidos/. Consultado el 1 de enero de 2012.

De cualquier forma, incluir tu currículum en todos los sitios de búsqueda de empleo es una buena decisión. Enseguida menciono los sitios más importantes que hay en este rubro. Visita todos y decide cuál te gusta y funciona mejor para ti:

Sitios de empleos mexicanos y en español

www.occ.com.mx
Este sitio es el más concurrido y famoso, ya que fue pionero en México y quienes lo mantienen han sabido hacer las cosas relativamente bien. Es un sitio que recibe millones de visitas mensuales, tiene registrados más de medio millón de currículos en su banco de datos y publica alrededor de 50 000 vacantes al mes (tiene escasa paridad relacional), lo que hace difícil obtener entrevistas por el nivel de competencia que genera. Es importante tener en cuenta que a la mayoría de sus clientes le permiten anunciar vacantes ciegas o "vacantes confidenciales", y uno nunca sabe si la empresa vale la pena. Recuerda que con la inseguirdad actual no vale la pena solicitar empleo en empresas desconocidas.

www.bumeran.com
Este prometedor sitio formó parte de terra.com. Tiene productos muy interesantes y algunas vacantes que valen la pena. No dejes de visitarlo.

www.monster.com.mx
Este sitio es de mis favoritos. Monster es el pionero indiscutible a escala mundial: su contenido es el más amplio y certero. Cuenta con cientos de ofertas de empleo de niveles ejecutivos. No dejes de visitarlo.

www.empleo.gob.mx
Sitio del Gobierno mexicano muy amplio y sofisticado, con un gran banco curricular y muchísimas vacantes. Es gratuito para las empresas que buscan candidatos en México y tiene funcionalidad; aunque es para puestos medios y medios-bajos, quizá podrías encontrar algunos altos y en empresas interesantes.

www.empleosmaquila.com
Este sitio realizó una gran campaña de difusión a través de TV Azteca, para posicionarse como el portal preferido de la industria maquiladora.

www.computrabajo.com.mx
Es un sitio interesante porque cuenta con alianzas de sitios europeos. Opera en España, Argentina y México.

www.lucas5.com
Sitio para niveles altos. Contiene pocas vacantes pero de muy alto nivel.

www.trabajos.com
Este sitio pertenece a HispaVista.

www.empleos.eluniversal.com
Sitio de empleos del periódico *El Universal*.

www.zonajobs.com.mx
Es un sitio muy bueno y funcional.

Otros sitios interesantes: **www.infoempleo.com**, **www.jobrapido.com.mx** y **www. trabajando.com.mx**.

Sitios para buscar empleo en Estados Unidos

Los sitios que aparecen listados a continuación reúnen millones de vacantes en línea de empresas en Estados Unidos, por lo que resultan más útiles para ciudadanos estadounidenses que radican en México o para personas que hablan inglés a la perfección. No obstante, podrías tener suerte y encontrar algunas vacantes para trabajar en México (por ejemplo, podrían buscar empleados para abrir una filial en nuestro país). Considero que te conviene visitar estos sitios si tus pretensiones profesionales incluyen trabajar en el extranjero:

www.bestjobsusa.com
www.careerbuilder.com
www.careermosaic.com
www.careerpath.com
www.careershop.com
www.cruelworld.com
www.dice.com
www.flipdog.com
www.freeagent.com
www.headhunter.net
www.hotjobs.com
www.jobdirect.com
www.jobfind.com

www.joboptions.com
www.jobs.com
www.jobtrak.com
www.leadersonline.com
www.monster.com
www.myjobsearch.com
www.Nationjob.com
www.net–temps.com
www.6figurejobs.com
www.vault.com
www.wetfeet.com
www.worldwideworker.com

En estos sitios el contenido de recomendaciones resulta fabuloso. Podrás encontrar mucha información útil para la búsqueda de empleo, como descripciones sobre industrias, consejos para establecer contactos e información sobre sueldos.

Sitios de redes sociales

LinkedIn (www.linkedin.com)
Facebook (www,facebook.com)
Google+ (www.plus.google.com)
Twitter (www.twitter.com)
Myspace (www.myspace.com)

Sitios para buscar empleo en Europa

En este caso se hacen las mismas recomendaciones que en los sitios para buscar empleo en Estados Unidos. Recomendamos: www.stepstone.com, www.hobsons.com, www.infojobs.net

Qué debes hacer en un sitio de búsqueda de empleo en internet

Casi todos estos sitios tienen procedimientos similares para capturar el CV de los postulantes, por lo que los pasos que se deben seguir son casi siempre los mismos:

1. Incluye los datos de tu currículum de acuerdo con las indicaciones. En algunos sitios hay formularios prestablecidos. No obstante, algunos sitios te permiten incluirlo como tú prefieras.
2. Navega en el sitio hasta encontrar vacantes de tu giro o interés.
3. Postúlate en línea para cada una de esas vacantes.
4. Actualiza tu CV constantemente (cada 10 días).
5. Algunos sitios te permiten capturar varios CV. Aprovecha esa opción para darles diferentes enfoques u orientaciones.
6. Algunos de estos sitios tienen agentes de búsqueda que te envían un *e-mail* si una empresa anuncia una vacante que coincida con tus criterios de búsqueda.
7. Lee las recomendaciones de cada sitio. Suscríbete a sus boletines por *e-mail* para recibir información semanal.

CAPÍTULO 14

Periódicos
(5 a 8%)

Algunas de las publicaciones listadas a continuación tienen una sección de Bolsa de Trabajo, pero no son especializadas, y otras contienen datos poco fiables. Es posible encontrar las clásicas vacantes que comienzan con "Empresa líder en su ramo solicita..."; estas son las ofertas *a ciegas* de las que ya se hizo mención. ¡Ten cuidado para decidir a quién le envías tu CV! Recuerda que quien lo reciba tendrá todos tus datos personales.

Esta recomendación vale para todos los casos; en especial, para las ofertas de trabajo impresas, sobre todo para las que no contienen en forma explícita los datos de la empresa. En lo personal, no recomiendo enviar un currículum si no conoces de qué compañía se trata o si la oportunidad es real.

He jerarquizado estos diarios por la cantidad de anuncios clasificados que contienen:

1. *El Universal*
2. *Excélsior*
3. *Esto*
4. *Reforma*
5. *Publimetro*
6. *Milenio*
7. *Crónica*
8. *El Economista*

Recomiendo suscribirse a algunos de ellos, ya que, aparte de la bolsa de trabajo que publican, podrás encontrar vacantes *entre líneas*. Las principales noticias que pueden derivar en oportunidades laborales son las siguientes:

Noticias sobre la creación de nuevas empresas

Cuando un grupo de empresarios o inversionistas crea una nueva compañía, los medios siempre mencionan la noticia. Es obvio que necesitan personal. En la actualidad la industria de las telecomunicaciones es la que ofrece más oportunidades.

Inauguración de oficinas, fábricas o plantas

El crecimiento que logran algunas empresas las obliga a buscar mayor espacio para ubicar a su personal. Cuando esto sucede, también resulta inminente la creación de nuevas plazas. Despliegan avisos en los periódicos para informar al público su nuevo domicilio y teléfono. En el caso de las compañías de manufactura, cuando enfrentan una gran demanda tienen que construir nuevas fábricas y plantas, por lo que se genera una situación semejante.

Nuevos productos y servicios

El lanzamiento de nuevos productos y servicios al mercado siempre crea oportunidades laborales. Las empresas de consumo constantemente desarrollan nuevas ideas para incrementar su participación en el mercado, extender sus tentáculos o diversificar sus líneas de productos. Lee cuidadosamente este tipo de noticias y comunícate con los reclutadores de esas empresas.

Publicidad constante

Si una empresa se anuncia con frecuencia en medios de difusión masiva, como periódicos, revistas, televisión y radio, resulta obvio inferir que tiene recursos para hacerlo. Un negocio con mucho capital contrata personal

nuevo en forma constante. Analiza con cuidado los anuncios para descubrir domicilios y números telefónicos.

Avisos de compra, fusiones o adquisiciones de empresas

Cuando una empresa compra otra o se fusiona, suele crear nuevas plazas, que sirven de mediadoras para mantener sus operaciones durante y después de los períodos de reestructuración.

Promociones de personal

Cuando una persona de alto nivel renuncia o asciende en la escalera corporativa, la estructura organizacional de su empresa suele moverse, con lo cual se crean plazas nuevas.

Eventos

Los eventos mundiales o muy sonados crean muchísimas oportunidades. Algunas veces son temporales, pero sirven para tocar puertas y relacionarse. También puedes enterarte de exposiciones, convenciones y ferias.

Cómo responder a un anuncio clasificado del periódico

Los anuncios clasificados siempre desempeñarán un papel de suma importancia en la búsqueda de empleo para cualquier persona, pero no son la única fuente. Debes considerarlos solo como una de tantas armas en tu arsenal.

Si planeas recurrir a ellos como tu búsqueda de empleo, deberás elaborar un currículum y una carta de presentación para cada anuncio; es decir, siempre deberás elaborarlos con una orientación clara hacia lo que cada empresa produce y necesita. Aunque esto suena obvio, muy pocos candidatos lo hacen y envían el mismo cv (e incluso sin carta de presentación) a muchas empresas. Estas personas son las que luego se preguntan por qué nadie las llama.

La respuesta es muy sencilla. El error es no enviar un currículum y una carta de presentación elaborados a la medida de cada puesto solicitado. Ten en cuenta que los anuncios clasificados generan cientos de respuestas y que la mayoría de estas tienen poco en común con los requisitos solicitados en el anuncio.

No hay que ser sabio para saber que los currículos que llamarán la atención de los reclutadores (y generarán entrevistas) son los que están elaborados específicamente para satisfacer las necesidades de las empresas.

Hazle un favor a los reclutadores —y a ti mismo— respondiendo únicamente a los anuncios para los que tu perfil sea adecuado y que estén dentro del área en la que quieres desarrollarte. Mandar tu CV sin criterios establecidos a todas partes es la peor forma de proceder, pues molesta a los reclutadores y es una pérdida de dinero y tiempo, los cuales podrías utilizar para llevar a comer a algún contacto de tu red.

Cómo interpretar un anuncio clasificado

Para asegurarte de que tu carta de presentación y tu currículum contengan precisamente lo que las empresas buscan y necesitan, deberás revisar con cuidado los anuncios, para encontrar las palabras y frases clave. Por ejemplo, ¿podrías identificar las palabras clave en el siguiente anuncio clasificado?

McLane

Una de las compañías de más rápido crecimiento en México y Estados Unidos, que además es la mayor distribuidora de productos y mercancías en general a tiendas departamentales y de autoservicio, filial de Wal Mart, solicita:

GERENTE DE RECURSOS HUMANOS

Esta posición reportará al director divisional y se encargará de reclutar y seleccionar al personal operativo y administrativo, al personal de la administración de la nómina, de capacitación, de relaciones con empleados y sindicatos y de otras actividades relacionadas con RH.

El candidato debe tener licenciatura y cuatro años de experiencia en RH, así como conocimientos de seguros a empleados, IMSS, SAR, INFONAVIT, etcétera.

Ofrecemos salario competitivo, seguro médico, prestaciones superiores a las de la ley. Interesados enviar currículum al jefe de reclutamiento a la dirección Insurgentes Sur 1900, Col. Santa Ma. Insurgentes o al correo janaya@mclane.com.mx

Frases y palabras clave

- *McLane, una de las compañías de más rápido crecimiento en México y Estados Unidos.*

La frase indica que la empresa se interesa en una persona que trabaje en recursos humanos con experiencia en compañías transnacionales, en el desarrollo de sistemas de crecimiento, cambios organizacionales y estructurales, así como de reclutamiento de personal calificado y que además hable inglés. Si tú cuentas con estos antecedentes, tendrás ventaja sobre otros candidatos que hayan trabajado en negocios que no están en constante crecimiento.

- *... además es la mayor distribuidora de productos y mercancías en general a tiendas departamentales y de autoservicio.*

Si tú tienes experiencia de trabajo en el área de recursos humanos de compañías de distribución, especialmente de grandes cadenas comerciales u operaciones de franquicias, McLane estará particularmente interesada en ti.

- *Reportará al director divisional.*

Son importantes las funciones de recursos humanos. Reportarle al director divisional te involucraría con el comité ejecutivo. Si tienes grandes aspiraciones y la capacidad de afectar estrategias corporativas a largo plazo, esta posición es para ti.

- *... se encargará de reclutar y seleccionar al personal operativo y administrativo, al personal de la administración de la nómina, de capacitación, de relaciones con empleados y sindicatos y de otras actividades relacionadas con RH.*

McLane está buscando una persona que conozca el área de recursos humanos en general. Si tú eres especialista solo en alguna de estas actividades y tienes poca o nula experiencia en otras, el reclutador no te considerará un candidato calificado. Una persona con práctica en varias funciones del área, aunque haya sido en una empresa pequeña, tendrá mayor oportunidad de conseguir una entrevista.

- *... licenciatura y cuatro años de experiencia en RH.*

A diferencia de otras empresas, McLane no solicita una carrera específica ni un posgrado. No importa si estudiaste Administración o Informática; si tu experiencia es relevante, la compañía estará interesada en ti.

- *Conocimientos de seguros a empleados, IMSS, SAR, Infonavit, etcétera.*

Si tienes experiencia en manejo de seguros del IMSS, SAR, fondos de ahorro, seguros de vida o de gastos médicos, asegúrate de mencionarlo en tu carta de presentación.

Cómo estructurar una carta de presentación a la medida de un anuncio

Una vez seccionado el anuncio e interpretadas sus frases, es posible elaborar una carta de presentación que haga referencia directa a los requisitos que solicita la empresa; en nuestro, caso McLane.

El anuncio contiene la instrucción de llevar el currículum directamente a las oficinas de la empresa o enviarlo por fax o *e-mail*. Seguro es que muchos candidatos enviarán su CV por este último medio, así que tú podrías destacar del montón si lo llevas personalmente. Claro está que si el anuncio indica que la compañía tiene urgencia por cubrir la vacante, la mejor opción sería enviarlo por correo electrónico, es decir, incluir una carta de presentación dentro del texto de tu correo y solo como anexo el CV.

Llevarlo personalmente a las oficinas tiene muchas ventajas. La primera es que puedes obtener más datos de la empresa y conocer las instalaciones, y la segunda es que podrás intentar obtener los datos del jefe de reclutamiento.

Esta es una carta de presentación a la medida de este anuncio:

Víctor Medina
Moras 1257, Col. Florida
5557-2074

México, D.F. a 4 de marzo de 2011

Lic. Pedro González
Jefe de Reclutamiento
McLane S.A. de C.V.
Insurgentes Sur 1900
Col. Santa Ma. Insurgentes
México, D.F.

Encontré el anuncio clasificado de su empresa en el periódico El Universal y veo que McLane, filial de Wal Mart, está buscando un gerente de recursos humanos para ayudar a su crecimiento, pues requiere atender a más de 30 000 tiendas a quienes distribuye sus productos. Por mi admiración a la cadena de tiendas mencionada y por mi experiencia relacionada con el puesto, creo que soy un excelente candidato para la posición.

En los últimos seis años he tenido a mi cargo posiciones de alta responsabilidad en el área de recursos humanos. Inicié mi carrera como asistente de personal en una tienda Sears y fui promovido a subgerente a los 18 meses. Hace tres años acepté la gerencia de recursos humanos en Intermex, una gran compañía distribuidora de libros. Debido a mis labores en dichas empresas, estoy familiarizado con las funciones de reclutamiento, capacitación, administración de nóminas, sindicatos y prestaciones a empleados.

Me entusiasma la posibilidad de poder entrevistarme con usted para comentar los planes y metas gerenciales del futuro de McLane, así como la forma en que las actividades de recursos humanos podrán ayudar a conseguirlos. Me pondré en contacto con usted la próxima semana para confirmar la entrevista y para ratificar que recibió mi currículum.

Atentamente,

Víctor Medina

CAPÍTULO 15

Headhunters y agencias de empleos o de colocación (1%)

Headhunters

Por lo común, podemos confundirlos con las agencias de colocación o las bolsas de trabajo, pero no son lo mismo.

En español *headhunter* significa 'cazador de cabezas', lo cual te dará una idea de cuál es su labor. Pero no *cazan* cualquier tipo de cabezas, sino solo *cabezas talentosas*. Es decir, los headhunters son cazatalentos y son despachos de especialistas o consultores en recursos humanos (muchas veces, de firmas internacionales) que se dedican exclusivamente a buscar ejecutivos exitosos de alto nivel para colocarlos con sus clientes que, por lo general, son empresas grandes.

A las empresas que solicitan personal de alto nivel les resulta complicado examinar por sí mismas y a profundidad el mercado de ejecutivos exitosos "disponibles" (sigue leyendo para que sepas por qué pongo esta palabra entre comillas). Estas empresas contratan los servicios de un despacho de headhunters para buscar ejecutivos de mandos medios y superiores.

En este punto resulta importante resaltar que suelen buscar ejecutivos que *actualmente están empleados*, es decir, personas que se encuentran desempeñando un puesto de importancia dentro de una empresa. Así, pues, no se dedican a conseguir empleos, sino que tratan de ofrecer una mejor posición y un sueldo más alto, en otra empresa, a los ejecutivos que muestran ser exitosos.

La cuota promedio que cobran los headhunters puede ser de dos a tres meses del sueldo anual del ejecutivo en cuestión (incluyendo bonos y prestaciones). Por ejemplo, si Bimbo necesita un director de operaciones a quien podría pagar un sueldo de 160 000 pesos mensuales, un headhunter le cobraría a Bimbo casi 500 000 pesos.

Como podrás darte cuenta, ningún headhunter recomendaría una persona que no ocupe actualmente una posición similar en empresas como Marinela o Gamesa, esto es, una persona con éxito reconocido en una compañía similar o de la misma industria.

Algunas personas desempleadas llegan a enviar su currículum a uno o varios de ellos, creyendo que los ayudarán a encontrar un excelente empleo casi de manera inmediata. Sin embargo, después de una larga espera, se dan cuenta de que no es así. Un headhunter no funciona como un banco de datos, sino como un registro sistemático y permanente del cambio dinámico que muestra la trayectoria laboral de los ejecutivos exitosos.

Te sugiero enviar tu currículum solo hasta que encuentres empleo. Una vez que lo logres, trata de entrevistarte con ellos. Después actualiza tu CV cada año y envíalo nuevamente. En algún momento tendrás noticias de ellos.

He aquí una breve lista de headhunters:

LOS MEJORES HEADHUNTERS DE MÉXICO 2009-2011

1. Egon Zehnder Int. de México Torre Óptima Paseo de las Palmas 405, desp. 703 Col. Lomas de Chapultepec	5540-7635 al 38	www.egonzehnder.com
2. Korn Ferry International Montes Urales 505, piso 3 Col. Lomas de Chapultepec	5201-5400 5201-5436	www.kornferry.com

3. Smith S.A.
Barranca del Muerto 472
Col. Alpes

5593-8036
5593-8766

www.smithsearch.com

4. Heidrick & Struggles
Torre Chapultepec
Rubén Darío 281, oficina 700
Col. Bosque de Chapultepec

9138-0370

www.heidrick.com

5. Talento Ejecutivo
Palmas 751, piso 7
Col. Lomas

5540-5250

www.talentomexico.com

7. Amrop
Blvd. Adolfo. López Mateos 20
Col. San Ángel Inn

5616-4498

www.amrop.com

8. Stoopen y Asociados S.A.
(EMA Partners)
Minerva 92, desp. 702
Col. Florida

5661-2013
5661-6862

www.stoopen.com.mx

9. Russell Reynolds
Torre Reforma
Paseo de la Reforma 115-1502
Col. Lomas de Chapultepec

5249-5130

www.russellreynolds.com

10. Boyden
Paseo de la Reforma 509, piso 11
Col. Cuahutémoc

5281-4849

www.boyden.com

11. Ibarra Molina, Foster Partners
Homero 1933, piso 10
Esq. Blvd. M. A. Camacho
Col. Polanco

5580-0479
5557-98201

wwwofosterpartners.com.mx

12. Tasa de México
Durango 263, piso 2
Col. Roma

5514-2124
5514-2136

www.tasademexico.com

13. Shore Asociados	5089-8800	www.shore.com.mx
Constituyentes 117, piso 5		
Col. San Miguel Chapultepec		
14. Grupo Selección Corporativa	5662-4119	www.gscorporativa.com
Insurgentes Sur 1650, desp. 803	5661-1736	
Col. Florida		
15. Amebot Executive Search	044552685-4506	www.amebot.com
Av. Javier Barros Sierra 225		
Col. Santa Fe		

A continuación te daré algunos consejos prácticos respecto de los headhunters:

1. Antes de enviar tu currículum a una empresa de este tipo, es importante que te pongas en contacto telefónico con alguna persona que labore ahí y que le preguntes qué niveles de ejecutivos manejan, ya que la mayoría solo son de altos ejecutivos (del nivel de directores de área en adelante). Debes buscar uno que se dedique a colocar ejecutivos de tu nivel, tanto por posición laboral como por el sueldo solicitado. De no hacerlo, estarás desperdiciando tiempo y esfuerzos, ya que tu currículum terminará en la basura sin ser leído.

2. Nunca envíes tu currículum sin una carta de presentación donde informes por qué lo envías, cuáles son tus principales cualidades y habilidades, cómo te enteraste de ellos, etcétera.

3. Como mencioné, los headhunters se interesan más en ejecutivos que trabajan actualmente. Si estás desempleado, tu currículum pierde fuerza, pero si tu experiencia es amplia e interesante quizá lo tomen en cuenta.

4. No envíes tu currículum sin tener claro por qué lo haces. Comunícate con ellos inmediatamente después de haber enviado tus documentos. Platica con el especialista, pídele su opinión acerca de tu currículum y solicítale que te conceda una entrevista lo antes posible. Si no te conoce en persona, difícilmente te recomendará. ¿Tú recomendarías a alguien que no conoces?

5. Cuando hayas encontrado un trabajo que cumpla con tus expectativas, mantén informados de tu trayectoria a todos los headhunters a los que hayas enviado tu currículum. Mantenlos actualizados sobre tus avances y logros. Dice un dicho: "Un buen ejecutivo se vende mientras está empleado, no hasta que pierde su empleo".

Agencias de empleo o de colocaciones

Las agencias de empleo o de colocación son empresas que funcionan en forma similar a la de los headhunters, pero sus cuotas son mucho más accesibles. Estas manejan niveles bajos, medios y, excepcionalmente, niveles ejecutivos o de dirección.

Las principales agencias de este tipo son Adecco y Manpower (puedes buscar más en la Sección Amarilla). Entrevístate con muchas para estar dentro de sus bases de datos, ya que estas agencias poseen un campo de acción más amplio.

He aquí un listado de agencias a las que puedes acudir:

AGENCIAS DE RECLUTAMIENTO

1. LEADERS Trust International Pico de Verapaz 449-A desp. 101 Col. Jardines de la Montaña	5630-0132 5630-0265	www.leaderstrust.com
2. IPAK Av. Nuevo León 54 desp. 103, 104 Col. Hipódromo Condesa	5553-3443 5553-4603	www.ipakfh.com.mx
3. Adecco Av. Insurgentes Sur 664 P.B. (Lado Norte) Col. del Valle.	5687-3800 / 3068 / 3150 / 3611	www.adecco.com.mx
4. Manpower Insurgentes Sur 688 3er. piso esq. Luz Saviñon Col. Del Valle	5448-1400	www.manpower.com.mx

5. Onedigit
Av. Popocatépetl 257
Col. General Anaya

9151-5510

www.one-digit.com

6. Barreda Consultores
Oso 127
Col. Del Valle

5524-8365
5524-8365

www.barredacosultores.com

7. Osagui Consultores
Aguascalientes 190
Col. Hipódromo Condesa

5584-0288
5574-4202

www.osagui.com

8. Staffing Personal
Av. División del Norte 308A
Col. Del Valle

5687-3617

www.staffingpersonal.com

9. Agentia
Av. Colonia del Valle 416 (Eje 5 Sur)
Col. del Valle

5543-4423
5536-4802
5687-8140

www.agentia.com.mx

10. Wiechers Ejecutivos S.C.
Baja California 255 desp. 503-504
Col. Hipodromo Condesa

5574-0013

www.wiechers.com.mx

11. Empleos de México
Edificio Trojes núm. 4-2. Esq. Ermita
Iztapalapa Col. Minerva

5233-8582
9112-4118

www.empleosdemexico.com

12. Eficor S.C.
Liverpool 162-1
Col. Juárez

5525-8014
5208-8631
5533-0719
5525-2377

www.eficor.com.mx

13. Top Selection S.C.
Insurgentes Sur 2376-203
Col. Chimalistac

5616-1684
5616-1749

www.topselection.com.mx

14. Best RH S.A. de C.V.
Av. Insurgentes Sur 1991 B-301
Col. Guadalupe Inn

5661-5084
5661-3336

www.bestrecursoshumanos.com

15. Job & Job Morena 427 Col. Del Valle	5080-9898	www.job-and-job.com
16. Brooks Asociados Baja California 245-702 Col. Hipódromo Condesa	5564-5812	
17. Grupo Ejecutivos **Seleccionados S.A.** Insurgentes Sur 686-104 Col. Del Valle	5523-5731 5523-9506 5523-9528	www.grupoejecutivos.com
18. Pay Day Montana 36 Col. Nápoles	5687-7481	www.paydaymexico.com.mx

Ferias de empleo

Las ferias de empleo son un medio de vinculación directo, ágil y gratuito que ofrece en todo el país la Secretaría del Trabajo y Previsión Social (STPS), a través del Servicio Nacional de Empleo. En ellas, puedes interactuar y relacionarte en un mismo espacio físico con representantes de empresas de diferentes sectores y tamaños que requieren personal.

La feria te permitirá conocer:

- las oportunidades de trabajo efectivamente disponibles
- los perfiles laborales que demanda el sector productivo
- las condiciones de trabajo ofrecidas

Además, podrás presentar tu perfil de manera directa y simultánea a varios empleadores, con el propósito de ahorrar tiempo y dinero en tu búsqueda. Al año se realiza por lo menos una feria de empleo en cada estado de la república. Hay dos modalidades: *presencial* y *virtual*. Tú puedes participar en una de ellas o en ambas.

LUGAR	TELÉFONO	CONTACTO
NAUCALPAN-PARQUE NAUCALLI	5371-8400 ext. 1001,1002	YOLANDA SUÁREZ MAURICIO
FERIA UNIV. LA SALLE	5278-9500 ext. 1060	KATIA NATERA
UNAM-CIUDAD UNIVERSITARIA	5622-0420	LAURA MONTOYA
UVM-LOMAS VERDES	9138-5000 ext. 50804	FERNANDO OSNAYA
TEC DE MONTERREY	8183 582000 ext. 6030	FELISA GONZÁLEZ
IZTACALCO-SALA DE ARMAS MAGDA. MIXHUCA	5654-3851	ADRIANA SEPÚLVEDA MENDOZA
IPN-WILFRIDO MASSIEU S/N LINDAVISTA	5729-6000	ROXANA SALDÍVAR
UNIVERSIDAD DE LAS AMÉRICAS	5209-9880	BRENDA PÉREZ AGUILAR
UNITEC-CAMPUS MARINA NACIONAL	5329-7600	ANA ÁVILA
BENITO JUÁREZ-WTC	5604-1212, 5422-5500 ext. 1241	MARÍA ELENA MINA MARCOS
ENEP-ACATLÁN	5623-1600	GUADALUPE SOTO
VALLE DE CHALCO	5975-4913	ERIKA ROMERO ARJONA
CIUDAD DE MÉXICO-PALACIO DE LOS DEPORTES	5709-5108 5709-7742	LIC. LUIS GERARDO ALFÉREZ
AZCAPOTZALCO-PARQUE TEZOZÓMOC	5354-9994	ATENCIÓN CIUDADANA EMPLEO
ECATEPEC-CENTRO CÍVICO	5770-9614	MARISOL RUBIO ÁLVAREZ
TLALNEPANTLA-CENTRO DE CONVENCIONES	5390-6781	VERÓNICA CORZO
FERIA DE EMPLEO UNIV. ANÁHUAC	5627-0210 ext. 8538	ARACELI GUASP
ADULTOS MAYORES-WTC	5523-8680	MAYRA MEMBRILLO
UNIVERSIDAD IBEROAMERICANA-SANTA FE	5950-4000 ext. 4403	GLORIA AMADOR TARDIFF
UNIVERSIDAD ISEC	5682-8801	JORGE ALBERTO POLA

CAPÍTULO 16

Imagen ejecutiva

E l concepto *imagen ejecutiva* puede entenderse como la primera impresión que tiene el reclutador de nuestra persona.

Vestimenta

La vestimenta no tiene que ser lujosa o seguir el dictamen de moda para realzar nuestra gracia natural. Cada persona tiene al menos un pequeño encanto que puede reafirmar si sabe elegir su ropa.

Toma en cuenta tu edad, tu constitución física, tu estatura, tus particularidades y la ocasión para la cual eliges tu ropa; es decir: considera que estamos hablando de que en algún momento acudirás a una entrevista de trabajo.

Si no eres muy conocedor en la materia, pide consejo a alguien sincero y objetivo para que te ayude a conseguir un estilo armonioso y personal. En específico, toma en cuenta los siguientes aspectos:

- La pulcritud del calzado es fundamental. Tener los zapatos limpios y lustrados es una tarea que no requiere mucho esfuerzo pero que causa gran impacto.
- No es suficiente que nuestra ropa esté limpia; también debe estar planchada y nunca descosida.

- Hay telas que por su propia naturaleza brillan o se arrugan con facilidad, y si bien es cierto que una que otra comisura en nada afecta, debes evitar a toda costa que tu ropa parezca recién salida de una botella.

- En el caso de los hombres, deben usar solo trajes en tonos oscuros de azul o gris, o bien negro, pero solo esos.

- La camisa en hombres debe ser *siempre* blanca, mientras que las corbatas deben ser serias y de colores oscuros. Asegúrate de que el cuello de la camisa no esté percudido y que te quede justo, nunca holgado.

- A las mujeres les conviene usar trajes sastre, sea con pantalón o falda, pero también en colores oscuros.

Arreglo personal

Nuestro arreglo personal es un aspecto crucial para cruzar con éxito el puente que constituye la primera entrevista ante un reclutador. Existen aspectos importantes que debemos cuidar antes de cada entrevista.

Para hombres y mujeres

- Evita a toda costa la mala costumbre de comerte las uñas, ya que el reclutador puede notarlo. Tampoco dejes que tus uñas crezcan demasiado ni las recortes en exceso, así evitarás producir una impresión desagradable. Nunca uses alguna uña más larga que las demás.

- Si fumas, debes eliminar de tus dedos las manchas amarillas que produce la nicotina. Para limpiarlos puedes usar una solución casera hecha con limón y bicarbonato de sodio. Por ningún motivo debes fumar antes de la entrevista (cuida tu aliento).

- Los perfumes o lociones no deben herir el olfato del reclutador hasta el punto de causar mareos o repugnancia.

Para mujeres

- Las mujeres no deben dejarse llevar por modas pasajeras que las muevan a usar colores estridentes en las uñas. Sea cual fuere el color de tu preferencia, debes procurar que el barniz se conserve completo, esto es, que no esté para nada dañado. Te recomiendo que solicites en una estética un *manicure* francés.

- Es contrario a la estética femenina vigente mostrar vellos en las piernas, en las axilas o sobre el labio superior.
- A las mujeres les conviene cortarse el cabello cada mes para que nunca luzca desaliñado. Elige el corte según tu tipología física. Así como ocurre con las uñas, no debes usar colores de cabello escandalosos. Más vale llamar la atención por la sobriedad y la sencillez que por contaminar en forma visual los sitios a los que acudas.
- Las medias de nailon rotas constituyen un espectáculo decadente y hasta desagradable. Cuida mantenerlas en buen estado antes de la entrevista.

Para hombres

- Debes afeitarte de acuerdo con la velocidad con que te aparezca nuevamente vello en la cara, para que no luzcas sucio. Evita usar bigote, barba (aunque sea solo de candado) o patillas largas cuando vayas a una entrevista. Evita también los peinados extravagantes.
- No uses calcetines que no te ajusten a la perfección.
- Evita usar pulseras y anillos. Los reclutadores, sobre todo las mujeres, se fijan mucho en esto. Evita también los relojes grandes o aparatosos. Si usas mancuernillas, deben ser sencillas para que pasen desapercibidas.

Conclusión: La primera imagen es la que cuenta: vístete para cada entrevista como todo un ejecutivo.

Al día siguiente de que Cayetano leyó el Manual de Mooney, *lo primero que hizo fue ir a la peluquería. Ahí decidió también rasurarse la barba de candado que traía porque, aunque estaba de moda, no lo hacía lucir como un ejecutivo serio.*

El fin de semana le pidió a Abigaíl que lo acompañara al centro comercial para comprar un traje nuevo. Al probárselo, decidió que también compraría una camisa y una corbata; incluso adquirió unas gafas nuevas. La pobre de Abigaíl, confundida, puso todo el tiempo cara de "no tenemos dinero", pero él no hizo caso ni a sus gestos ni a todo lo que refunfuñaba. Debía cuidar su imagen y sabía que esas compras no eran un despilfarro, sino una inversión.

CAPÍTULO 17

Capacitación

S i te encuentras desempleado, estás en el mejor momento para capacitarte y aprender algo nuevo. Hay una gran cantidad de cursos que pueden ayudar a mejorar y fortalecer tus habilidades; si lo haces, incrementarás tus posibilidades de encontrar empleo.

Por ejemplo, en esta época de competencia encarnizada y de especialización, las personas que no dominan otras lenguas se rezagan. Debes asegurarte de dominar al menos el idioma inglés, por ser la lengua común de las computadoras y de los negocios. Si no lo hablas, aprovecha tu tiempo y cuanto antes inscríbete a un curso.

Lo mismo ocurre con el manejo de la computadora. Si no dominas un solo programa, en especial Office, inscríbete en algún curso.

Otra oportunidad para capacitarte es cursar una especialización o diplomado. Si tomas uno, no solo fortalecerás tu currículum, sino que podrías conocer personas interesantes que trabajen en una empresa de tu agrado o que puedas incorporar a tu red de contactos.

¿No sabes por dónde empezar? Para que no tengas ese pretexto, mencionaré algunas de las escuelas de idiomas más conocidas: Interlingua, Harmon Hall, Berlitz, Wall Street Institute y Quick Learning. Todas tienen muchas sucursales.

En el caso de las escuelas de computación, seguro hay una sucursal de CCPM, ICM, ITC o el TEI. ¿Quieres otras opciones? Busca en la Sección Amarilla o en Google "escuelas e institutos de computación".

Si quieres estudiar algún diplomado de administración, de negocios o de cualquier otra área que te interese, visita los departamentos de posgrado o de educación continua que hay en las universidades y tecnológicos más prestigiados: ITAM, ITESM, IPN, UNAM, UIC, UIA, etcétera.

Si en este momento no estás en posibilidades de gastar dinero para capacitarte en escuelas o universidades, puedes comprar libros relacionados con los temas en los que desees especializarte, y una vez que domines el material del libro, puedes mencionar esas habilidades nuevas en tu CV.

Por fin, Cayetano había acertado en una. Cuando leyó este capítulo, recordó que al iniciar su diplomado en el Tecnológico de Monterrey había conseguido algunas oportunidades de empleo y había obtenido, incluso, ciertas entrevistas. Aunque en ese momento no supo cómo proceder, confirmó al menos que tomar ese diplomado había sido una excelente decisión. Además, ahora tenía algo más que agregar a su CV, lo cual le brindaba mayores oportunidades de llamar la atención de los reclutadores.

CAPÍTULO 18

El sueldo: ¿cómo sé cuánto vale mi trabajo en el mercado?

Después de enviar cientos de ejemplares de tu currículum, hacer numerosas llamadas telefónicas y de tener incontables entrevistas, tanto de networking como de trabajo, por fin recibes la llamada que tanto habías esperado: ¡por fin te ofrecen un empleo! Solo hay un pequeño problema. No quieren pagarte lo que pides o no ofrecen la remuneración que esperabas.

Tus papás te dicen: "No seas tonto; acepta el trabajo". Tu pareja no sabe qué decirte; tampoco sabe si te conviene (aunque en el fondo desearía que te pagaran más). Tus amigos te dicen que los mandes al diablo y sigas buscando hasta que encuentres un empleo en una empresa donde te paguen lo que mereces.

¿Qué hacer en una situación así? Debes negociar.

Algunas veces las empresas ofrecen salarios más bajos de los que realmente están dispuestos a pagar, pero si un buen candidato pide más, la empresa puede acceder a pagarlo, y asunto arreglado.

Pero, ¿qué tanto puede uno negociar sin perder la oportunidad? Según Ricardo Douglas Hill, un headhunter especialista, todo depende de cuánto tiempo ha estado buscando la empresa un buen candidato para cubrir la plaza o qué tanto necesita la compañía de tus servicios.

Si la compañía está desesperada por cubrir esa posición, y tú eres el mejor candidato, puedes pedir un poco más. Es muy sencillo darse cuenta de la urgencia de las compañías. En esos casos los reclutadores tienen una forma muy notoria de decir que el puesto es tuyo.

Pero en otros casos las empresas ofrecen el tope límite presupuestado y tienen un margen muy estrecho para negociar. Cuando esto ocurre, existen otros métodos para lograr el sueldo que necesitas.

Si estás seguro de que la empresa que te ofrece empleo vale la pena, puedes admitir el puesto, siempre y cuando accedan a reevaluar tu sueldo en un par de meses. Muchas compañías estarían dispuestas a aceptar este reto, ya que así tienen la oportunidad de evaluarte como empleado y, si les convence tu desempeño, estarán dispuestas a reconsiderar tu sueldo y pagarte, al menos, lo que solicitabas al principio.

Otra forma de negociación consiste en lograr algunas prestaciones que no sean necesariamente en efectivo. Por ejemplo, pueden darte vales de despensa o de gasolina, un automóvil utilitario, servicio de comedor, capacitación, mayor número de días de vacaciones, horarios de trabajo reducidos, comisiones o, en algunos casos, participación accionaria de la empresa.

Si no te gusta negociar, te recomiendo dejar muy claro desde el principio un parámetro del sueldo que estás dispuesto a aceptar. Sin embargo, debes considerar que al mantener una posición rígida respecto al salario, podrías perder oportunidades interesantes y te arriesgarías a estar más tiempo desempleado.

A continuación menciono algunas recomendaciones que te servirán para negociar tu sueldo:

1. Busca oportunidades reales de desarrollo, no solo altos sueldos.
2. Evita hablar del sueldo en la primera entrevista.
3. No negocies el sueldo hasta que tengas una oferta sobre la mesa.
4. Busca toda la información que puedas acerca del puesto y la empresa.
5. Averigua el rango de sueldo que ofrecen en esa posición, tanto dentro de esa empresa como en otras de la misma industria.
6. Piensa en tu posible crecimiento a corto plazo y en el potencial de esa empresa.

Un problema frecuente durante la búsqueda de empleo es no saber bien lo que vale nuestro trabajo. Cerca de 80% de las personas que pierden su empleo creen que deben solicitar lo que percibían antes o incluso un poco más.

Esto ocurre porque cuando nos quedamos sin trabajo nos basamos siempre en el sueldo que recibíamos y no reparamos si percibíamos más o menos del promedio del mercado. Por eso no siempre resulta recomendable solicitar lo que obtenías antes; mucho menos solicitar más que esa cantidad.

La forma más fácil de conocer lo que vale en dinero tu trabajo es evaluar:

- el mercado que hay para puestos similares
- cuánto necesitas percibir de acuerdo con el nivel de vida que llevabas (o según los gastos que hacías)
- analizar si el momento en que perdiste tu empleo coincide con una etapa favorable o negativa en términos económicos, tanto en México como en la empresa

Para calcular tu nivel de sueldo puedes guiarte con el tabulador de sueldos que aquí te presento.

Tabulador de sueldos (enero de 2012)

Para sueldos fuera del D.F. reduce 25%, y para compañías AAA, incrementa 25%. Para años posteriores a 2012, consulta el Índice Nacional de Precios al Consumidor (INPC) y la inflación de cada año y suma la diferencia al total medio.

NIVEL	PUESTO	LABORES	SUELDOS		
			MÍNIMO	MEDIO	MÁXIMO
1	Mensajero	Labores sencillas y rutinarias de tipo manual.	3 853.24	4 316.55	5 579.85
2	Recepcionista español		3 829.64	4 787.05	5 744.46
3	Recepcionista inglés		4 247.07	5 308.84	7 370.61
4	Cobrador	Labores sistemáticas y uniformes. Analiza desviaciones o fallas repetitivas que requieren una sencilla interpretación de los procedimientos	4 910.00	5 887.50	7 965.00
5	Inspector control de calidad		5 923.39	6 529.24	8 835.09
6	Auxiliar de contabilidad		5 792.74	7 240.92	9 689.11

NIVEL	PUESTO	LABORES	SUELDOS		
			MÍNIMO	MEDIO	MÁXIMO
7	Dibujante Estudiante, 8o semestre sin experiencia	Analiza desviaciones y fallas repetitivas. A veces hay variaciones que requieren creatividad y criterio para evaluar alternativas con reducido número de variables.	6 424.15	8 030.18	10 636.22
8	Analista de nóminas		7 124.39	8 905.48	10 686.58
9	Programador de producción Recién egresado sin experiencia		7 900.94	9 876.18	12 851.41
10	Comprador	Analiza situaciones poco repetitivas que requieren creatividad y búsqueda de mejores maneras de hacer. Supervisa obreros no calificados o grupos de obreros de labores poco complejas.	9 762.14	10 952.67	14 143.21
11	Supervisor de control de calidad		9 717.22	12 146.52	15 575.83
12	Programador Egresado con dos años de experiencia		11 776.39	15 470.49	19 164.59
13	Jefe de producción Cursando maestría; con dos años de experiencia	Analiza situaciones poco repetitivas que requieren creatividad y búsqueda de mejores maneras de hacer. Supervisa labores con análisis: puede ser especialista sin supervisión	11 951.02	14 938.78	19 926.53
14	Jefe de personal Maestría; sin experiencia		17 532.44	19 165.55	25 798.66
15	Contador de costos Maestría; con un año de experiencia		19 671.45	26 089.31	39 507.17
16	Abogados Maestría en el extranjero; con uno o dos años de experiencia	Analiza situaciones poco repetitivas que requieren creatividad. Toma decisiones que afectan a más de un departamento y busca alternativas de solución. Supervisa personal de labores con diferente grado de complejidad.	24 488.47	36 860.59	42 232.71
17	Gerente de control de calidad Maestría con tres años de experiencia		29 129.98	38 662.48	49 194.97

NIVEL	PUESTO	LABORES	SUELDOS		
			MÍNIMO	MEDIO	MÁXIMO
18	Gerente de producción	Analiza situaciones repetitivas poco variables que requieren criterio y creatividad para desarrollar ideas, procedimientos, sistemas y políticas que afectan a más áreas. Pueden ser los puestos de primer nivel en las empresas pequeñas.	35 774.07	39 717.58	54 667.10
19	Gerente de crédito y cobranza		42 637.26	48 296.58	57 955.89
20	Contralor		46 982.91	58 728.64	70 474.35
21	Gerente de planta		57 131.22	71 504.02	85 696.83
22	Director de recursos humanos	Son normalmente las cabezas de área. El primer nivel de las empresas medianas, por lo que el impacto de sus funciones y decisiones afecta a toda la empresa. Pueden ser directores generales de pequeñas empresas.	69 671.56	96 839.45	134 207.34
23	Director de finanzas		91 477.42	135 596.78	156 716.18
24	Director de ventas y mercadotecnia		102 724.54	158 405.68	194 086.81
25	Director general	Directores generales de empresas medianas y grandes o bien, puestos de primer nivel de empresas grandes.	135 913.04	186 141.30	209 369.57

Es obvio que la meta de todo ejecutivo es lograr un sueldo que cubra sus gastos domésticos y tener incluso un excedente para ahorrar. La mejor recomendación cuando perdemos nuestro empleo es buscar un ingreso cercano al anterior, aunque sea menor, siempre y cuando cubra por lo menos 65% de nuestros gastos habituales. El peor error que puedes cometer es pensar: "Yo ganaba 20 000 pesos y no acepto menos que eso".

Por eso te pongo a continuación un documento que te servirá para conocer, como punto de partida:

1. El tiempo que puedes permanecer sin recibir ingresos.
2. El sueldo mínimo que puedes solicitar en tus entrevistas de empleo (subtotal B).

HOJA PARA CALCULAR EL TIEMPO QUE SE PUEDE ESTAR SIN EMPLEO

GASTOS PARA LA BÚSQUEDA DE EMPLEO

(Gastos extraordinarios)
Papelería y equipo _____
Membresías y asociaciones _____
Comidas y cenas con contactos _____
Suscripciones a periódicos y revistas _____
Vestimenta (ropa ejecutiva) _____
Transporte _____
Otros _____

SUBTOTAL (A) $ _____

GASTOS FIJOS MENSUALES

Renta y mantenimiento de la casa _____
Seguros
    médico _____
    automóvil _____
    otros _____
Gasolinas y gastos para el mantenimiento de los autos _____
Comida _____
Deudas (tarjetas de crédito, préstamos) _____
Colegiaturas _____
Ropa familiar _____
Otros _____

SUBTOTAL (B) $ _____

GASTOS TOTALES (A+B) $ _____

Cantidad ahorrada (efectivo) + liquidación (si la hay) _____
Menos subtotal A _____
Total para gastos mensuales _____
Dividido entre la cantidad del subtotal B _____
NÚMERO DE MESES QUE PUEDES ESTAR SIN EMPLEO _____

Si restas 35% al monto de tus gastos, en el subtotal B obtienes el sueldo mínimo que debes solicitar; sin embargo, muchas veces es mejor recibir aun menos de 65% de lo que uno necesita para vivir que no obtener nada.

Te recomiendo tomar un trabajo *temporal* mientras encuentras aquel que te pagará lo que vales. Eso fortalecerá tu carácter, beneficiará tu red y no te quedarás sin ingresos.

Cayetano comprendió que, al haber permanecido mucho tiempo sin ingresos, su búsqueda de empleo fue comprometida ("Tengo muchos meses para buscar un buen empleo. Un ejecutivo con mi experiencia, seguro de sí mismo y apuesto, puede encontrar algo interesante en poco tiempo. Además, si eso sucede antes de los siete meses para los que tengo presupuesto, tomaré otras vacaciones o me compraré un coche nuevo con el dinero que me sobre").

Los medianos ingresos que obtenía con su cuñado le bastaban para aguantar por tiempo indefinido la llegada de una buena oportunidad. Pero también comprendió que había cometido un gran error al comenzar su búsqueda de empleo fijándose solo en el sueldo que obtendría. Desde que leyó el Manual de Mooney, se había interesado menos en el sueldo que recibiría que en la empresa y su verdadero potencial de desarrollo a corto plazo.

Cuando hizo un cálculo de lo que necesitaba para cubrir todas sus obligaciones, llegó al total de 19 000 pesos. Cayetano ya no buscaba ganar lo mismo que en Conseco México (30 000 pesos), sino una oportunidad de trabajo real e interesante para iniciar la construcción de una base sólida para su futuro.

"Nuestros sueldos son bajos, pero el tamaño de su oficina crecerá anualmente".

CAPÍTULO 19

Entrevistas

Si recibes la noticia de que una empresa quiere entrevistarte porque ofrece un excelente puesto, es importante que inviertas tiempo para preparar tu entrevista, ya que de esta depende que te contraten.

El objetivo principal de las entrevistas es exponer cuáles son tus fortalezas y habilidades, así como la forma en que se relacionan con la vacante para la que te postulas. Para lograrlo tendrás que trabajar muy duro en tres momentos: antes, durante y después de la entrevista.

Antes de la entrevista

Revisa tu currículum. Si es necesario, modifícalo e incluye logros y experiencias que estén directamente relacionados con la vacante y con la empresa. Asegúrate de que no tenga errores gramaticales, tipográficos u ortográficos y trata de que no ocupe más de una página.

Analiza tu persona. Piensa en tus logros anteriores y determina qué has aprendido de tus trabajos pasados, tanto lo bueno como lo que no fue así. Prepárate para contestar preguntas acerca de las tareas o responsabilidades que desempeñaste. Recuerda que no es momento de ser humilde acerca de tus logros. Piensa la forma en que tus fuerzas y tu experiencia pueden beneficiar a esa compañía.

Prepara respuestas a posibles preguntas que te puedan hacer durante la entrevista. Los temas principales serán tu persona, tus metas, tus fortalezas y debilidades, tus expectativas, los motivos por los que estás dispuesto a dejar otro empleo o por qué dejaste o te despidieron del anterior, etcétera. Prepara estas respuestas con sumo cuidado. Concéntrate en las cosas positivas pero sé franco y honesto en las dificultades y problemas que hayas tenido en el pasado. *Nunca hables mal de tus jefes anteriores o actuales.* Si se te presenta una pregunta difícil, sortéala con inteligencia y elegancia. Trata de ser positivo en todo momento.

Séptima regla de Mooney

SIEMPRE infórmate y aprende lo más posible acerca de la empresa a la que solicitas empleo.

Estos son algunos datos que puedes investigar sobre la empresa en la que te entrevistarán:

- Cuántos años de operación ha tenido en México.
- Cómo ha crecido, a qué ritmo y de qué forma (si ha sido por capital interno o por adquisición).
- Cuáles son sus volúmenes de ventas, presupuesto o proyecciones anuales.
- Número de empleados.
- Cuáles son sus utilidades, tasa de retorno sobre inversión y participación de mercado.
- Dónde están sus fábricas, plantas, oficinas, tiendas y oficinas corporativas.
- Cuáles son sus productos y servicios, la circunstancia actual de la empresa y su visión del futuro.
- Qué tipo de carreras y posiciones ofrece.
- Qué tipo de experiencia y habilidades tienes que pudieran interesarle.

Busca la información en internet, boletines, periódicos, revistas, etcétera. Piensa dónde podría contribuir tu experiencia al éxito de la compañía. Además, debes investigar profundamente las vacantes que existen y que se ofrecen. Por ejemplo, si la compañía busca un auxiliar contable, y tú crees poseer la experiencia suficiente, debes hablar con alguien de la empresa para informarte exactamente qué se necesita para el puesto; por ejemplo, si un auxiliar contable para auditorías o alguien que maneje solo cuentas por cobrar.

Averigua siempre todo lo que puedas acerca de la empresa en cuestión, incluso antes de enviar tu currículum. De esta forma podrás relacionarlo con tu carta, así como analizar si te conviene siquiera buscar una entrevista ahí.

Un estudio aplicado a 30 candidatos mostró que, entre quienes investigaron profundamente acerca de la empresa, 70% se había sentido menos nervioso y más confiado durante la entrevista.

Desarrolla un plan de marketing y ventas de tu persona. Tú no puedes controlar la percepción que tienen los reclutadores de tus habilidades, pero sí puedes controlar lo que piensan de tu imagen. Crea un calendario. Debes planear todo lo que harás cada día durante los siguientes tres meses: con quién te comunicarás hoy, qué información necesitarás y qué harás mañana; luego, vuelve a planear tu agenda cuando hayan transcurrido los 90 días.

Por último, antes de cada entrevista, debes reunir tus herramientas para buscar empleo.

Tus herramientas de trabajo

El componente esencial en tu *caja de herramientas* es el conjunto de habilidades y destrezas. A este le sigue el conocimiento que posees sobre tu objetivo, la empresa y el mercado de empleos disponible.

Otra herramienta es la presentación. Si careces de alguno de los componentes mencionados, tu imagen resulta irrelevante.

Eduación Persistencia Personalidad Pasión	Metas Experiencia Potencial Energía Investigación

Caja de herramientas para la Búsqueda de Empleo

Carta de presentación Currículum Plan de marketing Seguimiento	Habilidades Concimiento Vestimenta Imagen Comportamiento

Recuerda que un currículum perfecto, impreso en papel de calidad, y una carta de presentación sensacional solamente sirven para lograr una entrevista. Lo único que te puede ayudar a obtener el empleo es la entrevista. El empleo no siempre se lo dan al mejor candidato, sino al que mejor se entreviste: a quien mejor se venda.

Durante la entrevista

- Llega temprano, por lo menos 15 minutos antes. Además de mostrar formalidad, si llegas temprano puedes construir redes con las recepcionistas, pues ellas pueden ser valiosas fuentes de información.
- Lleva contigo varias copias de tu currículum, aun cuando estés seguro de que la empresa ya lo recibió. Los reclutadores reciben una enorme cantidad de currículos cada mes y tienen la mala costumbre de traspapelar los recientes.
- Si eres diseñador, productor, arquitecto o *web master,* deberás llevar también tu portafolio de trabajos.
- Asegúrate de conocer el nombre de la persona que te entrevistará y la forma correcta de pronunciarlo en caso de que sea extranjero.
- Muestra una sólida apariencia personal en tu vestimenta y tu arreglo. Demuestra que eres un ejecutivo de negocios y no te dejes llevar por modas raras. Recuerda que las primeras impresiones son las más importantes y a veces es mejor mostrarse muy bien vestido que un tanto fachoso.

- Las empresas buscan conocerte para determinar, a través de sus reclutadores, si eres capaz y agradable, si tienes iniciativa, si sabes negociar. Quieren saber cómo te desenvuelves en situaciones de tensión; en pocas palabras, desean saber cómo es tu trato personal. Por eso siempre debes mostrar carácter, liderazgo, seriedad, sinceridad y honestidad.

- Usa un buen lenguaje corporal. Saluda a los reclutadores con un firme saludo de mano y mantén contacto visual durante toda la entrevista. Mantén una buena posición cuando estés sentado y controla tus gestos. Un lenguaje corporal que demuestre entusiasmo e interés causará confianza en el entrevistador.

- Demuestra habilidad para escuchar. Esto resulta esencial para tener una entrevista exitosa. Si escuchas más de lo que hablas, podrás conocer más acerca del puesto y la empresa. Quizá quien termine nervioso sea el reclutador. Nunca interrumpas a los reclutadores cuando hablen.

- Haz preguntas interesantes. Te recomiendo preparar las respuestas a las preguntas que probablemente te harán, por ejemplo, cómo puedes colaborar en el crecimiento de la compañía. Averigua también de qué modo la compañía puede contribuir a tu desarrollo profesional. Platica sobre las expectativas de ambas partes. Trata de determinar si el empleo es para ti, con qué tipo de gente interactuará la persona que ocupe el puesto, qué tan grande es el área donde trabajarías, etcétera. Nunca te quedes callado cuando te pregunten si tienes alguna duda.

A continuación listo las preguntas más frecuentes que suelen hacerle a un candidato durante la entrevista ejecutiva (aunque es evidente que podrían modificarse). Desarrolla una respuesta para cada una:

- ¿Qué me puedes decir sobre ti?
- ¿Cómo describirías tu personalidad?
- ¿Qué clase de empleado te consideras?
- ¿Has dado tu mayor esfuerzo en los empleos anteriores?
- ¿Qué has aprendido en tus empleos anteriores?
- ¿Cuál de tus empleos anteriores fue el más interesante y por qué?

- ¿Cuál fue el menos interesante y por qué?
- ¿Cuáles son tus mayores habilidades?
- ¿Cuáles son tus debilidades?
- ¿Qué has hecho para corregir esas debilidades?
- ¿Alguna vez has fracasado?
- ¿Cómo manejas el fracaso?
- ¿Qué te gustaba de tu trabajo anterior?
- ¿Qué no te gustaba de tu trabajo anterior?
- ¿Qué buscas en tu próximo empleo?
- ¿Alguna vez te han corrido o te han pedido que renuncies? ¿Por qué?
- ¿Por qué has tenido tantos empleos?
- ¿Por qué trabajaste tanto tiempo con una sola compañía?
- ¿Te consideras un empleado leal?
- ¿Cuáles son tus metas u objetivos profesionales?
- ¿Cómo te ayudaría este empleo a cumplir tus metas?
- ¿Qué opinas de continuar tu capacitación profesional?
- ¿Cómo manejas el cambio?
- ¿Te gustaría tener el puesto de tu jefe?
- ¿Por qué no has progresado en tu carrera?
- ¿Te consideras una persona de éxito?
- ¿Alguna vez te han negado un aumento de sueldo?
- A tu edad, ¿no deberías estar ganando más?
- ¿Qué ha sido lo más difícil que has hecho en un trabajo?
- ¿Cómo describirías a tu jefe anterior?
- ¿Cómo crees que te describiría tu jefe anterior?
- ¿Cómo describirías su relación?
- ¿Qué aprendiste de tu jefe?
- ¿Cómo motivas a la gente que está bajo tu supervisión? ¿Podrías dar un ejemplo?
- ¿Cómo resuelves los conflictos entre dos subordinados? ¿Podrías dar un ejemplo?
- ¿Qué buscas tú en un empleado?
- ¿Prefieres trabajar solo o en equipo?
- ¿Te consideras motivado y con iniciativa?
- ¿Puedes describir una situación en la que te hayas valido de tu iniciativa para resolver algún problema?

- ¿Cuáles serían las tres características personales que mejor te describen?
- ¿Qué te motiva más?
- ¿Puedes describir tu relación con tus anteriores compañeros de trabajo?
- ¿Cómo te comportas si se presentan conflictos con tus compañeros de trabajo?
- ¿Con qué tipo de personas prefieres trabajar?
- ¿Con quién prefieres no trabajar?
- ¿Qué te gustaba de la compañía o empresa en la que trabajabas?
- ¿Qué te disgustaba de la compañía o empresa en la que trabajabas?
- ¿Estás satisfecho con tu desempeño dentro de esa empresa?
- ¿Quedó la empresa satisfecha con tu desempeño?
- ¿Por qué te ha tomado tanto tiempo encontrar un nuevo empleo?
- ¿Por qué estás interesado en este trabajo?
- ¿Qué aportarías a esta organización o en qué crees que podrías contribuir?
- ¿Cuánto tiempo crees permanecer en este empleo?
- ¿Qué te diferencia de otros candidatos?
- ¿Cuál es la decisión más difícil que has tenido que tomar y por qué?
- ¿En dónde más te has entrevistado?
- ¿Cómo es tu familia?
- ¿Cuándo podrías empezar?
- ¿Hay algo más que te gustaría añadir o que haya olvidado preguntarte?

En una entrevista pueden hacerte estas y muchas otras preguntas y es importante que tengas una respuesta preparada. Para otras preguntas inesperadas tómate un momento y medita qué dirás. En ambos casos debes pensar bien tus respuestas para no arrepentirte después de haber comentado algo a la ligera.

Nunca preguntes acerca del salario o sueldo. Hazlo solo hasta que te ofrezcan la posición. Si te preguntan acerca de tu sueldo anterior o actual, deberás preparar tu respuesta. Debes mencionar de qué modo recibías tu sueldo (por honorarios, si estabas en nómina, etcétera) y mencionar todas las prestaciones que recibías. Sé específico en el salario (neto o bruto) y los bonos, comisiones e historial de ingresos que recibías.

Muestra un genuino y sincero entusiasmo por obtener información acerca de la empresa. Trata de obtener las tarjetas de presentación (o los datos) de todas las personas que te entrevisten. Al final de cada entrevista haz patente tu interés por la compañía y cómo puedes contribuir en su éxito.

Después de la entrevista

Toma notas y escribe comentarios inmediatamente después de salir de cada entrevista. Redacta los puntos importantes de cada una, ya que se te pueden olvidar detalles importantes. Apunta los nombres y puestos de todas las personas que conociste en la entrevista. Haz un resumen de lo que ocurrió. Estas notas te servirán para preparar el siguiente paso, ya sea para una segunda entrevista o para evitar cometer los mismos errores en tus posteriores encuentros.

Siempre da seguimiento a cada entrevista. Registra el día y la hora de todas tus entrevistas. Eso te servirá para darle un seguimiento ejecutivo.

Agradece la entrevista. Uno o dos días después de cada entrevista envía una carta de agradecimiento a los reclutadores y a cualquier otra persona que te haya atendido. Envíala por correo electrónico o fax y asegúrate siempre de agradecer el tiempo que te concedieron. Menciona en todo momento que disfrutaste la entrevista y la visita a la compañía. Por último, menciona tu grado de interés por ese puesto y aprovecha el último renglón para recordarles tu teléfono o tu intención de llamarlos en unos días, con una frase sencilla como "Me pondré en contacto con usted el miércoles".

Este tipo de agradecimientos no solo le muestran al reclutador que eres un ejecutivo profesional y educado, sino que reafirman tu interés por el puesto. Otra forma de acercamiento inteligente es enviar un artículo relacionado con la empresa u otro tipo de información que pudiera interesarle a la persona que te entrevistó, y de paso preguntarle qué ha pasado con tu caso.

Otro buen acercamiento con el reclutador es informarle que dentro de una semana te pondrás en contacto para saludarlo y saber si es necesario hacer algún otro trámite, examen, etcétera. Esto también te servirá como filtro para darte cuenta si están interesados en ti o no.

¿Qué hacer si después de la entrevista no te llaman o te dicen que debes hacer otras cosas antes de darte información?

Muy pocos reclutadores se atreven a decirle a un candidato que no cubre los requisitos del puesto en cuestión. Esto siempre causa angustia y ansiedad en una persona que busca empleo, pues no sabe qué ocurre. Lee los siguientes casos para identificar en qué situación estás y qué puedes hacer al respecto.

Caso 1: Recibes una carta donde te notifican que fuiste rechazado

Existen algunas empresas triple A que por sus políticas envían cartas o notificaciones de rechazo a todas las personas que mandaron su CV o se entrevistaron. Estas pueden ser más o menos así:

> *Estimado(a) candidato(a):*
> *La presente es para informarte que recibimos tu CV, pero por el momento no podemos ofrecerte ninguna posición dentro de la empresa. Te agradecemos mucho...*

¿Qué debes hacer si recibes una carta de rechazo similar? Comunícate con la persona que la firmó o envió y solicítale retroalimentación para pedirle consejos sobre lo que debes hacer mejor en el futuro, aunque no sea en su empresa.

Caso 2: No te han llamado siete días después de la entrevista

Aunque pasó una semana después de la entrevista, no te han llamado. Si una empresa se interesa en un candidato, en 60% de los casos envía una notificación antes de siete días. Esto quiere decir que si no te hablan después de siete días ha sucedido alguna de estas situaciones:

1. La empresa no está interesada en ti.
2. Ya cubrieron el puesto.

3. Aún están entrevistando más candidatos (tú no les interesas o no están del todo convencidos y quieren agotar las opciones).
4. No les urge cubrir el puesto.
5. Las personas que deben entrevistarte se encuentran fuera del país.
6. Están muy ocupados.
7. No se ha autorizado la apertura de la plaza o se modificó la fecha de contratación.

Nunca esperes siete días para enterarte de tu situación; comunícate antes.

Caso 3: Los reclutadores no te dan respuestas claras

La persona que te entrevistó solo contesta con frases evasivas. En tal caso debes dar por supuesto que la empresa no se interesa por ti. Descarta de momento esa empresa y pide retroalimentación para entender qué debes hacer mejor en el futuro.

Caso 4: Los reclutadores se niegan a recibir tus llamadas

Cada vez que intentas comunicarte con la persona que te entrevistó, te dicen que no está o que está muy ocupada. En tal caso, es preciso que le envíes un e-mail con preguntas inteligentes que te ayuden a descifrar si están interesados en ti.

Caso 5: No tienes los datos de los reclutadores

Esto no debe ocurrirte. Siempre debes solicitar los datos (teléfono directo y correo electrónico personal) de la persona que te entrevistó. Recuerda que las entrevistas pueden durar muy poco, y el esfuerzo que hagas después de la entrevista demostrará motivación e interés y ayudará a que el reclutador se acuerde de ti.

Caso 6: Te dijeron que ellos se comunicarán contigo

Los reclutadores siempre dicen lo mismo. Nunca esperes a que ellos te llamen porque casi nunca lo hacen. Siempre comunícate dos días después de la entrevista.

Caso 7: Te llamaron, pero te dijeron que debes responder unos exámenes psicométricos

Casi ninguna empresa te pediría que efectúes exámenes si no estuviera relativamente interesada en ti, porque aplicar esas pruebas cuesta dinero. Es una buena señal. Sé paciente.

Caso 8: No te llaman, pero te enteras de que la empresa está pidiendo referencias

Esta es muy buena señal, pues por lo general pedir referencias de un candidato es el último filtro antes de firmar el contrato. Advierte a las personas que indicaste como referentes.

Por último, es importante decir que la mayoría de los candidatos suelen ser demasiado pacientes después de una entrevista, ya que siempre tienen la esperanza de que los llamarán para darles una buena noticia, aunque no sea así. Esto suele ocurrir porque creen que siguen teniendo opciones abiertas aunque no los hayan llamado. El problema es que, cuando tienes opciones *en espera,* tus esfuerzos y productividad de búsqueda se reducen (en algunos casos llegan a nulificarse). Es mejor que te digan de una vez que no se interesan por ti en vez de esperar mucho tiempo para comunicarte con el entrevistador y que te den la mala noticia. Dale seguimiento a cada entrevista y evalúa qué salió bien y qué no. Si no te hablan, te evaden o algo similar, pide retroalimentación y luego olvídate de esa empresa. Sigue buscando como si no tuvieras opciones *abiertas*.

Cualquiera que sea tu situación, te recomiendo ser insistente de una manera cortés, usando tu iniciativa y creatividad hasta averiguar qué pasó o por qué no te han llamado. Recuerda que tu productividad puede verse afectada por creer que alguna empresa está interesada en ti. Mientras no tengas una propuesta sobre la mesa, imagina que has sido descartado.

Cómo entrar por la puerta grande

Existen solo dos puertas para encontrar empleo. La primera aparenta estar cerca y ser accesible, es de color rojo y muy pequeña. Por lo general, está cerrada y no es claro quién posee la llave. Afuera, hay muchos candidatos sentados que esperan ser entrevistados; la mayoría de ellos se muestran aburridos, pensativos y tristes. Tras la puerta hay una oficina donde está una persona muy apresurada, habituada a descartar diariamente docenas de candidatos. Además, no le gusta que la molesten o la acosen; prefiere esperar a que los candidatos le pregunten. Es una persona muy rígida y seria, sobre todo durante las entrevistas.

La segunda puerta está aún más lejos, es muy grande y de color verde. Esta puerta casi siempre se encuentra abierta. En su exterior no hay personas esperando. Tras esa puerta hay una persona que trabaja a su propio ritmo y a quien no le molesta dar información y recibir llamadas de candidatos, aunque a veces las filtra y las canaliza. Es más amable porque no suele recibir candidatos, porque decide si alguien entra, o no, a trabajar a la empresa.

Ahora te pregunto... ¿por qué puerta crees tener más posibilidades de entrar a la empresa?

Es frecuente que una persona que busca empleo intente primero entrar por la puerta más pequeña y concurrida, es decir, la puerta de los reclutadores o la de Recursos Humanos. La mayoría de las personas creen que tendrán rápido acceso a una entrevista y a una posición dentro de la empresa, pero la realidad es que eso ocurre solo en la otra puerta.

¿Sabías que empresas como Nestlé o Bimbo reciben cientos de currículos *no solicitados* todos los días? Imagínate lo difícil que resulta entrar a estas empresas por la puerta del área de Recursos Humanos.

Resulta comprensible que el reclutador de una empresa reconocida como Nestlé o Bimbo evadan constantemente las llamadas de los candidatos, pues no tienen tiempo para atender a todos los que tocan a su puerta a diario. Por eso acostumbran ser evasivos y, en el caso de recibir alguna llamada, dicen frases como "todavía no sé nada" o "nosotros te hablamos".

Por el contrario, es poco común que un candidato se acerque directamente al área o departamento donde quiere trabajar (Contabilidad, Administración, Finanzas, Ventas, etcétera). Estas secciones son las que solicitan personal adicional al área de Recursos Humanos.

Si estás buscando empleo en el área de ventas, la puerta grande y verde se encuentra en la oficina del gerente de ventas. Así de fácil. La parte no tan fácil es lograr acercarte a esa puerta desconocida que está mucho más lejos.

Un acercamiento inteligente sería comunicarte al área de contabilidad para preguntar por el nombre y correo electrónico del gerente de ventas. Al contador no le importará dar dicha información si le haces creer que eres un cliente y no un candidato.

Una vez que el contador caiga en tu trampa, debes preparar una carta de presentación dirigida al gerente de ventas, en la que subrayes tus habilidades de ventas y con la cual hagas llegar tu CV (totalmente orientado al puesto). Recuerda añadir en el mensaje una nota donde solicites una breve cita para saludarlo.

Después de que has enviado el correo, el siguiente paso es volver a comunicarte a la empresa y hablar directamente con el gerente. En la llamada tienes que ser muy inteligente para caerle bien y vender tu talento.

Es probable que el gerente de ventas se sienta extrañado e incluso un poco incómodo, por lo que pueden pasar dos cosas: o te da una cita o te dice que enviará tu CV al departamento de Recursos Humanos.

Si te da una cita, será tu gran oportunidad para entrar por la puerta verde y grande, pues así podrás conquistar al gerente de ventas con razones inteligentes de por qué eres tú la persona adecuada para el puesto.

Si el gerente no te da una cita pero envía tu CV al departamento de Recursos Humanos, parecerá que te está recomendando, lo cual te servirá para que el reclutador te preste más atención que a otros candidatos; además, lo más seguro es que te dé una entrevista.

Ya en la entrevista con el reclutador debes vender tus cualidades, pero aparentar que tienes cierto grado de relación con el gerente de ventas, pues de ese modo lograrás incrementar tus posibilidades de entrar a la empresa.

Tú decides qué puerta es más efectiva. La clave está en cómo apliques tu iniciativa y tu inteligencia para investigar nombres y datos de personas que te puedan ayudar a abrir la puerta grande.

Tipos de entrevista

Conviene saber que puedes enfrentarte a diversos tipos de entrevistas. Aquí te presento las telefónicas, de panel, emocionales y objetivas.

Entrevista telefónica

Algunas empresas filtran candidatos a través del teléfono; es decir, buscan detectar en una llamada si vale la pena entrevistar físicamente al candidato. Lo hacen para evitar pérdida de tiempo.

Por ejemplo, si una empresa busca un vendedor de artículos promocionales, el reclutador solicitará al candidato que le efectúe una venta virtual a través del teléfono para escuchar su tono de voz, medir su iniciativa, su capacidad de respuesta, su espontaneidad, etcétera. Ten esto en mente si aún piensas incluir el número de tu teléfono celular en tu currículum.

Entrevista de panel

La entrevista de panel es aquella en la que varias personas de la empresa entrevistan al mismo tiempo a un candidato. Es como una mesa redonda donde participan tres o cuatro personas de diversas áreas. La intención de llevar a cabo este tipo de entrevista es agilizar el proceso de selección del candidato, así como observar y evaluar todas sus fortalezas y debilidades en un solo momento según los distintos criterios.

Si se realizan en forma correcta, este tipo de entrevistas puede ser una de las herramientas más efectivas para evaluar la competitividad de un candidato, sobre todo porque las entrevistas tradicionales tienden a ser muy breves y superficiales, pues por lo general solo miden la *química* que surgió entre el reclutador y el candidato.

Entrevista emocional

Las entrevistas emocionales suelen estar a cargo de una persona del área de Recursos Humanos, lo cual significa que sus funciones no siempre tienen mucho que ver con las actividades que puedes realizar en la empresa. En este tipo de encuentros los reclutadores miden, analizan y evalúan tus emociones, carácter, actitud e imagen, forma de saludar, trato, apariencia personal, grado de comunicación, etcétera.

Entrevista objetiva

Este tipo de entrevista está a cargo de tu futuro jefe o de una persona relacionada con el área en la que podrías ocupar un puesto, por lo que se fijarán más en tus habilidades, experiencias, logros y capacidades: todo en función del puesto vacante. Es posible que también evalúen la parte emocional.

Si sigues todos los consejos de este capítulo, mejorarás tu imagen ante cualquier reclutador, con lo que te aseguro que incrementarás notablemente tus posibilidades para ser elegido como uno de los mejores candidatos y, en el mejor de los casos, ser contratado.

Cayetano recordó la desesperación y la inexperiencia con la que había comenzado a buscar empleo, lo cual lo orilló a presentarse a algunas entrevistas sin conocer ni la empresa ni su giro, como cuando acudió a Smurfit, Miditel, Pacific Wooten, Adecco, por mencionar algunas.

Ahora ya sabía cómo buscar empleo, así que continuó haciendo redes y, gracias a ellas, comenzó a recibir constantes avisos de vacantes.

Se acostumbró a averiguar todo acerca de cada empresa, y debido a ello impresionaba gratamente a los reclutadores, a tal grado que le llegaron varias ofertas. Ahora también sabía qué buscar.

Su búsqueda se tornó mucho más sencilla y divertida, lo cual contribuyó a que se mantuviera motivado y a que conservara la esperanza de recibir una oferta como la que él había soñado.

En esa época Cayetano empezó a recordar, día a día, lo que su abuela June le había escrito sobre el Manual de Mooney:

Léelo, aprende, aplica, difunde y transmite a las personas que están en tu situación actual todos los beneficios que encontrarás en él. Hazle a tu abuela ese favor.

Un día, sin haber reparado en ello, sintió la inquietud de iniciar su propio negocio.

"Pero usted dijo que la entrevista sería casual…".

CAPÍTULO 20

Programa de autoempleo o *self-employment*

¿ Sabías que más de 67% de las grandes ideas y los grandes negocios han sido concebidos por personas desempleadas?

Si te encuentras desempleado, otra opción viable es iniciar tu propio negocio. Muchas personas creen que para comenzar un negocio es preciso tener mucho dinero, pero no es así. De hecho, existen muchos negocios que se originaron sin realizar una inversión considerable.

Juan Carlos Medina, un estudiante de 23 años de la Universidad Nacional Autónoma de México, inició junto con su madre en 1989 un pequeño negocio de venta de tacos de canasta.

Juan Carlos posee casi 300 puntos de venta y cientos de empleados vendiendo tacos y refrescos. Sus ingresos netos son superiores a los 50 000 pesos... ¡Diarios!

Alguien me contó que se casó y se fue a vivir a San Diego, California. Parece que no le ha ido tan mal, ¿verdad?

Prueba para saber si eres emprendedor y capaz de iniciar tu propio negocio

Cuando perdemos nuestro empleo, es natural que nos surja cierta inquietud por iniciar un negocio propio. A veces dedicamos tanto tiempo a buscar trabajo, hacer llamadas telefónicas y asistir a entrevistas que, mientras estamos esperando frente al teléfono o haciendo antesala, se nos ocurren ideas y terminamos por cuestionarnos si es el momento adecuado para iniciar un negocio.

Muchas personas tratan de hacerlo, pero pocas logran dar el primer paso. Lo cierto es que no se trata de una tarea fácil. Mucha gente cree que iniciar un negocio es más sencillo que buscar empleo, pero no lo es, ya que requiere muchas cualidades que no todos tenemos.

Hoy existen herramientas tecnológicas que facilitan la labor de iniciar un negocio. Hay quienes con una computadora, un teléfono, una máquina contestadora y una dirección de correo electrónico han logrado iniciar grandes negocios. Pero tener los elementos tecnológicos no es suficiente, pues se necesita también la capacidad y la ambición para ser un empresario exitoso.

Estos son algunos factores clave para llegar a ser un gran empresario:

- tener motivación para lograr algo (no solo dinero)
- tener orientación hacia la acción y estar listo para progresar de inmediato
- un fuerte sentido de realidad. Pocas ilusiones para enfrentar errores
- control interno y confianza en uno mismo
- ser oportuno, capaz de detectar necesidades y cómo satisfacerlas
- sentir pasión por el éxito y amar el trabajo arduo
- tener perspectivas de largo plazo
- saber sobrellevar demoras y frustraciones
- ser persistente y tenaz, con determinación para terminar un trabajo
- estar dispuesto a aprender de los errores
- tener capacidad para resolver problemas y combinar el análisis con la intuición
- ser muy organizado

Prueba para saber si eres un gran empresario en ciernes:

1. Un empresario normalmente es:
   a. el hijo mayor de la familia
   b. el hijo menor de la familia
   c. el de en medio
   d. no importa

2. Los empresarios suelen ser:
   a. casados
   b. solteros
   c. viudos
   d. no importa

3. Por lo común los empresarios son:
   a. hombres
   b. mujeres
   c. no importa

4. ¿A qué edad inician las primeras actividades empresariales de una persona?
   a. entre los 20 y los 29 años
   b. entre los 30 y los 39 años
   c. entre los 40 y los 49 años
   d. a partir de los 50 años

5. ¿En qué etapa de la vida se hacen evidentes las tendencias empresariales de un individuo?
   a. entre los 20 y los 29 años
   b. entre los 30 y los 39 años
   c. entre los 40 y los 49 años
   d. a partir de los 50 años

6. ¿Qué estudios ha concluido un empresario antes de iniciar su primer negocio serio?:
   a. secundaria
   b. preparatoria
   c. licenciatura o bachillerato
   d. maestría
   e. doctorado

7. ¿Qué es lo primero que motiva a un empresario a iniciar un negocio?
   a. hacer dinero
   b. no trabajar para nadie más
   c. ser famoso
   d. desahogar energía no utilizada

8. ¿Quién(es) motiva(n) más el ego y la necesidad de iniciar un negocio?
   a. cónyuge
   b. madre
   c. padre
   d. hijos

9. Para tener éxito en un negocio propio se necesita en abundancia:
   a. dinero
   b. suerte
   c. trabajar duro
   d. buenas ideas

10. Un empresario exitoso depende del consejo gerencial de...
    a. su equipo interno gerencial
    b. profesionales externos
    c. fuentes informativas o financieras
    d. nadie

11. Los empresarios se desempeñan mejor como:
    a. gerentes
    b. capitalistas de riesgo (inversionistas)
    c. planeadores
    d. personas que prefieren hacer todo por sí mismas

12. A los empresarios les gusta tomar:
    a. grandes riesgos
    b. riesgos moderados (riesgos realistas)
    c. pocos riesgos
    d. no importa

13. El único ingrediente necesario y suficiente para iniciar un negocio es:
    a. dinero
    b. un cliente
    c. un producto
    d. una gran idea

Respuestas

Cuando evalúes tus respuestas no debes ser duro, pero tampoco subestimes la explicación que aquí te doy. Quizá ambos tengamos razón.

1. No hay duda acerca de esta respuesta. Muchos estudios independientes concuerdan en que los empresarios son los que mejor realizan y ejecutan objetivos, y que los primogénitos siempre superan retos mayores. Mientras que 40% de la población son primogénitos, entre 60 y 70% de los empresarios son primogénitos. Sin embargo, también es común que el más pequeño de la familia demuestre la misma capacidad.

2. Este es un tema complicado, ya que toda la información e interpretaciones difieren ampliamente. Mi propio análisis de 100 empresarios del Distrito Federal indica que la mayoría son casados. Sin embargo, la mayoría de los hombres, en esta ciudad, con edades entre 20 y 30 años, son casados. Este dato por sí solo no parece ser concluyente. No obstante, es notorio que los grandes empresarios suelan tener esposas excepcionales que les brindan mucho apoyo, cariño y estabilidad, lo cual les permite manejar el estrés causado por el trabajo. En los matrimonios donde no existe este apoyo hay una tendencia mayor al divorcio. Los empresarios sin éxito tienen las tasas de divorcio más altas; una esposa que brinda apoyo incrementa notablemente las probabilidades de éxito de un empresario.

3. Casi todos los que responden esta prueba han acertado en esta pregunta. Los empresarios suelen ser hombres. Las mujeres progresan mucho más como directoras de corporaciones que iniciando sus propios negocios, lo cual, sin embargo, está cambiando. Algunos datos recientes muestran que el porcentaje de mujeres empresarias es cada día mayor.

4. Es claro que los empresarios son cada día más jóvenes. Los estudios realizados en la década de 1950 demuestran que la mayoría de los empresarios tenían entre 38 y 42 años de edad. En la década de 1960 este promedio se redujo al rango de 35 a 40 años, y en la siguiente década disminuyó aún más al rango de 30 a 35 años. Ahora suele

verse que más gente inicia su primer negocio a la edad promedio de 20 años.

5. Las tendencias empresariales suelen aparecer desde edades tempranas. Muchos jóvenes tienden a iniciar pequeños negocios antes de los 16 años.

6. Esta pregunta provoca controversia, aunque muchos consultores concuerdan con mi conclusión. Una maestría siembra la inquietud en la mayoría de los empresarios que deciden iniciar negocios. Algunos estudios realizados en la década de 1950 indican que la mayoría de los empresarios no terminaron sus carreras, pero una generación más tarde esas mediciones indicaron que la mayoría de los empresarios tenían carreras o licenciaturas terminadas. No obstante, muy pocos empresarios tienen tiempo suficiente para regresar a la academia a estudiar un doctorado.

7. Los empresarios son espíritus libres e independientes que suelen tener dificultades para trabajar para otros. Muy pocas veces los empresarios abandonan un trabajo seguro solo para obtener más dinero; en realidad, ven el dinero como un producto derivado de sus esfuerzos para lograr objetivos que consideran más importantes. La fama casi nunca es un motivo, ni tampoco la necesidad de desahogar la energía que no utilizan. Los empresarios siempre están más preocupados por usar su tiempo productivamente.

8. Las relaciones de los hombres con sus padres son cruciales. Las madres y los padres son las influencias predominantes en la personalidad de un individuo. Los cónyuges e hijos llegan muy tarde para afectar rasgos de la personalidad básica. Los hijos tienden a competir con los padres, por lo que muchos empresarios son hijos de grandes empresarios. La aprobación de los padres se mantiene como una fuerza motivacional toda la vida.

9. Seguramente, contestaste mal esta pregunta. La respuesta es *suerte*. El dinero por sí solo no es suficiente. Trabajar duro y con buenas ideas es de mucha ayuda, pero algunas ideas nunca se llevan a cabo. La suerte –que es producto de la oportunidad– es diferente y siempre compensa de manera significativa otras debilidades.

10. La respuesta más evidente a esta pregunta es que son los profesionales o consultores externos. En mi opinión, todas las compañías exito-

sas han usado consultores externos en algún momento, lo que no hacen las instituciones sin éxito. No obstante, rara vez los empresarios se apoyan en su equipo gerencial para tomar decisiones sobre políticas de la empresa, ya que estos tienen sus propios intereses o suelen estar siempre de acuerdo con el jefe. Los consultores financieros suelen ser muy conservadores y poseen poco sentido para el manejo de negocios.

11. Los empresarios que inician un negocio prefieren hacer todo por sí mismos, pues lo hacen mejor y más rápido que cualquiera, aunque también toman decisiones muy atinadas para delegar responsabilidades. No obstante, rara vez son efectivos como inversionistas, pues prefieren explotar un nicho de mercado o una nueva tecnología a manejar solo dinero y especular con las tendencias financieras.

12. Contrario a lo que piensa la mayoría de la gente, a los empresarios no les gusta tomar decisiones que impliquen alto riesgo; más bien prefieren asumir riesgos moderados. Los empresarios exitosos se forjan metas reales que pueden alcanzar, ya que son conscientes de las consecuencias del fracaso. Esta característica se manifiesta especialmente en el caso de los grandes empresarios, pero también es propia de los empresarios sin éxito. Los empresarios apuestan a los deportes cuando ellos son parte del juego, no cuando solo son espectadores.

13. Un negocio empieza con los pedidos, los cuales provienen de los clientes. Todos los negocios giran alrededor de los clientes y cobran vida cuando alguien ofrece pagar por lo que el negocio produce. Nadie sustenta un negocio solo por tener una idea interesante. Un negocio no lo es hasta que alguien compra tu producto, y quien diga otra cosa miente. Por no tener clientes, nueve de cada 10 negocios nuevos fracasan.

Si después de leer las respuestas del cuestionario crees estar hecho para ser empresario, lo que sigue a continuación te interesará.

Inicia tu propio negocio

"Otra opción sería poner mi propio negocio", es la clásica frase de una persona que ha buscado un mejor empleo y no lo ha encontrado. Lo cierto es que aunque mucha gente contempla la opción de crear su propio negocio, la mayoría siempre opta por continuar la búsqueda de empleo.

Esto ocurre al menos por uno de los siguientes motivos:

- porque no logran proponer, generar, idear algo interesante que valga la pena
- porque parece más seguro no correr riesgos, por falta de iniciativa y por miedo a fracasar (incluso cuando ese éxito dependa en buena parte del esfuerzo que se dedique a lograrlo)
- por la costumbre de obtener seguridad trabajando para una empresa y no para sí mismo

¿Conoces a alguien que se haya hecho millonario trabajando como empleado de una empresa? No, ¿verdad? Todos sabemos que los millonarios lograron lo que tienen gracias a sus ideas y a sus propias empresas.

Iniciar un negocio siempre será satisfactorio. Sin importar cuál sea el resultado final, la experiencia siempre resultará gratificante y allanará el camino hacia mejores oportunidades, amén de que brinda muchos conocimientos. Dice un dicho que "lo difícil es empezar", y es muy cierto. Pero hay cosas que es necesario realizar antes de comenzar cualquier negocio, como llevar a cabo una profunda planeación y análisis del mercado, lo cual incrementa las posibilidades de tener éxito.

A continuación conocerás algunos aspectos básicos que debes considerar antes de iniciar tu propio negocio, sin importar cuál sea tu situación laboral. Para averiguar si este es el momento ideal para iniciar tu propio negocio, debes hacerte antes las siguientes preguntas:

1. ¿Qué tipo de negocio me conviene?
2. ¿Dónde obtengo dinero para iniciar mi negocio?
3. ¿Cómo se elabora un plan de negocios?

1. ¿Qué tipo de negocio me conviene?

Antes que nada, debes tomar unos días para pensar en el negocio que te gustaría iniciar, sea uno en el que tu familia tenga experiencia u otro totalmente nuevo. Si te interesa lo segundo, tendrás que llevar a cabo una investigación de mercado para decidir si te conviene iniciarlo; por ejemplo, debes averiguar si ya existe un negocio similar, cuánta competencia tendrías o si hay demanda para ese negocio, producto o servicio.

Las dos formas de establecer negocios son la intermediación y la producción, sea de servicios o de productos.

Las opciones son demasiadas. En el campo de la intermediación, se pueden comprar y vender alimentos (por ejemplo, mariscos), papel, autos usados, etcétera. En el caso de la producción, es posible crear o inventar un producto o servicio nuevo; diseñar, producir y vender juguetes o ropa; abrir un restaurante o un bar; crear un servicio de consultoría, entre otras tantas opciones.

Cualquiera de las dos formas de negocios mencionadas es en verdad interesante, pero dependerá totalmente de ti y de tu situación determinar cuál es el negocio ideal. Recuerda que si el trabajo nos hace felices, ello habitualmente redunda en dinero.

Una vez que decidas el giro de tu nuevo negocio, deberás pensar en un nombre para este. Aquí te recomiendo que consideres lo siguiente:

- Utiliza un nombre que identifique claramente lo que harás
- Procura que dicho nombre enfatice tu negocio entre la competencia
- Utiliza un nombre que sea fácil de recordar
- Piensa en un nombre que no sea ni muy corto ni muy largo
- Busca un nombre que sea fácil de escribir y pronunciar

2. ¿Dónde obtengo dinero para establecer mi negocio?

Es importante poseer capital para iniciar un negocio, cualquiera que sea su tamaño. La compra o renta de oficinas, equipo y papelería, la contratación de algunos empleados y los gastos indirectos (el servicio de luz y el servicio telefónico) cuestan dinero. Investiga qué necesitas para poner en práctica tu idea y elabora un diagrama de flujo sencillo para saber cuánto dinero necesitas para arrancar.

En el momento de iniciar un negocio puedes usar el dinero de tu liquidación, ocupar tus ahorros, vender tu coche o alguna propiedad, solicitar un préstamo a tu antigua empresa o a algún familiar. Pese a ello, déjame señalarte que para iniciar un negocio no necesitas hacer un gran gasto o una enorme inversión.

Otra opción para conseguir el capital es solicitar un préstamo a un inversionista o a un banco, o podrías obtenerlo si te asocias con algún amigo.

Si constituyes una sociedad con amigos, te recomiendo nunca formarla en partes iguales (en cuanto a participación accionaria), ya que está comprobado que estas nunca funcionan y siempre crean problemas.

3. ¿Cómo se elabora un plan de negocios?

Elaborar un plan de negocios (o *business plan*, como se llama en inglés, aunque el barbarismo en México es bastante socorrido) es fundamental para iniciar una empresa. Todo debe estar por escrito: la misión, el objetivo, las bases del negocio y los planes o proyectos. El primer uso que puedes darle es comparar lo planeado con los resultados, y el segundo –más importante– es mostrar tus planes cuando buscas socios o inversionistas. En este último caso, el plan de negocios te ayudará a conseguir los recursos que necesitas para iniciar o mantener en pie tu empresa.

A continuación te explicaré superficialmente los temas y conceptos que debes incluir en un BP (*business plan*) para que, una vez que elabores el tuyo, proyecte seriedad y profesionalismo cuando lo presentes a algún posible socio o inversionista. Recuerda que cuanto más clara, sencilla y veraz sea la información, más fácil será atraer el interés de aquellos. Las secciones de un plan de negocios son:

Carta de presentación

Esta carta consta de una sola página y debe estar escrita en forma personalizada para cada inversionista o socio a quien la presentes. En ella también

debes informar el motivo por el cual envías este documento, cómo te enteraste de que esa persona podría tener interés en ayudarte, quién te recomendó o cómo te puede ayudar.

Acuerdo de confidencialidad

Sirve para proteger tu idea y toda la información contenida en tu plan de negocios. Quien lea el documento debe firmar el acuerdo de confidencialidad, pues este se compromete a no divulgar, copiar o transmitir la información contenida en el plan.

Datos generales

- descripción del negocio
- definición de la situación presente del negocio o de la etapa en que se encuentra
- quiénes están involucrados
- otros planes iniciales, etcétera

Análisis del mercado

- definición del mercado
- análisis de la industria
- segmentos del mercado
- fuerzas, debilidades, amenazas y oportunidades
- perfil de los clientes potenciales
- competencia
- riesgos

Plan de *marketing*

- definición de productos o servicios
- estrategias de ventas
- canales de distribución
- posicionamiento
- precios y márgenes de ganancias
- descuentos e intercambios

- métodos de ventas actuales y a futuro
- publicidad y promoción
- presupuestos
- campañas de publicidad
- alianzas estratégicas

Plan financiero

- suposiciones de ventas
- estados financieros (actuales o proforma)
- relaciones analíticas (de ingresos y gastos)
- proyecciones
- año 1
- años 1-3
- años 1-5
- requerimientos de capital
- flujo de caja
- uso de los fondos
- TIR O ROI (*return on investment* 'retorno sobre inversión')

Si pretendes tener socios, exprésales claramente y por escrito si serán socios pasivos o activos. Si serán activos, elabora un convenio en el que se pacte que quien trabaje más obtendrá mayores ganancias, o bien que quien más trabaje recibirá más acciones (o las perderá, en caso contrario). Quizá no te ocurra, y espero que nunca, pero a veces hay negocios en los que alguien pone todo su empeño y los socios no, lo cual suele generar problemas entre las partes. Los despachos de abogados funcionan en forma similar a la que he descrito.

Pasos para abrir un negocio

Constitución

El registro del nombre del negocio dependerá del tipo de marco jurídico que le quieras dar. Si te constituyes como una **persona física** con actividades empresariales o como pequeño contribuyente, puedes elegir inscribir un nombre ficticio. Esta inscripción se efectúa en el Instituto Mexicano de la Protección Industrial (IMPI). En dicho instituto te informarán si ese nombre ya está registrado o si está disponible.

Si optas por constituirte como **persona moral**, deberás solicitar a un notario público que realice un trámite denominado Constitución de Sociedades.

Una vez que obtengas la autorización para usar un nombre, el notario público tendrá que elaborar la escritura constitutiva de la empresa. En este documento se detallarán las funciones del negocio, los socios y sus responsabilidades.

Registro Federal de Contribuyentes (RFC)

Una vez que tengas tu acta constitutiva, deberás presentar una copia de esta y otros documentos, como un comprobante de domicilio, identificación, etcétera, en alguna oficina de la SHCP. Para mayor información consulta la página www.sat.gob.mx.

Registro empresarial ante el IMSS

Luego de recibir tu cédula de RFC, debes registrar a todos tus empleados en el IMSS; el trámite es gratuito. Para mayor información, consulta la página www.imss.gob.mx.

Padrón de impuesto sobre nómina

Este trámite también es gratuito y se realiza en la Subtesorería de Administración Tributaria. Para mayor información, consulta la página de finanzas de tu Gobierno local.

Inscripción ante el SIEM

El Sistema de Información Empresarial Mexicano es un registro obligatorio para todas las empresas. Para mayor información consulta la página www.siem.gob.mx.

Ser tu propio jefe no es fácil y requiere mucho trabajo y dedicación. Espero que esta información te ayude y te incite a iniciar tu propio negocio. No importa si quieres abrir un puesto de tortas o una gran empresa: ¡nunca es tarde para dar el primer paso! Recuerda, sin embargo, que el éxito de tu negocio dependerá por completo de tu creatividad, iniciativa y esfuerzo.

Franquicias

Los años 2010 y 2011 estuvieron marcados por retos y tropiezos, sobre todo a causa de las dificultades económicas que enfrentó México (su relación con los problemas internacionales es obvia). No obstante, durante esos años también se consolidó el modelo empresarial de las franquicias como uno de los vehículos más seguros y rentables de inversión.

Las franquicias han mostrado ser la fórmula de negocios que presenta la mayor resistencia a los movimientos del mercado, lo cual las convierte en una de las mejores oportunidades de inversión.

Si tú estás buscando dónde y cómo invertir tu liquidación o tus ahorros para forjar tu patrimonio, quizá te convenga analizar la posibilidad de adquirir una franquicia, cuya abundante existencia vale la pena tomar en cuenta.

Además, considera que México necesita más y mejores empresarios, gente como tú que tiene la inquietud de producir, generar riqueza y crear empleos.

Una de las ventajas principales de las franquicias es que no requieren grandes cantidades de inversión, aunque –por supuesto– es necesario disponer de un capital significativo. Las cuotas de las franquicias oscilan entre 50 000 y un millón de pesos, en tanto que los montos de inversión inicial varían entre 150 000 y 15 millones de pesos.

A continuación presento algunas de las franquicias más reconocidas:

Franquicia	Cuota de franquicia (pesos)	Cuota de regalías % x Operación, % x Publicidad	Monto inversión inicial (pesos)
Tony Roma´s	1 000 000	6%, 1.25%	10 000 000
Burger King	450 000	5% regalías	10 000 000
KFC	360 000	6% regalías	5 000 000
Pizza Hut	360 000	6% regalías	2 700 000
Pizza Papa Jones	250 000	6.5%, 4%	2 000 000
Sushi Itto	200 000	5%, 2%	2 000 000
Subway	50 000	11.5% regalías	720 000
Copicentro Xerox	300 000	6% regalías	450 000
Taco Inn	125 000	5%, 2%.	350 000
Devlyn	50 000	7%, 5%.	450 000
Tortas Hipocampo	50 000	2% regalías	50 000

No te desanimes viendo estas cifras. Recuerda que también puedes reunir a varios inversionistas y arrancar una franquicia sin que eso implique un costo para ti. Elabora tu plan de negocios, véndete bien y convéncelos.

Estos son algunos datos importantes para conseguir información sobre franquicias y ferias de franquicias:

www.fif.com.mx
miriam@grupomfv.com

Asociación Mexicana de Franquicias:
www.franquiciasdemexico.org

Asesoría para poner una franquicia:

Gallastegui Armella Franquicias:
www.gallasteguifranquicias.com.mx

Alcázar, Arandy, Tormo & Asociados:
www.alcazar.com.mx

Sitios relacionados con franquicias:

www.franquicialo.com
www.franquicias.com
www.franquiciashoy.com (internacional)
www.tormo.com (España)

Y por último, pero muy importante, visita www.frachisedirect.com. Es el mayor sitio de franquicias en Estado Unidos. ¡¡¡Está sensacional!!

CAPÍTULO 21

Estudiantes y universitarios: el primer empleo

E s común que en los últimos semestres de tus estudios profesionales (o incluso desde antes) te surja la necesidad de buscar empleo. He aquí las razones más comunes:

1. Muchos de tus compañeros trabajan y tú también quieres intentarlo.
2. Ya tienes 20 años o un poco más y sientes que es tiempo de comenzar a trabajar.
3. Tu padre o tu pareja te exige que lo hagas.
4. Tu familia ya no puede sostenerte o ya no quiere darte más dinero.

Si tú vives en alguna de estas situaciones, a continuación te daré algunos consejos para que logres encontrar tu primer trabajo.

Si aún eres estudiante de educación media superior, primero te haré algunas sugerencias para elegir carrera. Si eres estudiante de educación superior, puedes saltar de una vez a la sección de sugerencias específicas para conseguir tu primer empleo.

Algunos consejos para elegir una carrera. Ahora los padres son más comprensivos y *abiertos* que antes y quizá no te exigieron estudiar una carrera en particular. ¿Te suenan conocidas algunas de estas frases?

- ¿Qué quieres estudiar?
- ¿Qué te gustaría ser de grande?
- Estudia lo que más te guste. Yo te apoyo.

Una encuesta informal que hace poco realicé en un restaurante de la Ciudad de México a más de 40 profesionistas me ratificó lo que ya suponía. Calculo que más de 80% de los estudiantes que terminaron una carrera descubren que no les gustó y que hubieran preferido estudiar algo distinto.

El problema reside principalmente en que cuando un estudiante concluye su educación media superior, tiene en promedio 18 años de edad, es decir, apenas está saliendo de la adolescencia. Y precisamente en ese momento debe tomar una decisión tan relevante que definirá toda su trayectoria laboral y personal. En la mayoría de los casos no tiene otra opción que pedir consejo a sus amigos o arriesgarse a ver qué le depara la suerte.

Creo que si los padres se involucraran más en la decisión vocacional de sus hijos, el porcentaje de personas disconformes sería más bien bajo. Los adultos tienen una visión mayor y su experiencia en el campo laboral podría contribuir a que sus hijos eligieran una carrera que sea solicitada y bien remunerada.

Si eres padre de familia, trata de apoyar a tus hijos para que tomen una decisión bien fundamentada y que a la vez sea adecuada. Si eres joven, te sugiero que pidas consejos a tus padres y hagas caso de ellos. Además, si sigues leyendo, encontrarás –como ya mencioné anteriormente– algunas sugerencias para identificar qué te gustaría hacer cuando seas adulto, o decidir en qué carreras resulta conveniente invertir cuatro o cinco años de tu vida. Trata de cumplir con la mayoría de estas directrices:

1. Nunca inicies una carrera inmediatamente después de terminar la preparatoria.
2. En la medida de tus posibilidades, viaja para pensar detenidamente tus opciones y posibilidades.
3. Asesórate con tu familia o con consultores especialistas. (En las escuelas de nivel medio-superior suele haber orientadores vocacionales... ¡Búscalos!).
4. Analiza *muy bien* el mercado laboral: qué empresas te llaman la atención, cuáles son los puestos y las profesiones con mayor demanda, así

como las tendencias mundiales en el desarrollo de diferentes industrias.

5. Inscríbete en varios cursos relacionados con lo que crees que te gustaría estudiar, para tomar una decisión mejor sustentada.

Si aplicas estas recomendaciones, tu objetivo laboral será más claro y no acabarás tu carrera con dudas ni buscarás cualquier empleo que se te cruce por el camino.

Ahora bien, si ya terminaste la carrera y te pasó lo que en algún momento me ocurrió a mí, déjame darte algunas recomendaciones para que no pierdas el tiempo.

Consejos para encontrar tu primer empleo. Una vez que hayas terminado tus estudios o tengas la convicción de empezar a trabajar, primero debes analizar tu situación:

- ¿Me gusta lo que estudié?
- ¿Quiero trabajar en algo relacionado con lo que estudié?

Si tus respuestas son afirmativas, debes buscar el empleo *target* (véase capítulo 5). Si tus respuestas son negativas, debes preguntarte qué te gustaría hacer. La mayoría de los estudiantes que salen de la universidad tratan de hacer que su primer empleo esté relacionado con lo que estudiaron y no con un objetivo que tengan en mente. La mayoría de las personas buscan un empleo relacionado con su carrera porque suponen que deben hacerlo. Sin embargo, conviene tener presente que

- cualquier estudiante de contabilidad puede trabajar en un jardín de niños
- cualquier abogado puede poner una tienda de ropa
- cualquier comunicólogo puede ser agente de seguros
- cualquier arquitecto puede manejar una distribuidora
- cualquier doctor puede vender bienes raíces
- cualquier ingeniero puede ser futbolista
- cualquier administrador puede escribir un libro

Estas situaciones ocurren, de hecho, porque los vaivenes de la economía (y de la vida) nos obligan a seguir un camino distinto al de nuestra profesión. Los senderos del campo laboral son inescrutables, y los de la vida aún más.

Ahora pregúntate:

- ¿Qué te gusta hacer?
- ¿Qué te gustaría hacer para ganarte la vida?
- ¿Te gustaría trabajar en algo relacionado con tus estudios o prefieres hacer algo totalmente distinto?

Aunque es tu decisión, debes decidirte ya. No hay tiempo que perder. Tu felicidad reside en que trabajes en lo que te gusta y te genere satisfacciones, no en conseguir un empleo cuya única ventaja sea un buen sueldo. Muchas personas ganan enormes cantidades de dinero pero son infelices. ¿Por qué? Porque se desarrollan en algo que no les apasiona o porque trabajan demasiado y no tienen tiempo para sí mismos ni para estar con su familia.

Todos creemos que el dinero trae la felicidad, pero el secreto del éxito radica en cumplir felizmente un trabajo que, además, nos genere dinero. Si lo logras, tu felicidad ganará por sí misma montones de dinero. Si haces lo que te apasiona, hay mayores probabilidades de enriquecerte; pero si trabajas por dinero, es menos probable que logres la felicidad.

Cómo hacer un CV si nunca has trabajado. Esta es una muy buena cuestión y constituye hasta cierto punto un problema o, mejor dicho, un pseudoproblema. Una vez que decidas tus objetivos profesionales, el paso siguiente es conseguir las herramientas que te ayudarán a obtener tu primer empleo. La primera de ellas es tu currículum, como ya vimos en capítulos anteriores. ¿Pero cómo hacerlo si nunca has trabajado antes? Muy fácil.

A continuación presento un ejemplo práctico. Supongamos que eres contador o administrador y nunca has vendido nada pero te apasionan las ventas. En ese caso, podrías escribir de la siguiente manera el encabezado de tu CV:

EJECUTIVO DE VENTAS

A continuación, en la sección concerniente al objetivo, puedes escribir:

Objetivo: Recién egresado. Estoy convencido de que puedo vender cualquier producto o servicio que sea interesante, aportando mi pasión por las ventas.

Puesto que no tienes experiencia laboral, debes elaborar un **currículum funcional** (véase capítulo 6). Después de tus datos generales y tus estudios, debes escribir habilidades como las siguientes:

- Excelente negociador.
- Poder de convencimiento mediante comunicaciones telefónicas.
- Me encantan los retos y busco nuevos clientes. [*¡Esto demuestra iniciativa!*].
- Buena comunicación verbal en público.
- Poseo una buena cartera de clientes potenciales. [Pensando en tus familiares y amigos].
- Puedo elaborar presentaciones escritas.

Otras recomendaciones para iniciar la búsqueda de tu primer empleo:

1. Trata de emplearte en compañías ubicadas lo más cerca posible de tu casa o de la universidad. Te ayudará a no descuidar tus estudios y a no perder el contacto con tus amigos.
2. Asegúrate de que tu primer empleo esté relacionado completamente con lo que te gusta.
3. Busca empleos temporales, trata de ser becario o *trainee* de alguna empresa. Estos puestos te ayudarán a descubrir si estás en el camino correcto y tendrás más tiempo no solo para concluir tus estudios mientras ganas suficiente dinero, sino también para frecuentar a tus amigos.
4. Cambia de empleo si no te gusta lo que este demanda de tu parte.
5. Visita la bolsa de trabajo de tu universidad.
6. Pide a tus maestros que te asesoren o te contraten.

7. Lee los periódicos.

8. Omite tu edad en tu CV si tienes menos de 22 años.

9. Continúa capacitándote. Eso te dará acceso a más oportunidades.

10. Estudia una maestría, especialidad, diplomados, cursos, etcétera.

Después de leer este apartado del Manual de Mooney, Cayetano quedó per-plejo y dubitativo. "Hoy me doy cuenta —pensó, mientras Abigaíl trabajaba y él se encontraba solo— de que siempre fui una persona creativa, que siempre me gus-tó la informática, la computación y el diseño gráfico y de que me hubiera gustado ser director de programación y proyectos. Sin embargo, estudié Administración y lo hice tan solo porque entonces no sabía qué me gustaba ni qué prefería, mucho menos para qué profesión tenía habilidades. Así que fue más fácil decir, simple y llanamente: '¡Voy a estudiar administración!' ".

CAPÍTULO 22

Sin trabajo a los 50

Guía para seguir adelante si tienes entre 50 y 75 años de edad

Es una pesadilla: tienes 50 años de edad y repentinamente te corren de tu trabajo. No lo esperabas. Tu jefe te pide visitar su oficina el viernes por la mañana para comunicarte que tu división se reducirá a la mitad y te despide, así nomás. Y ahora, ¿qué?

Primero, respira profundo. Toma las cosas con calma y descansa un par de días. Esto es una recomendación de médicos y consultores en reubicación laboral, tanto en México como en el mundo.

Después, toma un momento para meditar. Lo que te está ocurriendo a ti le ha pasado también a millones de trabajadores de 50 o más años. El desempleo, en estas condiciones, puede ser la pauta que marque la transición a otra profesión; además, los trabajadores que son despedidos experimentan las mismas sensaciones negativas que una persona que ha perdido a un familiar: sufren un choque nervioso, se niegan a aceptar su situación, sienten miedo, angustia y depresión, aunque al final se resignan. Una forma de manejar estas emociones, como sucedería en el caso de la muerte de un ser querido, es buscar el apoyo de la familia.

Una vez aceptada la situación (con resignación), es importante comprender que no hay ningún remedio para resolver el problema de inmediato. A esa edad muchas personas se apresuran a retornar de nuevo al mercado laboral, pero hacerlo, aunque logren una contratación rápida, es un grave error que puede terminar en inestabilidad y pérdida de tiempo.

Hay que enfrentar un día a la vez y comprender que buscar trabajo después de los 50 es como llevar a cabo una campaña electoral. (Uno se arriesga a todo).

Otro grave error de las personas que perdieron su empleo es elaborar su currículum rápidamente y enviarlo a muchos amigos o llamar a todas las personas que les sea posible para conseguir un nuevo trabajo. (Aunque ocurre a cualquier edad, es más frecuente entre las personas de mayor edad. Generalmente, en ellas la desesperación es mayor).

Mantén hábitos similares a los que tenías cuando trabajabas. Debes despertarte temprano; no para pintar la casa o realizar labores domésticas, sino para buscar detenidamente un empleo. Procura dedicar a esta actividad cinco horas diarias. Recuerda que no es una mala idea buscar la ayuda de un profesional en la materia para poder tomar decisiones correctas.

La solución en este caso es realizar una búsqueda bien planeada y estructurada, ya que en esta etapa de la vida es mejor no equivocarse. Los expertos recomiendan emprender una serie de pequeños pasos prácticos que te auxiliarán o encaminarán para conseguir un nuevo empleo.

Este es el proceso a seguir:

1. **Procura trabajar con algún familiar temporalmente** para tener algunos ingresos.
2. **Investiga y analiza con detenimiento el mercado** y sus tendencias. Utiliza todas las herramientas disponibles, incluso internet.
3. **Escribe un currículum preliminar** que exprese parte de tu experiencia. Omite la edad en tu CV para que no sea la causa de que no te llamen.
4. **Analiza tus finanzas** y obligaciones financieras. Si crees que el dinero no te alcanzará para sobrellevar el período de búsqueda de empleo, vende, renta o hipoteca alguna propiedad.
5. **Platica la situación con tu familia** de manera honesta, y no omitas detalles.
6. **Imprime tu papelería personal.**
7. **Utiliza todas las relaciones que has generado a través de los años.** Comunícate con todos tus amigos y con los amigos de tus amigos.

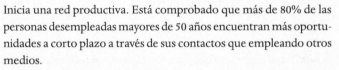

Inicia una red productiva. Está comprobado que más de 80% de las personas desempleadas mayores de 50 años encuentran más oportunidades a corto plazo a través de sus contactos que empleando otros medios.

8. **Inicia un negocio (cuanto antes, mejor).** Analiza el mercado y decide qué negocio podría convenirte. Ofrece consultoría, compra una franquicia o inventa un producto o servicio que, de acuerdo con tu experiencia, pueda tener demanda en el mercado. Si es preciso, contrata ayuda.

Muchas personas que son despedidas luego de trabajar 20 años en una compañía, no reflexionan ni aceptan que tienen mucha vida por delante, así como el tiempo suficiente para iniciar un nuevo proyecto. Peor aún: al menospreciar su experiencia, olvidan que es posible aplicar todo lo que saben y que reuniéndose con algunos de sus conocidos podrían poner un negocio en pocas semanas.

9. **Haz cualquier cosa para evitar caer en la desesperación.** Comienza cuanto antes tu campaña personal, planea los tiempos necesarios y tus movimientos.

Un refrán reza así: "Cuando una puerta se cierra, siempre se abre una ventana". Encontrar un empleo o poner un negocio quizá te cueste trabajo y una dosis extra de paciencia, pero algún día, no importa si son semanas o meses, lograrás nuevamente el éxito.

Mujer, nunca es tarde

Hasta hace muy poco tiempo, la vida de las mujeres se limitaba al hogar y a la educación de los hijos. En la década de 1950, apenas un 10% de las mujeres de todo el mundo trabajaba y aún menos podía votar. Increíble ¿no? ¡Hoy esto ha cambiado drásticamente!

Las mujeres han demostrado que saben trabajar y en muchos casos mejor que los hombres. Además de sobresalir en la toma de decisiones corporativas, ellas han alumbrado con su forma de comprometerse en el trabajo y con la manera en que se organizan para atender el hogar.

Sin embargo, muchas empresas mexicanas aún no comprenden esto y siguen reclutando más hombres que mujeres.

Un estudio efectuado por la American Business Women's Association (ABWA) a 100 empresas en el mundo indica que la rotación de mujeres en una empresa es 40% menor que la de los hombres. Este estudio menciona también que en 65% de los casos comparados la actitud, el compromiso, la lealtad, la honestidad y la creatividad de las mujeres supera a la de los hombres.

Hay empresas que prefieren no contratar mujeres casadas debido a que los horarios que ellas solicitan no se ajustan a los suyos. Afortunadamente hoy en día los horarios están dejando de ser un factor de contratación, sobre todo gracias a los avances tecnológicos, como el internet.

De tal manera que si tú eres mujer, debes saber que hoy en día tienes la misma oportunidad de competir por un puesto y un salario. Y si el horario en el que atiendes a tu familia ha sido tu principal reparo para buscar un empleo permanente, déjame decirte que trabajar es vital para tu desarrollo y para contribuir al bienestar de la sociedad.

Mi recomendación: ¡anímate a buscar empleo o a fundar una empresa!, así ayudarás también a seguir convenciendo a las personas y las empresas a ser cada vez más flexibles con el horario y los beneficios para todas las mujeres, sean casadas, con hijos o solteras.

Toma en cuenta que han quedado atrás los tiempos en que una mujer se casaba para dedicarse toda la vida al hogar. Al igual que en el resto del mundo, en México las cifras de divorcio aumentan significativamente cada año. Por darte un ejemplo: en los ochenta, había un 25% de divorcios en nuestro país; hoy en día este porcentaje asciende a más de 45%. También la cantidad de mujeres que están teniendo hijos sin casarse ha aumentado y la necesidad de que en la pareja ambos trabajen para lograr mantener los mismos niveles de ingresos de años anteriores es cada vez mayor. Todo esto ha obligado a que más mujeres se integren al mercado laboral y las empresas conozcan más de cerca la manera en que las mujeres maduras trabajan.

Existen muchísimas mujeres en México mayores de 50 años que al haber laborado poco o tal vez nunca, mantienen la idea que trabajar no es una opción viable a su edad.

Qué hacer si has estado inactiva durante mucho tiempo

Si tú has estado sin empleo o sin trabajar durante algún tiempo te sugiero hacer como primer paso algunos cambios sutiles a tu CV:

- Elimina las fechas de tus empleos anteriores.
- Omite tu edad del CV, salvo que tengas entre 20 y 35 años, que es el parámetro más buscado por los reclutadores.
- Si nunca has trabajado deberás hacer un CV funcional, es decir, enfocado únicamente a tus habilidades y no a tus logros anteriores. Busca cómo hacerlo en el capítulo 6 (pp. 46-47).

Una vez que hayas elaborado un currículum funcional debes enviarlo a tus contactos más cercanos y subirlo a los principales sitios de internet. Para iniciar tu red de contactos, solicita la ayuda de algún familiar cercano para empezar a reunirte con algunos amigos dueños de empresas.

Por otro lado, una habilidad muy necesaria es el manejo de la PC, específicamente Microsoft Office: Word, PowerPoint y Excel, así que si has dejado de usarlos por mucho tiempo o no los conoces, es fundamental que tomes un curso. También puedes consultar el libro *Office for Dummies,*[1] ya que el manejo de esos programas es una habilidad que todas las empresas te pedirán.

Cómo empezar la preparación de tus entrevistas

Como preparación indispensable a la etapa de entrevistas, te aconsejo que tomes un curso o leas algunos libros relacionados con el puesto que estás buscando. Anota lo más relevante de tu aprendizaje y úsalo para responder el cuestionario de entrenamiento a candidatos para entrevistas ejecutivas (véase cap. 19, pp. 169-171).

---

[1] En español está disponible el libro de Colin Banfield y John Walkenbach, *Microsoft Excel 2010 para Dummies,* México, 2011.

También es importante que te familiarices con la terminología del puesto de trabajo al que aspiras, así que es recomendable que ingreses a los sitios de las empresas relacionadas con tus intereses, para que te formes una idea precisa de su campo de acción.

Una excelente opción, que siempre recomiendo a mujeres que nunca hayan trabajado, es que busques a un amigo o familiar dueño de una empresa y le ofrezcas trabajar como voluntaria durante algunas semanas. Esto te ayudará a adquirir un poco de experiencia, que podrás reflejar en tu CV, y te facilitará la obtención de más entrevistas. Además, te dará desenvoltura y aumentará la seguridad en ti misma.

Los reclutadores a veces entienden que una mujer haya estado inactiva por haberse dedicado a cuidar de su hogar o a sus hijos; sin embargo, precisamente por ello pondrán más atención en tu capacidad y tu actitud en la entrevista, por lo que debes estar preparada para contestar fluidamente.

La gente grande trabaja

El Instituto Nacional de las Personas Adultas Mayores (Inapam) es el órgano rector de las políticas públicas de atención a las personas de 60 años o más.

Sus actividades están enfocadas al desarrollo humano integral de los adultos mayores, a quienes protege, atiende, ayuda y orienta. Además, fomenta la creación de opciones de empleo u ocupación, ofrece asistencia médica y jurídica, así como las oportunidades necesarias para que los adultos mayores alcancen mejores niveles de bienestar.

En cuanto a empleos interesantes, el Inapam mantiene una comunicación permanente con numerosas empresas que ofrecen trabajo a adultos mayores de 60 años, de acuerdo con sus características y necesidades, a través del programa Empleo para Adultos Mayores, el cual cuenta con una bolsa de trabajo especializada.

Para mayor información acude a la coordinación de programas de apoyo del Inapam. Busca información en internet: www.inapam.gob.mx.

Luego de reparar en las dificultades que enfrentó para elegir una carrera cuando era joven, Cayetano se sintió abrumado al pensar lo que podría sucederle si, pasados los 50, se encontrara desempleado. Sobrecogido, se acomodó en una pequeña silla que tenía en la sala; sin más, se llevó las manos a la cara y, por un momento, derramó algunas lágrimas. A él no podría pasarle una cosa semejante. Sabía que en sus manos estaba modificar su futuro. "El Manual de Mooney, el Manual de Mooney", repitió. Recurriría al legado de June, su abuela.

CAPÍTULO 23

Si ya tengo empleo, ¿cómo sé si me conviene cambiarlo?

Antes de darte por vencido y aceptar que no tienes más remedio que quedarte en el trabajo que no te hace feliz, tómate un tiempo para analizar tus convicciones. Analiza si tus prejuicios sobre los empleos son más fantasías que realidades objetivas.

Cuando el gran visionario Bill Gates abandonó su aburrido trabajo de analista (en el que ganaba 70 000 dólares anuales) y decidió no continuar su carrera en Harvard, puso en práctica la fantasía que todos tenemos: *crear algo nuevo*. Se dedicó a lo que más le gustaba, desarrollar software.

Quizá pienses que Gates tuvo mucho valor (por llevar sus ideas a la realidad) o que fue inmaduro (por abandonar sus obligaciones). Quizá el padre de Bill Gates no se haya sentido contento con esa decisión, ya que había gastado miles de dólares en la educación de su hijo. Lo cierto es que millones de empresas de todas partes del mundo aplauden su osadía.

Muchas personas tienen una gran cantidad de "fantasías" que utilizan para convencerse de no buscar nuevas oportunidades si ya cuentan con un empleo. Esta manera de pensar tiene un precio muy alto: nuestros intereses, nuestras aspiraciones, nuestras necesidades y, por supuesto, nuestra felicidad y la de nuestra familia.

Piensa qué te molesta y qué te puede beneficiar más, pero no te engañes; decide pronto cuál es tu objetivo y trata de lograrlo.

Fantasía 1: ¿Sería desleal con mi jefe si comienzo a buscar otro empleo?

Una persona que había trabajado durante 13 años en una empresa siempre se sentía orgullosa al describirse como un *soldado leal de la corporación*. Con esto quería decir que su jefe podía contar con él para lo que quisiera cada vez que se lo solicitara. Él se sentía satisfecho sabiendo que lo necesitaban. A cambio de sacrificar toda su vida a favor de la compañía, lo único que esperaba era que siempre tuvieran un lugar para él.

Pero un día su empresa se fusionó con otra, de modo que su área se duplicó. Pensó que por ser un *soldado leal* no tendría problemas para conservar su puesto o para que lo reubicaran, y no hizo ningún intento por buscar otro trabajo (aun a sabiendas de que su puesto corría peligro). Estaba convencido de que la empresa no podría prescindir de sus servicios.

Después de dos meses de anunciada la fusión, y solo después de su salida, esta persona empezó a percatarse de lo ilusa que había sido. Suponía que la lealtad era un pacto mutuo. Pero solo él lo había cumplido.

Cuando la empresa no lo necesitó más, lo descartó. Esta fue una lección muy dura, y él no estaba preparado para manejar ese traspié emocional. Mantuvo los ojos cerrados mucho tiempo ante la realidad, por lo que terminó asustado y con una actitud de resentimiento y odio que no le permitía siquiera luchar por sobrevivir en un nuevo ámbito competitivo.

Si piensas que no puedes dejar tu empresa sin traicionarla, estás abdicando la responsabilidad de tu propio futuro y, como algunos dirían, te estás traicionando a ti mismo.

Solo una cosa es cierta: si una compañía realmente te necesita, cuando decidas partir hará todo lo posible para que te quedes. No obstante, recuerda que en estos tiempos tan competitivos y difíciles *un gran ejecutivo busca empleo mientras está empleado y no después*.

Fantasía 2: En otro lado podría ser peor

Si la inseguridad está bloqueando tu capacidad para buscar mejores oportunidades, te convendría evaluar el mercado laboral antes de tomar una decisión. Anímate a revisar algunas opciones, aunque todavía no hayas resuelto dejar tu empleo actual.

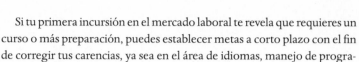

Si tu primera incursión en el mercado laboral te revela que requieres un curso o más preparación, puedes establecer metas a corto plazo con el fin de corregir tus carencias, ya sea en el área de idiomas, manejo de programas de cómputo, o una especialización dentro de tu ámbito profesional. Así estarás listo cuando decidas partir.

Fantasía 3: En ningún lado ganaré lo mismo

Cuando has logrado un nivel salarial respetable en tu empleo, es comprensible que te resistas a renunciar a él. Pero es muy probable que no hayas analizado el mercado laboral a fondo para saber si en otro lado ganarías más. Asimismo, es probable que utilices el dinero como excusa para no lanzarte a una aventura, cuando esta podría ser benéfica para ti.

No pierdes nada, puedes dar un vistazo sin tener que renunciar a tu empleo actual. Al menos de esta manera puedes basar tus decisiones en la lógica y en los hechos, no en lo que podrían ser falsas creencias.

Si decides seguir este consejo, tu primer objetivo consiste en desarrollar el mejor conjunto posible de habilidades, solo así podrás aspirar a recibir más dinero en el mercado laboral. Tu segunda tarea es investigar empresas y dirigirte a las que realmente puedan aprovechar lo que tú tienes que ofrecer.

En las entrevistas debes convencer a los reclutadores del valor que tú aportarías a la empresa. Una vez que demuestres que puedes resolver determinados problemas o realizar ciertas tareas, explícales cuánto solicitas.

Sigue estos consejos al pie de la letra y te reto a que luego me digas que ningún empleador quiso pagarte al menos lo que actualmente ganas; solo entonces creeré que en ningún otro lado puedes ganar tanto como en tu trabajo actual.

Fantasía 4: Quizá las cosas mejoren

Si esperas un poco, quizá algunas situaciones mejoren en tu empleo actual. Pero esto siempre es ajeno a tu voluntad.

Hace siete años una profesional en recursos humanos se unió a una importante corporación especializada en cuidados para la salud. Seis meses después enfrentó la primera reorganización de la empresa. Si bien se mantuvo y conservó su puesto, la carga de trabajo se duplicó prácticamente de la noche a la mañana.

—No se preocupe —le dijo su gerente—, las cosas mejorarán.

Eso fue hace más de cinco años. Desde entonces ha vivido otras tres reestructuraciones. Cuando no se veía afectada personalmente, le tocaba despedir a otros.

Los cambios y las promesas referentes a mejores tiempos ya no la entusiasman. Ha escuchado demasiadas mentiras. Sin embargo, se resiste a marcharse. Ha trabajado en esa compañía más de siete años, aunque no ha visto un bono ni un aumento salarial. No obstante, siente miedo de ser la próxima empleada que no saldrá más en la foto.

Siete años bastan para familiarizarse con el sistema y sentirse cómodo junto a mucha gente. Ella sigue convenciéndose de que puede encontrar un lugarcito seguro en la empresa.

Supongo que a muchos les cuesta aprender de la experiencia.

Fantasía 5: Si no estoy feliz es por mi culpa

Culparte porque no te gusta tu trabajo actual no resolverá ningún problema. Si asumieras tu felicidad en forma responsable, aceptarías que las cosas no funcionan en tu empleo actual.

Intenta comprender por qué tu empleo, tu empresa o tu rubro profesional no satisfacen tus necesidades; solo así podrás enfocar tus energías para lograr un mejor funcionamiento.

Se te pueden ocurrir decenas de motivos (la mayoría equivocados) para permanecer en una situación que no te agrada. Pero negar la realidad en algún momento se volverá en tu contra. Si no haces nada por remediar la situación que detestas, lo más seguro es que terminen despidiéndote. Puedes intentar ocultar tus sentimientos a tus colegas, pero la negatividad tiene maneras de hacerse evidente cuando uno menos lo espera.

Eso le pasó al gerente de ventas de una empresa de autopartes eléctricas, quien deseaba trabajar en algo más sofisticado y con mejor futuro. Mientras dudaba entre quedarse o irse, dejó de prestar atención a sus resultados de ventas, los cuales cayeron por debajo de la cuota requerida. Antes de que se diera cuenta de lo que pasaba, le dieron tres meses de indemnización y la oportunidad imprevista de buscar algo mejor.

Es necesario tener siempre en mente que es mejor buscar trabajo cuando uno está empleado que esperar a perderlo; de lo contrario, solo se obtienen presiones que pueden forzar a cualquiera a aceptar un empleo que no le guste.

Por eso hay que mantener siempre un estado de ánimo positivo, recordar que nuestro trabajo vale y que con un buen plan de búsqueda podemos, cuando menos, mantener actualizada la información sobre ofertas de empleo y la de nuestros contactos; así podemos enterarnos si existe una mejor oportunidad y estar preparados para un cambio drástico.

Una vez tomada la decisión de cambiar de empleo, existen pasos por seguir para que nuestra salida sea digna y lo más profesional posible:

- Determina con qué antelación será necesario que des aviso de tu renuncia. Lo normal son dos semanas. Planea incrementar tiempo si tienes un puesto ejecutivo de alto nivel.
- Programa una reunión con tu jefe. Luego prepara un discurso positivo de renuncia. Deberás expresar la intención de marcharte, la fecha de partida y lo mucho que aprecias la oportunidad de haber trabajado en esa compañía. Nunca menciones en los pasillos de la oficina tus intenciones antes de sostener esta conversación.
- Trata de lograr una negociación justa de los términos de tu renuncia. Revisa tus proyectos para determinar a quién se transferirán tus responsabilidades y qué cabos debes dejar atados para que la persona que asuma el puesto no tenga problemas que pudieran manchar tu historial de buen desempeño en esa compañía.
- Ofrécete para capacitar a tu sucesor. Si uno o dos días antes de tu salida aún no han elegido a tu reemplazo, indica que estarás disponible por teléfono durante unas semanas después de salir de la compañía.
- Luego de la reunión con tu jefe, dirígele una carta de renuncia y envía una copia al departamento de Recursos Humanos. Confirma tu intención de partir y expresa con claridad cuál será el último día que piensas asistir. No expliques tus motivos, sé conciso y no escribas más información de la necesaria: esa carta permanecerá en un archivo mucho tiempo después de tu partida.

- Programa una reunión con la persona encargada del área de Recursos Humanos para hablar sobre tus beneficios. Revisa tu contrato y obtén la fecha del último día en que te amparará el Seguro Social o médico. Si te corresponde una participación de utilidades, aguinaldo proporcional o un plan de pensión, asegúrate de averiguar exactamente en qué consisten y cuándo deben liquidarte ese saldo. Pregunta qué formularios debes llenar y contéstalos todos.
- Solicita cartas de recomendación.

¡Cuidado con las contraofertas! Si estás a punto de caer en la tentación, vuelve a pensar en los motivos que te llevaron a renunciar. Si estos siguen siendo válidos después de conocer los términos de la contraoferta, continúa con tu plan de acción y declina el ofrecimiento en forma educada.

En todo momento debes mantener una actitud profesional y responsable. Las renuncias pueden provocar resentimientos. Nunca cierres todas las puertas, pues más adelante podrías llegar a necesitar referencias, contactos de red o información.

CAPÍTULO 24

La gran base de datos

Para ayudarte en la búsqueda de empleo, decidí poner a tu disposición una base de datos con más de 400 empresas, todas interesantes, que quizá ofrecen distintos puestos (becarios, *trainees*, auxiliares, asistentes, secretarias y recepcionistas, jefes, subgerentes y gerentes, subdirectores y directores) para cubrir diversas áreas.

La lista de empresas contiene teléfonos de las áreas de recursos humanos y selección de personal; también domicilios, así como algunas direcciones de *e-mail* de reclutadores y varios números de fax. Espero que te sea de gran utilidad, por ello me comprometo a mantenerla siempre actualizada en la página www.amebot.com.mx. También te sugiero que visites el sitio del sistema de información empresarial mexicana: www.siem.gob.mx. Ahí aparecen todas las empresas que hay en México.

NOMBRE	RECLUTADOR	TELÉFONO
3Com México - Centro	Lic. Glenda Elizondo	5201-0000
3M de México	Lic. Goretti Hernández	5270-2199
Abastecedora Lumen S.A. de C.V.	Lic. Edna Gómez	5490-6670
Accel	Lic. Hortensia Sánchez	5705-2788
Acros Whirpool	Lic. Angelica Gutiérrez	5278-6700
Adecco	Lizbeth Martínez	5687-3800
Admiserco / Prendamex	Esther Cuatenconzi	3004-0520
ADT	Lic. Natalia Matías	5533-4100
Aeromexico	Lic. Armando Terrazas	5063-5123
Aeromexpress Cargo	Lic. René Matus Calleros	5133-0203 ext. 2173
Afore Azteca	Lic. Marisol Shadola	8582-7000 ext. 79386
Afore Bancomer	Lic. José Cárcamo Flores	5365-7881
Afore Banorte Generali	Lic. Karla Ayala	5228-9944
Afore Siglo XXI S.A de C.V.	Lic. Gonzalo Ramírez	5488-5621
Afore Profuturo GNP	Lic. Verónica Haro Granados	5661-2987
Afore Santander Mexicano	Lic. Natalia Nápoles	5169-4400 ext. 78558
AIG	Alaín Melgarejo de la Torre	1107-0716
Aisa Chevrolet	Lic. Jonás Gutiérrez	5726-9900
Alia	Rocío Segovia	9116-5828
Alimentos La Concordia (Leche Al-Día)	Lic. Claudia Jiménez	5791-4661 ext. 105
Almacenes García	Lic. Renata Lomelí	5130-3230
Altana Pharma	Lic. Claudia Valenzuela	5387-9330
América Cell	Antonio Torres	5740-7602
America On Line	Lic. Rocío Altamirano	5284-6859
Anglo Americano	Lic. Gabriela García	3067-8800
Arena	David Reyes	5202-7479
Arrow Hart S.A. de C.V.	C.P. Víctor Olmos	5587-0211
Aspel de México	Angélica Oliva	5325-2323
Asoc. Mexicana Aut. AMA	Lic. Elsa San Lázaro	5208-8329
Asociacion Mexicana de Bolsas de Trabajo AMEBOT	Lic. José Pontones	5254-5888
ASOFARMA	CP. Isabel Pérez	5678-2424
Associated Spring de México	Lic. Maricarmen Posadas	5747-5300
Atencion Telefónica/ Atención Corporativa	Lic. Nancy Alcaráz	5278-8305
Atlas Copco	Lic. Bertha Barrera	5321-0600
ATS Meridian de México	C.P. José Luis Barroso	5347-1020
Autofin	Lic. Fernando Mosqueda	5641-1000

DOMICILIO	E-MAIL
Paseo de las Palmas 405, Piso 9, Lomas de Chapultepec, 11000	glenda_elizondo@3com.com
Santa Fe No.55, Col. Sta. Fe	ghernandezmayoral@mmm.com
Av. Toluca 481, Col. Olivar de los Padres	
Virginia Fábregas No. 80, Col. San Rafael	
Calle 2 Poniente, Num. 11, Col. San Pedro de los Pinos	norma_a_guerrero@whirpool
Tijuana 15, Del. Valle	
Jaime Balmes 11, Piso 8, Col. Los Morales	
Berna No. 3, 5o. Piso, Col. Juárez	
Av.Tahel s/n, Pensador Mexicano	
Av. Texcoco s/n, Col. Peñón de los Baños	rmatus@aeromexpress.com.mx
Insurgentes Sur 3579, Col. Tlalpan	
Vía Gustavo Baz 223, Col. El Mirador, Tlalnepantla Edo. de México	
Viena No. 4, 1er. Piso, Col. Juárez	karla.ayala@banorte.com
Av. Insurgentes Sur 1228, Col. Del Valle	
Insurgentes Sur 2047, Col. San Ángel	
Reforma No. 96, Piso 4	
Insurgentes Sur 619, 3er. Piso, Col. Nápoles	benitezweb@hotmail.com
Av. Universidad 1320, Coyoacán	
Holbein 217, 1er. Piso, Noche Buena	rsegovia@aliamex.com
Av. Central, Manzana 8, Núm. 2, Col. Esfuerzo Nacional, Municipio de Ecatepec de Morelos, Estado de México	
Uruguay 102, Centro	rlomeli@garcia-alka.com-mx
Av. Primero de Mayo 130, Col. Industrial Atoto	claudia.valenzuela@altanapharma
Oriente 67, Núm. 2912, Col. Asturias	americacell@universo.com
Blvd. Manuel Ávila Camacho, Núm. 36, 5o. Piso, Lomas de Chapultepec	RocioAltamirano@aol.com
Río Nazas, Núm.116, Col. Cuauhtémoc	
Monte Pelvoux 111, 6o. Piso, Lomas de Chapultepec	
Poniente 148, Núm. 933, Col. Industrial Vallejo	
Cerrada Suiza, Núm 17, Col. San Jerónimo	
Orizaba 7, Col. Roma	
Descartes 51, 3er. Piso, Col. Anzures	www.amebot.org.mx
Av. Acoxpa 436, 8o. Piso, Col. Exhacienda Coapa	
Av. Cental, Núm 85, Col. Nueva Industrial Vallejo	
Av. Obsevatorio, Núm 444, Col. 16 de Septiembre	nlacaraz@atencion.com
Abraham Lincoln, Núm. 13, Col. Los Reyes Tlalnepan	
Centeotl, Núm. 342, Col. Fracc. Ind. San Antonio Azcapotzalco	finanzas@atsmeridian.com.mx
Prol. División del Norte, Núm 5581, Prol. San Marcos	

NOMBRE	RECLUTADOR	TELÉFONO
Automotriz Universidad Copilco	Lic Jorge Jiménez	5658-8916
Autos Elegantes	Antonio Becerril	5340-8400
Autouno	Lic. Ricardo Peñalba	5488-6796
Aventis Pharma México	Lic. Sonia Arias	5484-4400 ext. 4121
Axtel de México	Lic. Susana Olvera	5220-4400
Banco Afirme	L.C. Víctor Manuel Madrigal	5267-6767 / 00 ext. 6237 y 6239
Banco Banorte	Ma. Luisa González/ Dir. RH Regional	5140-5711, ext 8550, 5711
Bargain Tours/Agencia de Viajes	Emilio Achar	5531-5144
Bello Gas	Lic. Monserrat Iturria	5746-7711 ext. 104
Benedettis	Lic. Patricia Arrieta	5243-2263
Benotto Bicicletas	Lic. Berenice Torres	5716-9600
Berlitz	Lic. Gabriela Ramírez	5250-9634
Bacardí y Cía.	Silvia Trejo Corona	5329-1000
Berumen y Asociados	César García	5093 8600
Bodegas La Negrita	Lic. Gregorio Sánchez Galduroz	5203-9822
Bio- Cel	Jorge García	5488-0288
Billon Ambition Limited	Lic. Jorge L. Ponce	3093-5648
Blockbuster de México.	Lic. Roberto Ávila Delgado	5273-5200
Bolsa Mexicana de Valores	Lic. Diego Fuison López	5276-6600
Boehringer Ingelheim Promeco	Lic. Diana Gómez	5629-8300 ext. 8108
Bonafont	Mónica Jivaja	2166-6033 ext. 103
Borghino Consultores	Lic. Silvia Borghino	5534-1925
Robert Bosch México	Lic. Francisco Cruz	52843000 ext. 3008
Brotimex	Rosy Sánchez	5353-0102
Buró de Crédito	Lic. Yaneli Melo	5449-0358
Cablevisión	Lic. Rocío Vázquez	5227-1500
Cafeterías Toks	Lic. Sergio Medina	2122-5700
Call Master	Lic. Oliver Islas	5442-0511
CMP Consultores en Marketing	Lic. Javier Téllez	5572-7007
Carson and Brasch	Lic. Erick Mucharràs	5147-2000
Casa Marzam	Lic. Norma Castillo	5605-4358
Casas Beta	Lic. Luisa Venus Farfán	5359-6363
CBT Comunicaciones México	Lic. Rosalba Castelán	5260-4244
Cementos Apasco	Lic. Juan Pablo Robledo	5724-0000
Centro de Atención Médica	Jorge Polanco	5481-3806

DOMICILIO	E-MAIL
Av Universidad, Núm. 2060, Esq. Copilco	
Ángel Urraza, Núm. 1311	
Félix Cuevas, Núm. 374, Col. Del Valle	calderon@autouno.com
Av. Universidad, Núm. 1738, esq. Miguel Ángel de Quevedo, Col. Coyoacán	sonia.arias2@aventis.com
Monte Elbros, Núm. 124, 8o. Piso, Col. Polanco	
Paseo de los Tamarindos, N. 400-B, 6o. Piso, Bosques de las Lomas	vmadrigalh@afirme.com.mx
Plaza Luis Pasteur, Núm. 9, Col.Tabacalera	maria.gonzalez@banorte.com
Ejército Nacional, Núm. 505, 14o. Piso, Col. Granada	eachar@bargaintours.com
Hermilo Mena, Núm. 3, Fracc. Ind. La Presa Tlalnepantla	
Popocatepetl, Núm. 120, Col. Portales	
Oriente 233-341, Col. Agrícola Oriental	
Ejército Nacional, Núm. 530, planta baja, Col. Polanco	
San Luis Tlatilco, Núm. 19, Parque Industrial Naucalpan	
Altadena Núm. 15, Col. Nápoles	
Lago Hielmar, Núm. 78 Col. Anahuac	
Montecito, Núm. 38, 5o. Piso, Despacho 18, Col. Nápoles	
Montes Urales, Núm. 455, Col. Lomas de Chapultepec	miguelangelmontes@yahoo.com
Blvd. Manuel Ávila Camacho, Núm. 1 5o.Piso, Edif. Plaza Inverlat, Oficinas 508 y 509, Col. Lomas de Chapultepec	roberto.avila@blockbuster.com
Paseo de la Reforma, Núm 255, Col Cuauhtémoc	
Maíz, Núm. 49, Col. Barrio Xaltocan	
Sn. Luis Tlatilco, Núm. 39, Parque Industrial Naucalpan	rh.naucalpan@danone.com
José Ma. Rico, Núm. 121, Despacho 403, Col. del Valle	
Sierra Gamón, Núm. 120. Col. Lomas de Chapultepec	francisco.cruz@mx.bosch.com y leila.castro@mx.bosch.com
San Esteban, Núm. 85, Barrio de San Esteban	
Pico de Verapaz, Núm. 435, 5o. Piso, Jardines en la Montaña	
Dr. Río de la Loza, Núm. 182, Col. Doctores	
Jaime Balmes, Núm. 11. 8o. Piso, Col. Los Morales	
Alfombrilla, Núm. 11, Col. Un Hogar para Nosotros	oislas_cm@maxcom.net.mx
Circuitos Médicos, Núm. 6, Int. 3, Satélite	
Presidente Mazarik, Núm. 188, Polanco	veronica.serrano@carson-brasch.com
Municipio Libre, Núm. 198, Col. Portales	
Calz. San Esteban, Núm. 2 , Col. El Parque	
Bahía de las Palmas, Núm. 24, Piso 2, Col. V. Anzures	
Campos Eliseos, Núm. 345, Col. Chapultepec Morales	
Horacio, Núm. 1844, Col. Los Morales	

NOMBRE	RECLUTADOR	TELÉFONO
Cervecería Cuauhtémoc Moctezuma	Lic. Maria Antonieta Zaragoza	5333-2480
Chupa Chups	Victoria Ortega	(722) 279-0110 ext.129
Cigatam	Gabriela Morales	5328-3000
CNCI Universidad Off Grales	Laura Sandoval	2581-5138
Ciudad de los Niños	Adriana Alcocer/ Esteban lópez	5261-1020 ext. 2140
Lick Human Resources	Lic. Sergio Reynal Márquez	5545-5068
Clorox de México	Lic. Ernestina Appendini M.	5729-6596
Coaching y Liderazgo	Ana Padilla	5339-5195
Coldwell Banker	Marisol Escutia	5147-6730
Colegio Británico	Lic. Gloria Sánchez	5585-3154
Colgate Palmolive	Ana Laura Dorantes	5629-7540
Colorantes Importados	Fany Ordáz	9149-5515
COMADESA	C.P. Jorge Pérez	5395-9044
Comercial Mexicana	Lic. Rafael Morales Haber	5270-9601
Comercial Sanson	Luis Hugo Moreno	5709-0915
Comercial América Arrendadora	Miguel L. Sánchez Castillo	52818251 / 52
Comertel	Lic. Sandra Delgadillo	5010-5017
Compudabo	Lic. Jatziri Montes	5095-4242
Compusoluciones	Yesica Lepin	5340-0400 ext. 5018
Computadores y Sistemas de Gestion	Isabel Bonnallbel	5148-3737
Computrain	Ariadna Flores	5281-2947 ext. 113
Comunicación Efectiva	Raúl Cobos	5250-0201
Confecciones Europeas	Lic. Rosendo García	5650-2344
Consoltum	Jorge León Reyna	5282-2606
Contacto Logistico	Ana Lilia Olguín	8501-8500
Converto Dexel	Sugheily Jiménez	5870-4800
Coppel	Lic. Doris Escalante	5078-0350
Crayola	Ana Fabiola Gómez Palacio	5873-5859
Crece	Erika Castillo	5999-6248
Creel, Garcia Cuellar y Muggenburg	Lic. Ma. Eugenia Martínez	1105-0600
Customer Life	Lilia Méndez	5147-7461
Cushman & Wakefield	Lic. Monserrat Pont	5201-4100
Cyrpsa	Lic. Erika Pérez	5661-1333
Daimler Cryshler	Lic. Daniela Hernández	5278-2400
DC MEX (Diecasting Mexicana)	C.P. Liliana Silva	5825-0505
De La Paz Costemalle	Raúl Rodríguez	5211-1415

DOMICILIO	E-MAIL
Blvd. Ferrocarriles, Núm 247, Col. Industrial Vallejo	
Av. Central Manzana 5 y 6, Parque Ind, Toluca	vortega@chupachups.com
Manuel Salazar, Núm. 132, Col. Providencia	gabriela.morales@pmintl.com
Ejército Nacional. Núm. 4582, Col. Granada	laura_sandoval@cnci.com
Centro Comercial Sta. Fe	
Dante, Núm. 36-403, Col. Anzures	
Av. Henry Ford, Núm. 31, Fracc. Ind. San Nicolas	tina.appendini@clorox.com
Pdte. Carranza, Núm. 137-A, Coyoacán	apv@coachingyliderazgo.com
Av. De las Palmas, Núm. 820, 5o. Piso	
Calz. Desierto de los Leones, Núm. 5578, Olivar de los Padres	
Presa La Angostura, Núm. 225, Col. Irrigación	ana_laura_dorantes@colpal.com
Corregidora, Núm 28, Col.Tlalpan	
Ingenieros Militares, Núm. 255, Col. Lomas de Sotelo	
Av. Adolfo López Mateos, Núm. 201, 4o. Piso	raul.del.signo@mail.comerci.com.mx
Dr. Vertiz, Núm. 17, Esq. Arcos de Belén	
Av. Horacio, Núm. 1844, 7o. Piso, Col. Polanco	miguel.sanchez@ing-arrendadora.com.mx
Joselillo, Núm. 6-A, El Parque, Naucalpan	
Calz. de Tlalpan Núm. 1260, Col. Albert Portales	jmontes@compudabo.com
Pensilvania, Núm. 4, Nápoles	
Ajusco, Núm 24, Col.Florida	
Goldsmith, Núm. 127-102, Col. Polanco	lramirez@computrain.com.mx
Darwin, Núm. 30, 1er. Piso, Col. Anzures	
Chicle, Núm. 134, Esq. Avena, Col. Granjas México	
Séneca, Núm. 134, 4o. Piso, Col. Polanco	jorge.leon@consoltum.com
Av. Camarones, Núm. 678, Col. Nueva Santa María	
Aut. Méx. Qro., Núm. 398, Parque Ind. La Luz	sjimenez@converto.dexel.com.mx
Poniente 128, Núm. 665, Col. Industrial Vallejo	
Calz. La Venta, Núm. 26, Fracc. Industrial Cu.	agomezpalaci@binney-smith.com
Av. Morelos, Núm. 67, 4o. Piso, Col. Juárez	bbautista@df.crece.org.mx
Paseo de los Tamarindos, Núm. 60-3, Col. Bosques de las Lomas	maur.martinez@creel.com.mx
Insurgentes Sur, Núm. 1677, Despacho, 503, Guadalupe Inn	
Montes Urales, Núm. 505, 1er. Piso, Col. Lomas de Chapultepec	
Insurgentes Sur, Núm. 1677	mario.martinez@cyrpsa.com.mx
Av. Nuevo León, Núm. 351, Esq. Chilpancingo	
Av. Alfredo del Mazo, Núm. 9, Fracc. Ind. El Pedregal	silvaliliana@hotmail.com
Tampico, Núm. 42, Col. Roma	dfk_mex@dfk.com.mx

NOMBRE	RECLUTADOR	TELÉFONO
Dewimed	Lic. Javier Hernández	5606-0777
Distribuidora y Comercializadora Halcón	Lic. Víctor Manuel Beltrán	58493121 / 33
Distrimax	Lic. Lilian Montes	5277-8999 ext. 187
DIXON	Lic. Eloy Valencia	5864-7900
Dulcería Italiana Laposse	Lic. Miguel López	5658-9049
Dupont	Lic. Laura Alvarez	5722-1094
Global Armor Mexico/Blindajes	Lic. Javier Otero	5281-8118
E-Global (Serv Elect Globales)	Lic. Mariana Cano	5354-2677
Emcie	Reynaldo Ayala	5112-8741
Embotelladora Mexicana Pepsi	Bernardo Cabrera	5278-7100
EMPLOYER DE MÉXICO	Lic. Sharon Haro Guerrero	5254-1515
Envases Generales Crown	Lic. Daniel Yuen	5517-2243
Entorno Laboral	Fernando Baños	5566-0454
Epson	Lic. Ana Savitsky	5328-4017
Equinter. (Grupo Maquinter)	C.P. Jesús García Fraustro	57 84 81 88
Equipo Ejecutivo WIN	C.P. Susana Cortés	5530-5808
Escuela Bancaria y Comercial	Ricardo González	5726-9933 ext. 2860
Esteé Lauder	Lic. Carmen Rodríguez	5387-6700
ETAC	Lic. Enrique Rivera García	5366-7050
Eulen México de Servicios	Lic. Ligia Sosa	5574-7126
Eutectic de México	Lic. Magdalena Martínez	5872-1111 ext. 35
Evenplan	Lic. Diana Benavides	5604-2151
Excelform	Lic. Gonzalo López Rivas	5566-4057
EXEL del Norte	Lic. Leticia Isgleas	5078-4120/4122
Expeditors International de México	Lic. Rogelio López / Carmen Pomar	5133-3900
Experiencia Gerencial	Lic. Rogelio Sáenz	5681-6990
Extensión Corporativa	Lic. Claudia Rivera	5514-1440
FAMSA	Lic. Gabriela Sánchez	5761-5840
Farmacias El Fénix	C.P. Reynaldo Márquez	5399-8460
Fedel	Lic. Daniela Gracía	5203-7934
Federal Express	Lic. Jimena Lera	5258-1600 ext. 8131
Frabel, L´ORÉAL	Lic. Mónica Tovar	5999-5600 ext. 5623
Fin Común	Mario Sáenz Azuela	5200-1610
Finaccess	Lic. Paola Rosillo	5081-1010
Financiera Alcanza	Lic Mayra Rodríguez	5545-4101

DOMICILIO	E-MAIL
Blvd. Adolfo Ruiz Cortinez, Col. Isidro Fabela, Tlalpan	
Carretera Federal México-Cuernavaca, Núm. 6002 , Km. 21.5, Pueblo San Andrés Totoltepec. Del. Tlalpan	victorbel2001@yahoo.com.mx claruiz2001@yahoo.com.mx
Gob. Ignacio Esteva, Núm. 70, San Miguel Chapultepec	lmontes@distrimax.com
Aut. Méx. Qro., Núm. 35, Tultitlán, Edo. Méx.	
Calz. México Coyoacan, Núm. 375, Col. Xoco	
Homero, Núm. 206, Col. Chapultepec Morales	
Edgar Allan Poe, Núm. 78, Col. Polanco	asiscomer@globalarmor.com.mx
Buenavista, Núm. 3, 1er. Piso, Col. Buenavista	mcano@eglobal.com.mx
Av. Lopez Mateos, Esq, Cuarta Avenida	
Calz. La Viga, Núm. 891	
Descartes, Núm. 51, 3er. Piso, Col. Anzures	sharon@employermexico.com
Oriente 107, Núm. 114, Col. Bondojito	
Av. De La República, Núm. 157, P.H. Tabacalera	
Ejército Nacional, Núm. 904, 5o. Piso	
Economía, Núm. 165, casi esq. Hangares, Col. Cuatro Árboles	personal@equinter.com.mx
Segovia, Núm. 149, Col. Álamos	
Reforma 202, Col. Juárez	
Félix Guzmán, Núm. 9-A, Col. El Parque	
Viv. de Asís, Núm. 144, Viv. de La Loma	erivera@etacunivercom.edu.mx
Bajío, Núm. 295, Col. Roma Sur	
Km. 36, Carretera México-Querétaro, Cuautitlán, Edo. de México	
Tenayuca, Núm. 55, Desp. 202, Col. Narvarte	
Orozco y Berra, Núm..201-102, Col. Sta. Ma. La Rivera	excelform@mex1.uninet.net.mx
Poniente 134, Núm. 580-B, Col. Industrial Vallejo	
Blvd. Puerto Aéreo, Núm. 362, Col. Moctezuma, 2a. Sección	rogelio.lopez@expeditors.com
Ébano, Núm. 12-E, Col. San Jerónimo	experienciagerencial2att.net.mx
Reforma, Núm. 336, 1er. Piso, Col. Juárez	
Arcos de Belén, Núm. 30, Col. Centro	
Lago Trasimeno, Núm. 36, Col. Anáhuac	
Emerson 148, 104 Polanco	sandra_danielagarcia@yahoo.com
Av. Vasco de Quiroga, Núm. 2999, Col. Peña Blanca Sta. Fe	jimena.lera@fedex.com
Oklahoma, Núm. 14, Col. Nápoles	
Av. Coyoacán, Núm. 1843, Col. Acacias del Valle	msaenz@fincomun.com.mx
Guillermo González Camarena No. 1600, Col. Santa Fé	prosillo@finaccess.com.mx
Presidente Masarik, Núm. 29, 6o. Piso, Col. Polanco	

NOMBRE	RECLUTADOR	TELÉFONO
Financiera Idependencia	Lic. Jaquelín Urban	5229-0200
Fondo de Cultura Económica	Ricardo Bárcenas	5227-4672
Ford Santa Clara	Lic. Estanislao Álvarez	5779-9000
Gas Metropolitano	Lic. Yadira Silva	5715-1464
Galdisa	Lic. Alejandra Enciso	5630-4616
Galletas Cuetara	Lic. Adriana Romero	5561-3475
Gatorade	Lic. Arlet Enríquez	5864-0900 ext. 3905
Gallup	Edgar Ayala	2636-3635
Gedas México	Lic. Rodrigo Tercero	5387-0000
Geisha Automotriz	Alejandro Ortíz	5356-0044
Gemini & Previa Capital	Lic. Ivonne Oliver	2167-3007
General Hipotecaria	Lic. Rocío Durand	5257-6950
Gentium Capital Humano	Lic. Leticia González	8503-7850 / 53
German Centre	Lic. Nicole Signoret	9172-9213
Gillete de México	Lic. Juan de Dios Vega	5301-0578
GNP	Ricardo Díaz	5488-5834/33
Golden Harven	C.P. Sergio López	5645-4102
Goodyear Coronado	Lic. Lourdes Álvarez	5140-4317
Gran Melia México	Lic. Adriana Sánchez	5128-5000 ext. 5212
Great Team	Verónica Becerril	1084-4996
Grupo Galo	Claudia González	3000-4600
Grupo Acir	Lic. Rafael Landeros	5201-1700 ext. 2360
Grupo Asatec	Araceli Rivera	5750-2360 ext. 131
Grupo Autofin, México	Lic. Fernando Mosqueda	5063-2800
Grupo Avant	Lic. Cristina Dinorin	5251-5914
Grupo Bauhaus	Lic. Yamile Sánchez	8503-5600
Grupo Besser	Lic. Hernán Becler	5615-1630
Grupo Bocar	Lic. Elizabeth Mejía	5422-2336
Grupo Busarvc	Lic. Angélica Robles	8503-1628
Grupo CADSA	Lic. Alejandro Trujillo	5545-5510
Grupo Creatica	Lic Paloma Trejo	5350-1300
Grupo Cultural Icel	Elizabeth González	5481-0200
Grupo Elegantes	Lic. Antonio Becerril	5340-8400
Grupo Emyco	Lic. Juan Trejo	5281-7562
Grupo Epesa	Lic. Germán Villagómez	5639-2333
Grupo GRH	Lic. Mario Margarin	5549-0858
Grupo Inmobiliario Lasuto	C.P. Alejandro Cabañas	5202-1347

| --- | --- |
Prol. Paseo de la Reforma, Núm. 600-PH, Col. Santa Fe	
Carretera Picacho Ajusco, Núm. 227	rbarcenas@fce.com.mx
Av. Vía Morelos, Núm. 349, Col. Sta Clara Coatitla, Ecatepec	
Av. San José, Núm. 8, San Juan Ixhutepec	
Pico de Verapaz, Núm. 449-A, Desp. 203, Col. Jardines en la Montaña.	capacitacion@galdisa.com.mx
Av. Tezozomoc, Núm. 64-A, Col. San Miguel Amantla	reclutamiento@gcuetara.com.mx
Aut. Mex.-Qto., Km. 35.5, Lechería, Edo. de Méx.	
Alfonso Reyes, Núm. 115, Col. Hipódromo Condesa	
Jaime Balmes, Núm. 8, 9o. Piso, Ejército Nacional	
Av. Cuitláhuac, Núm. 3395, Esq. Camarones	aortiz@geisha.com.mx
Paseo de los Tamarindos 400-A-19, Pantalón Sta. Fé	geminiprevia@london.com
Prolongacion Paseo de la Reforma, Núm. 600, 2o. Piso	
Insurgentes Sur, Núm. 619, 2o. Piso, Col. Nápoles	gonzalez@gentium.com.mx
Av. Santa Fe, Núm. 170, Col. Lomas de Sta. Fe	
Av. Calle Electrón, Núm 28, Col Parque Industrial	
San Lorenzo, Núm. 712, Edif. C, Del Valle	Ricardo-gnp@yahoo.com.mx
Hocaba, Núm. 354, Col. Pedregal	
Parque Via, Núm. 210, Col. Cuauhtémoc	
Paseo de la Reforma, Núm. 1, Col. Tabacalera	reclutamiento@melia-mexico.com.mx
Río Lerma, 143 desp. 302, Col. Cuauhtémoc	vbecerril@greatteam.com.mx
Alfonso Esparza Oteo No. 153, Col. Gpe. Inn.	
Montes Pirineos, Núm. 770, Lomas de Chapultepec	rlanderos@grupoacir.com.mx
Santiago No. 34 desp. 1, Col. Tepeyac Insurgentes	rhumanos2asatec.com.mx
Insurgentes Sur, Núm. 1235, Col. Nochebuena	
Bosque de los Ciruelos, Núm. 130, Col. Bosques de los Ciruelos	
Av. Revolución, Núm. 344, Col. Tacubaya	
Cadiz, Núm. 90, Col. Insurgenes Mixcoac	
Av. Profesora Aurora Reza, Núm. 255, Col. Los Reyes	emejia@bocar.com.mx
Manuel J. Othón, Núm. 181, Col. Tránsito	
Mariano Escobedo, Núm. 555-508, 5o. Piso	alejandro@cadsa.com.mx
Insurgentes Sur, Núm. 1677, 7o. Piso	palomatrejo@creatica.com.mx
Pedregal 140, Torre E	
Ángel Urraza, Núm. 1311	
Julio Verne, Núm. 131	
Heriberto Frías, Núm. 208, Col. Narvarte	grupo@epesa.com.mx
Miguel Ángel de Quevedo, Núm. 980, Col. Parque San Ándres	
Blvd. Manuel Ávila Camacho, Núm. 40, 14o. Piso, Lomas	

NOMBRE	RECLUTADOR	TELÉFONO
Grupo Orraca	Lic. Martha López / Gloria Castillo Gte. RH	5257-0612
Grupo Jim	Ing. Marco Antonio Castillo	5584-2626
Grupo Julio	Lic. Jessica González	5538-4008
Grupo Malazo	Lic. José Manuel Hernández	5260-1121
Grupo Pavisa	Lic. Lucero Campos	5091-7001 ext. 162
Grupo Pissa	Lic. Norma Angélica García	5262-8600
Grupo Prexi	Claudia Rosales	5574-6211
Grupo Qarbas	Lic. Rodrigo Madrigal	1054-4673
Grupo S & C	Lic. Isabel Bonabell	5148-3737
Grupo Salinas	Lic. Rosy Morett	85827000 ext. 79369
Grupo Texiur	Lic. Nancy Gutiérrez	5488-7000
Grupo Trafimar	Sr. Pedro Chávez	53959896, 53955442
Grupo Yoshiyuki	Efrén Malpica	5584-4788
Guillermo Prieto y Cía.	Alfonso Alonso Delfín	5488-1300
GVA Consultoría	Alejandra Flores	5546-0022
Hay Group	Lic. Cristina Chávez	5523-2121
Hidrosina	Mónica Herrera	5262-3800
Hipotecaria Nacional	Bárbara Chaparro	5525-9305, 7618, 9425
Hipotecaria México	Elena López	9140-3050
Holanda	Lic. Ana Patricia Rivas	5583-9525
Honeywell	Illia Marín	5081-0365/0200
Hospital Cedros	Lic. Ángeles Toraño Méndez	5661-5822
Hospital San Angel Inn	Mónica Torres	5616-5112
Hotel Nikko	Ana Elena Cruz	5280-1111
Hotel Presidente Intercontinental	Emma de la Rosa	5327-7700
Hotel María Isabel Sherataon	C.P. Alejandro Núñez	5242-5555
Human Business Solution	Lic. Maricarmen Rentería	5557-3158
Human Point	Rosa Charabati	5281-4724
Human Service	Noé González/J.J.Mayen	3095-3003
Hylsa	Xóchilt Mayoral	9140-9280
IBM de México	Adriana Martínez	5270-5990 ext. 3088
ICM de México	Lic. Miguel A. Loranca	5544-8121
IDS	Lic. Emilia Godínez	5651-8880
Imaj Joyerias	Lic. Fernando Mena	5521-3068
Inmercam Fondos de Inversión	Lic. Jorge Saviñón	5488-5068
Inbursa	Lic. Jackelín Vargas	5325-0505
Inbursa Palmas	Lic. Tjalling Griek	5625-4900 ext. 2756

DOMICILIO	E-MAIL
Av. Vasco de Quiroga, Núm. 1800, 2o. Piso	mlopez@orraca.com.mx
Zacatecas, Núm.180-3, Col. Roma	marcocastillo@grupojim.com
Calz. de Tlalpan, Núm. 509, 1er. Piso, Col. Álamos	
Lago Iseo, Núm. 298, Col. Anáhuac	
Gral. Agustín Millán, Núm. 10, Col. San Andrés Atoto	lcampos@pavisa.com.mx
Leibniz, Núm. 187, Col. Anzures	
Hermosillo, Núm. 10, Col. Roma Sur, 2o. Piso	
Baja California, Núm. 218-304, Col. Roma Sur	
Ajusco, Núm. 24, Col. Florida	
Insurgentes Sur, Núm. 3579	
Nicolás San Juan, Núm. 1046, Col. Del Valle	
Homero, Núm. 1425, Int. 804, Col. Polanco	p.chavez@trafimar.com.mx
Michoacán, Núm. 25, 2o. Piso, Col. Roma	
Obrero Mundial, Núm. 411, Col. Narvarte	
Paseo de la Reforma, Núm. 76	
Insurgentes Sur, Núm. 800, 16o. Piso, Col. del Valle	
Thiers Nª 248, Col. Anzures	
Nápoles, Núm. 85, 5o. Piso, Col. Juárez	bchaparro@hipnal.com.mx
Prado Norte, Núm. 550	
Lerdo, Núm. 331, Col. San Simón Totonahuac	
Constituyentes, Núm. 900, Lomas Altas	illia.marin@honeywell.com
Vitto Alessio Robles, Núm. 23	
Av. México, Núm. 2, esq. Guerrero, Col. Tizapán San Ángel	moni_3@msn.com
Campos Eliseos, Núm. 290, Col. Polanco	
Campos Eliseos, Núm. 290, Col. Polanco	
Av. Paseo de la Reforma, Núm. 330	
Blvd. Manuel Ávila Camacho, Núm. 4, Int. 401, Del Parque	maricarmen.renteria@hbs.com.mx
Moliere, Núm. 328, Int. 402, Col. Polanco	rcharabati@hotmail.com
Monte Albán, Núm. 7, Planta Baja, Col. Narvarte	ngonzalez@sonarh.com.mx
Jaime Balmes, Núm. 118, Torre D	
Alfonso Nápoles Gandara No. 3111, Col. Parque Corp. Peña Blanca	adrianam.mx1.ibm.com
Cerro de Jesús, Núm. 67, Col. Campestre Churubusco	
Av. Revolución, Núm. 1181, 8o. Piso	egodinez@ids.com.mx
Palma, Núm. 30, Int. 205, Col. Centro	www.imaj.com.mx
WTC, Piso 20, Oficina 23, Col. Nápoles	
Insurgentes Sur, Núm. 3500	
Av. Paseo de las Palmas, Núm. 736, Col. Lomas de Chapultepec	

NOMBRE	RECLUTADOR	TELÉFONO
Industrias Piagui / Nine West	Lic. Vivian González	5395-0040
Industrias Plásticas	Raúl Martínez Marín	5698-7631/32
Industrias Neón	Fernando Ibarra	5359-3577
Ingeniería Dric	Ing. Jorge Soza	5273-7857
Ingram Micro	Lic. Wendy Estrada	52636500 ext. 1405
Infraco México	Lic. Óscar Rodríguez	5254-3390
Inst. Mex de Norm y Certif. /IMNC	C.P. Efraín González	5566-4750
Italian Group	C.P. Daniel Oliver Herrera	5239-4020
Inter National Institute	Lic. Norma Blancas	5344-2290
Inter Protección Agente de Seguros y Finanzas	Lic. Pilar Ahuerma	5255-9200
Interfil México	Lic. Elizabeth Tanuz	5899-9600
Intermec	Lic. Gabriela Esnaurrizar	5211-1919
Intermundo	Lic. Eloina Sánchez	5209-9505
Internacional Farmaceútica	Lic. Guadalupe García	5544-8760
Intersistemas	Lic. Marco Antonio Chávez	5520-2073
Intersoftware	Erika Escamilla	5488-0827
Inteligia	Raúl Tapia	2226-4341
Imperio Automotiz de Oriente	Rafael Arauz Amador	5745-1380
Iridium	Lic. Apolinar Ángeles	5816-0552
Jaffra Internacional	Lic. Francisco López	5490-1700
John Crane	Ivette Flores	5385-0523/0515
Jumex	Claudia Bermejo	5836-9999 ext. 21146
Kelly Services	Susana González	5424-7400
Kimberly Clark	Lic. Livier Rosado	5282-7300
Koblenz Eléctrica	Lic. Jorge Gómez	5864-0300
Kuehne Nagel	Lic. Mónica Arguelles	5449-8076
La Casa del Libro	C.P. Rogelio Hernández	5661-7834
La Costeña	Lic. Nancy López	5836-3636
La México	Raúl González	5536-9733
Laboratorios El Chopo/Grupo Proa	C.P. Antonio Lara Fernández	5140-7600 ext. 54154
Laboratorios Santa Elena	Ing. Fernando Farfán	5565-4436
Latinmedios	Ann Karene Gracía	5540-3041
Lebrija Álvarez HLB Intl Contadores	Lic. Teresa Garza	5531-1440
Larousse	Lic. Raúl Medoza	5208-2005
Lemery	Lic. Rosario Soltero	5334-0000 ext. 40042
Levicom Sistemas	Erick Martinez	5093-0008
Librería Porrúa Hnos. y Cía.	Sr. Jorge Alegría Vera	5702-4574

DOMICILIO	E-MAIL
Miguel de Cervantes Saavedra, Núm. 394	
Miguel de Cervantes Saavedra, Núm. 4, Moderna	nycmex@att.net.mx
Calle 3, Núm. 28, Col. Alce Blanco	
Patriotismo, Núm. 889, Col. Mixcoac	
Laguna de Términos, Núm. 249, Col. Anáhuac	wendy.estrada@ingrammicro.com.mx
Emerson, Núm. 316, 3er. Piso, Col. Polanco	oscar.rodriguez@infracomex.com
Manuel Ma. Contreras, Núm. 133, 6o. Piso, Col. Cuauhtémoc	jrh@imnc.org.mx
Calle Cruz de Cristo, Núm. 23-A, Col. Sta. Cruz del Monte, Naucalpan, Estado de México	corof@gamaitaly.com.mx
Lomas Verdes, Núm. 2, Col. Lomas Verdes	
Mariano Escobedo, Núm. 573, 2o. Piso, Col. Rincón del Bosque	
Av. Dos, Col. Parque Industrial Cartagena, Tultitlán	
Tamaulipas, Núm. 141, 1er. Piso, Col. Condesa	gabriela.esnaurrizar@intermec.com
Rio Nazas, Núm. 34. Col. Cuauhtémoc	rh@intermundo.com.mx
Carretaro, Núm. 44, Col. Parque San Andrés	
Aguiar y Seijas, Núm. 75, Col. Lomas de Chapultepec	marco.chavez@dr.scope.com
Montecito, Núm. 38, Col. Nápoles (WTC)	ErikaE@intersoftware.com.mx
Palma, Núm. 43, 3er. Piso, Col. Centro	raarmihern@banamex.com
Av. Ignacio Zaragoza, Núm. 1927, Iztapalapa	
Gardenia, Núm. 48 Col. San Juan Bosco	
Blvd. Adolfo López Mateos, Núm. 515	
Poniente 152, Col. Industrial Vallejo	iflora@johncrane.com
Estil Selanece, s/n, Sta. Ma. Tulpetlac	cbermejo@jumex.mx
Av. Ejército Nacional, Núm. 579, 7o. Piso, Col Granada	
José Luis Lagrage, Núm. 103, 3er. Piso, Col. Los Morales	
Av. Ciencia, Núm. 28, Km. 36.9, Autopista a Querétaro	
Periferico Sur, Núm. 4118, 3er. Piso, Col. Jardines del Pedregal	
Barranca del Muerto, Núm. 40, Col. Florida	
Vía Morelos, Núm. 268, Tulpetlac	tere.gil@lacostena.com.mx
Av. Insurgentes Sur, Núm. 952, Col. del Valle	
Alfonso Herrera, Núm. 75, Col. San Rafael	
Sor Juana Inés de la Cruz, Núm. 209	
Homero, 136, Int. 601-B, Col. Polanco	ann@latinmediospublicidad.com
Tres Picos, Núm. 79, Col. Polanco	
Dinamarca, Núm. 81, Col. Juárez	
Mártires del Río Blanco, Núm. 54, Col. Huichapan	
Bosques de los Duraznos, Núm. 127, 12o. Piso, Col. Bosques de las Lomas	
Justo Sierra, Núm. 36, entre El Carmen y Argentina, Col. Centro	

NOMBRE	RECLUTADOR	TELÉFONO
Líneas Aéreas Azteca	Lic. Lizbeth Velasco	5716-8960 ext. 5411
Litopolis	Lic, Alfonso Cerda	0108-4338
Logitel	L.A.E. Ma. del Carmen Palacios	5584-2658
Lucent Technologies	Lic. Ana Georgina Haro	5490-2500
Magnetic Cahs	Lic. Karla Camacho	5359-3332
Marco Consultores	Lic. Leonardo Tejeda	5234-2150
Mas Canada	David Alatorre	5282-0283
Mayoristas de Partes y Servicos	C.P. Gabriel Paredes	5387-3500
Maxcom	Lic. Maribel Caballero	5147-1111
Mccan Ericksson	Lic Gabriel Mondragón	5258-5900
Media Planning	Ramón Moreno	5262-3200
Médica Sur	Lic. Cecilia Vigueras	5424-7200 ext. 3028
Mediks	Ángel Juárez	5616-7320
Mercom	Ricardo Martínez	8501-8539
Merck Sharp & Dhome de México	Lic Valeria Fonter	5722-1600
Metlife México, Grupo Yannini	Lic. Lucy Ortega	5669-3230
Mendoza Martínez y Asoc.	Lic. Amine Zazueta	5595-6821
Mexicana de Lubricantes	Lic. Lourdes Romero	5884-6060 ext. 165
Mexis	Lic. Liliana Peláez	5263-1400 ext. 1466
MexProm	Erika Mejía	5393-1490
Moore de México	Lic. Silvia Cruz	5091-6300
Microformas	Agustín Yáñez	5422-2550
Módulo de Empleo	Miguel Ángel González	5598-1781
Monarquía Automotriz	Lic. Irene Martínez	5655-4032
Movil Access	Isela Blanco	3099-8961
MP Marketing	Lic. Irais Camacho	55145440 ext. 270
Multimexicana Telcel	Lic. José Calderón	5533-5420
Multipack, Región México	Lic. Claudia López	5140-4800
MVS o Mas TV	Lic. Alejandra Banderas	5628-5668
MVS Radio y Televisión	Lic. Roberto López	5288-4300
Nadro	Angélica Rodríguez Alcántara	5292-4343
Nestlé México	Adriana Galván	5262-5000
Nexusware	C.P. Laura de la Fuente	5255-4282
Normalización y Cret. Elec.	Lic. Celso Becerril	5395-0777
Novotel Sta. Fe	Lic. Rubén Carrada	9177-7700 ext. 372
Nutrisa	Gabriela Cabrera	5424-0919 ext. 106
Ocenor	Sandra Durán	5203-4403

DOMICILIO	E-MAIL
Zona de Hangares, Letra C, Núm. 27, Col Aviación	
Marcelino Dávalos, Núm. 22, Col. Algarín	
Insurgentes Sur, Núm. 286, Mezzanine, Col. Roma	mpalacios@logitel.com.mx
Calle 10, Núm. 145, Ofna. N3W178, Col. San Pedro de los Pinos	agharo@lucent.com
Calz. San Esteban, Núm. 27	
Bosques de Ciruelos, Núm. 180, 8o. Piso	
Arquímides, Núm. 31, Int. 21	
Urbina, Núm. 5, Naucalpan, Edo. de Méx.	gparedes@maps.com
Magdalena, Núm. 211, Col. del Valle	maribel.caballero@maxcom.com
Palosanto, Núm. 27, Col. Lomas Altas	
Ejército Nacional, Núm. 418	
Puente de Piedra, Núm. 150, Col. Toriello G.	cvigueras@medicasur.org.mx
San Jerónimo, Núm. 263, Int. 3, Col. Tizpan San Ángel	
Av. San Vicente, Núm. 7	
Av. División del Norte, Núm. 3377, Col. Xotepingo	valeria_fonter_perez@hotmal.com
Dakota, Núm. 204-Ph, Col. Nápoles	
Periférico Sur, Núm. 3453, 8o. Piso	
J. L. Portillo, Núm..10, San Francisco, Chilpan, Tultitlán	
Mariano Escobedo, Núm. 510, 4o. Piso, Col. Polanco	lpelaez@mexis.com
Cto. Médicos, 30, 3er. Piso, Cd. Satélite	emerra@yahoo.com
Cerrada de Galeana, Núm. 26, Fracc. Ind. La Loma, Tlalnepantla	silvia_cruz-monaga@email.moore.com
Melchor Ocampo, Núm. 158, Col. Santa Catarina	
El Greco, Núm. 58, Col. Mixcoac	modulodeempleo@prodigy.net.mx
Insurgentes Sur, Núm. 4214, Del. Coyoacán	
Insurgentes Sur, Núm. 3696, Col. Peña Pobre	
Tabasco 117, entre Córdoba y Orizaba, Col. Roma	icamacho@mpmarketing.com
Hamburgo, Núm. 112, 3er. Piso, Col. Juárez	
Orozco y Berra, Núm. 37, Col. Sta. Ma. La Rivera	
Calzada de Tlalpan, Núm. 11150, Col. Espatarco	
Blvd. Manuel Ávila Camacho, Núm. 147, Col. Chapultepec	
Vasco de Quiroga, Núm. 3100, Santa Fe	
Av. Ejército Nacional, Núm. 453, Col. Granada	adriana.galvan@nestle.com.mx
Mariano Escobedo, Núm. 388, Int. 501, Col. Anzures	
Av. Lomas de Sotelo, Núm. 1097, Col. Lomas de Sotelo	
Antonio Dovali Jaime No. 75, Col. Centro, Sta Fe	
Periférico Sur, Núm. 5482, Col. Pedregal de Carra	rhumanos@nutrisa.com.mx
Kepler, Núm. 63, Col. Anzures	

NOMBRE	RECLUTADOR	TELÉFONO
Omni Life	Lic Lilian Trejo	5768-7585
Omnibus de México	Ma. de Lordes Ramírez	5747-5922
ONSOFT, Technologies	C.P. Adriana García	5254-3912
Ópticas York	Salvador Castellanos	5521-4567
Orekovi Action Marketing	Lic. Bruno Limón	5682-8011
Orozco Medina y Asociados	Lic. Patricia Espinoza	5575-2750
Pacífica Resort	Yeny Algarin	5487-8200
Personnel International Service	Alma Delia Ramírez	5687-1588
Peugeot de México	Arturo Ávila/ Dir. Gral	5663-0410 al 13
Pharmachem	C.P. Alfredo Lara	5601-7616
Plataforma Inmobiliaria	Patricia Laguna	5651-6894/96
PM Steele	Lic. María Teresa Sánchez Moctezuma	2581-6000 ext. 4094
Praxair	Lic. Vanessa Borgonio	5899-3000
Precisión y Control	Aide Ocaña	9172-4901
PreMedi Test	Lic. Josè Antonio Carrillo	5207-9044/45
Prestadora de Serv. Pers.y Corp.	Lic. Marcelino Martínez García	5257-6500
Price Shoes	Lic. Mireya González	5719-5156/62
PRIMASA	Abraham Gabay	5397-5164
Probiomed/Farmacéuticas	Lic. Ma. Teresa Ruiz Cué Nicolau	5352-3122
Proactive Software	Néstor Salazar	5263-2546
Profesionistas y Docentes	Lic. Aida Garnica	5366-8090 ext.4014
Promobien	Lic. Jorge Rodríguez	5578-2030
Promoción Empresarial	Susana Mendoza	5488-0404
Promocional Azteca	Lic. Claudia Ruiz	5393-3570
Promotion	Lic. Rosa Vázquez	5687-1166
Prosepri	Lic. Armando Garduño	5650-1056
Protección patrimonial del valle de México	Lic. Rosa Hernández	5341-6258
Publicidad Vendor	Lic. Cinthia Abrejo	5422-1299
Quaker State	Ana María Jacinto	5520-8732
Qualite	Lic. Dulce Soria	5208-4713
Quest Diagnostic México	Lic. Bárbara Osorio / Elizabeth Espinoza	5089-1200
Radio Móvil Dipsa	Lic. Mónica Centeno	2581-3937
Realnet	Claudia Corona	5268-1212
Recubre	Eduardo Vargas Baca	5565-8111
Recall Tellcel	Marco Antonio Gutiérrez	5568-3081
Refaccionaria California	Lic. Jaqueline Fdez. Soto	2595-3000
Relojes Exactos/La Locura Suiza	C.P. Jorge Cabrera Leyva	5255-0048

DOMICILIO	E-MAIL
Oaxaca, Núm. 811, Col. Roma	
Av. Central, Núm. 56, Nueva Industrial Vallejo	
Arquímedes, Núm. 154, Col. Chapultepec Morales	
Madero, Núm. 20, Col. Centro	
Alabama, Núm. 41, Mezanine, Col. Nápoles	blimon@orekovi.com.mx
Gabriel Mancera, Núm. 1041, Col. del Valle	aespinoza@oma.com.mx
Calz. Tlalpan, Núm. 3604, Col. San Lorenzo	
Adolfo Prieto, Núm. 623-703, Col. del Valle	perservis@att.net.mx
Av. Insurgentes Sur, Núm. 1898, Torre Siglum, 6o. Piso	avila@asociacionpeugeot.org.mx
Priv. Agustín Gtez., Núm. 125, Col Gral. Pedro Anaya	
Manuel Castro Padilla, Núm. 13, Int. 103, Guadalupe Inn	
Lago Alberto, Núm. 282, Col. Anáhuac, esq. Mariano Escobedo	rhumanos@pmsteele.com.mx
Km. Carretera México-Querétaro, Cuautitlán, Edo. de Méx.	
Plan de San Luis, Núm. 398, Sta. Ma. La Rivera	
Puebla, Núm. 51, Col. Roma	
Bosque de Alisos, 45-A, 2o Piso, Col. Bosques de las Lomas	
Norte 45, Núm. 1016, Col. Industrial Vallejo	
Emiliano Zapata, Núm. 11, Int. 2, San Jerónimo	agabay@primasa.com
San Esteban, Núm. 88, Col. Sto. Tomás	mayte.ruiz@probiomed.com.mx
Mariano Escobedo, Núm. 510, 12o. Piso, Col. Nueva Anzures	mxcomercial@theIBCgroup.com
Gustavo Baz, Núm. 1024, 2o. Piso, Unidad Habitacional Adolfo López M.	agarnica1@hotmail.com
Arcos de Belén, Núm. 30, Col. Doctores	
Montecito, Núm. 38, Nápoles (WTC)	
Colina de las Ortigas, Núm. 64, Int. 4, Col. Boulevares	
Yosemite, Núm. 72, Col. Nápoles	
Francisco del Paso y Troncoso, Núm. 192	
Calle de Juárez, Núm. 163, Del. Azcapotzalco	
Av. México-Coyoacán, Núm. 340, Col. Gral. Anaya	
Paseo de las Palmas, Núm. 930, Col. Lomas de Chapultepec	rha@quaker.com.mx
Londres, Núm. 162, Int. 202, Col. Juárez	
Montecitos, Núm. 38, 9o. Piso, Oficina19	
Calle Lago Alberto, Núm. 366	
Guaymas,. Núm. 11-Bis, Col. Roma	
Av. Presidente Juárez, Núm. 2010	
Periférico Sur, Núm. 4020, Local 16-C	
Saratoga, Núm. 306, Col.Portales, Deleg. B. Juárez	
Ejército Nacional, Núm. 499, 1er. Piso, Col. Granada	

NOMBRE	RECLUTADOR	TELÉFONO
Renault Universidad	Lourdes Martínez	1087-0440
Revlon	Lic Lorena Hernández	9140-8000
Sabritas	Lic. Pilar González / Raquel Tinajero	5237-1676, 5237-5597
Saint Gorbain	Lic.Omar Guerrero	5279-1685
Sampo Japan Insurance	Lic. Leticia Rodríguez	5559-3717
Samsung	Lic. Frida García	5747-5100
Samsunite	Lic. Luis Esteban Rodríguez	5864-9700
Sanborns Hermanos	Lic. Graciela Pérez	5325-9900
Scarlett Moda Europea	Jorge Delgado	3095-0697
Schneider-Electric, México	Lic. Rocío Marín	5804-5000
Scotiabank Inverlat	Lic. Claudia Rodríguez / Cecilia Amador	5345-4402
SDI Consultores	Ing. Gerardo Sánchez	5630-3092
Sears Roebuck de México	Lic. Olivia Tejeida	52579316 y 00
Seguros Monterrey, New York Live	Lic. Sonia de la Peña	5254-0164
Sharp Electronics Copiadoras	Lic. Jorge Alatorre	5628-1134
Shell Autoservice	Lic. Eduardo Szimanski	5089-5760 ext. 1555
Six Flags, México	Alma Rodríguez	5728-7200
Shering Mexicana	Lic Cecilia Monroy	5447-1900
Shop México	Lic.Ivonne España	9151-9007
Siemens, México	Lic. Gabriela Ortiz	5328-2000
Skandia/Op. Fondos de Inversión	Lic. Alma Carrera	5093-0200 ext. 1630
Solloa Tello de Meneses y Cía.	Lic. Esther García	2629-7230 ext. 3413
Soni Automotriz	C.P. Ernesto Santos	5394-1824
Sony Pictures Television de México	Lic. Ericka Hernández	5258-2788
Soriana	Lic. Daniel Santos	5864-1600
SOService	Lic. Paula Ortega/Lic. Claudia Morán	2511-5564
Spira	Lic. Rebeca Smursz	5327-3333 ext. 6560
Starbucks Coffee	Mauricio Cabrera	5241-7100
Su Transporte	Lic. Laura García	5250-8611
Systec	Lic. Laura Lierra	5662-4041
Tarsa Ermenegildo Zegna	Claudia Salgado	5588-3500
Tecmarketing	Liliana Domínguez	5269-0000
Tecno industrial	Lic. Yanín Velarde y Ericka Coria	8502-4983
Telcel	Lic. Ericka Coria	5705-2354
Telecontacto	Jorge Hernández	5580-3072
Telefónica	Lic.Norma López	5249-5000

DOMICILIO	E-MAIL
Av Universidad, Núm. 1080, Col. Xoco	
Av. División del Norte, Núm. 3375, Col. Xotepingo	
Av. Palmas, Núm. 735, Mezz., Col. Lomas de Chapultepec	
Horacio, Núm.1855, Int. 502, Col. Los Morales Polanco	
Insurgentes Sur, Núm. 1196, Col. Tlatornetal del Valle	
Saturno, Núm. 44, Col. Nueva Industrial Vallejo	
Calzada de La Venta, Núm. 25, Fracc. Industrial Cuamatla	
Calvario, Núm. 106, Tlalpan	perezg@sanborns.com.mx
San Antonio, Núm. 13, Col. Asturias	
Calz. Javier Rojo Gómez, Núm. 112-A, Col. Guadalupe del Moral	rocio.marin@mx.schneider-electric.com
Lorenzo Boturini, Núm. 36, Col. Tránsito	mrodriguezca@scotiabank.com
Blvd. Picacho Ajusco, Núm. 130, Desp. 704, Col. Jardines de la Montaña	
Av. Vasco de Quiroga, Núm. 3800, 2o. Piso del corporativo, dentro del C.C. Santa Fe	
Horacio, Núm. 346, Depto. 701, Col. Polanco	
José Antonio Torres, No. 694, Col. Ampliación Asturias	alatorre.jorge@sharp.com.mx
Palmas, Núm. 425, Col. Lomas de Chapultepec	
Carretera Picacho Ajusco, Núm. 227	
Calzada México Xochimilco, Núm. 5019, Col. San Lorenzo	
Sebastián del Piombo, Núm. 82, Nonoalco Mixcoac	
Poniete 116, Núm. 590, Col. Industrial Vallejo	
Bosque de Ciruelos, Núm. 162, 1er. Piso	acarrera@skandia.com.mx
Av. Parque Chapultepec, N. 44, Col. El Parque, Naucalpan, Edo de Mex.	esther.garcia.solloacp.com.mx
Av. Aquiles Serdán, Núm. 1351, Col. El Rosario	
Prolongacion Paseo de la Reforma, 342-PH, Santa Fe	ericka_hernandez@spr.sony.com.mx
Aut. Méx-Qto. Km. 35.5, Tultitlán, Edo. de Méx.	
Colima, Núm. 410, Desp. 202, Col. Roma	claudiae@soutse.com
Torre Caballito, Reforma, Núm. 10, 23o. Piso	
Yucatán, Núm. 23, Col. Hipódromo Condesa	
Lago Onega, Núm. 411, Col. Anáhuac	
Ricardo Castro, Núm. 54, 8o. Piso, Col. Guadalupe Inn	
Poniente 148, Núm. 934	
Lago Zurich, Núm. 245, Col. Ampliación Granada	
Reforma, Núm. 122 , 5o. Piso	
Reforma, Núm. 122 , 5o. Piso	
Joselillo, Núm. 6-A, 11o. Piso, Col. El Parque	
Blvd. Manuel Ávila Camacho, Núm. 24, 14o. Piso°	

NOMBRE	RECLUTADOR	TELÉFONO
Telefónica Móvil / Telefónica Movilstar	Lic. Gabriela Gómez	5806-9983
Teletech México	Lic. Elizabeth García	5140-4000
Terra Networks, México	Lic. Elizabeth Nieto	5241-1500
Tetra Pak	Lic. Vanessa Alvarado	5358-8836
The Credit Company	César Brito	1087-4100
TKM Customer Solutions	Lic. Sandra Oviedo	5062-5803
Todo de Cartón	Lic. Lina Cruz	5763-3700
Tornel Compañía Hulera	Lic. Jesús Vargas Córdova	5354-0200
Torre Mayor	Pilar Fernández	5553-5333
Toshiba	Lic. Laura Magaña	5249-6500
Transcontainer International	Katia Bañuelos	5398-2323
Tycoon Group	Lic. Ana Gabriela Villareal	5557-2200
Tyson de México	Lic. Rosalía Mendoza	5397-6332
UHDE Jacobs	Lic. Livier Rivera Reyes	5284-0200 ext. 1215
Unefon	Lic. Arlett Archundia	8582-5000
Unitec	Lic. Adriana Vences	5328-7900
Universal de Alarmas	Antonio Torres	5562-3800
Universidad Tecnológica UTI	Tito Quiróz	5424-4840
Universidad Mexicana	Lic. Irma Campos	5207-0770/5364
Vela Gas	Lic. Irene Martínez	5655-4032
Viana Tiendas de Descuento	Lic. Claudia Aymerich	5134-0900 ext. 2982
Viewmedia	Lic. Marco Antonio Flores	5545-7310
Volvo Bus de México	Lic. Fabiola Castellanos	5746-7700
Volvo Comercial	Diana Aznar	5864-3700
Von Wobser y Sierra	Lic. Marcela Reynoso	5258-1012
VWR International	Lic. Sonia Enríquez	5343-9737
Wall Street Institute	Lic.Mateo Cuadras /Matilde Dandaar	3004-0276
Warner Chappell Music México	C.P. Ma. Joaquina Ramírez	5531-7030
Weg México	Lic. Gabriela Molina	5321-4296
Wilson de México	Alicia Sánchez	9177-9100
World Courier	Lic. Leticia Treviño	5081-9800
WISSA Worldinfor Services	Lic. Arisbe Maldonado	5093-7868
Yamaha	Jose Antonio Valeriano	5546-0022
Zara	Lic.Alethia Lozano	5078-2000

DOMICILIO	E-MAIL
Prol. Paseo de la Reforma, Núm. 2620, Col. Lomas Altas	
Paseo de la Reforma, Núm. 76, Col Juárez	
Reforma, Núm. 295, 10o. Piso	
Progreso, Núm. 2, Fracc. Ind. Alce Blanco, Naucalpan, Edo. de Méx.	reclutamiento.mexico@tetrapak.com
Detroit, Núm. 9, Oficina 401, Col. Noche Buena	
Eje Central Lázaro Cárdenas, Núm. 899, Col. Narvarte	
Calle Seis, Núm. 272, Col. Pantitlán	
Av. Sta. Lucía, Núm. 311, Sta. Cruz Acayuca, Azcapotzalco	
Torre Mayor, Paseo de la Reforma, Núm. 1000	
Sierra Candela, Núm.111, Col. Lomas de Chapultepec	Imagana@toshiba.com.mx
Dr. Gustavo Baz, Núm. 295, Col. F. Viveros	
Presa Salinillas, Núm. 370, 9o. Piso, Col Irrigación	
Niño Falvio Zavala, Núm. 6-A, Col. Industrial Puente de Vigas	
Sierra Gamón, Núm. 120, Col. Lomas de Chapultepec	livier.rivera@jacobs.com
Periférico Sur, Núm. 4119, Col. Fuentes del Pedregal	
Campus Cuitlahuac	
Carlos Arellano, Núm. 14, Col. Cd. Satélite	
Av Periferico Sur, Núm. 5478, Col. Villa Olimpica	
Río Duero, Núm. 37, Cuauhtémoc	
Insurgentes Sur, Núm. 4017, Col. Tlalpan, Del. Tlalpan	
Eje Central Lázaro Cárdenas, esq. Dr. Lavista	
Homero, Núm. 538, Int. 203, Col. Polanco	mflores@viewmedia.com.mx
Av. San José, Núm. 35, Col. La Presa	
Lago de Guadalupe,. Núm. 289, Col. Fracc. Industrial Cartagena	diana.aznar@volvo.com.mx
Guillermo Gonzalez Camarena, Núm. 1100, Int. 7, Santa Fe	
Av. Lomas Verdes, Núm. 464, 2o. Piso, Col. Los Álamos	sonia_enriquez@mx.vwr.com
Mazarik, Núm. 178, Col. Polanco	
Ejército Nacional, Núm. 209, 3er. Piso, Col. Anzures	
Henry Ford, Núm. 4, Fracc. Ind. San Nicolás Tlalnepantla	gmolina@weg.com.mx
Av. Constituyentes, Núm. 100, 1er. Piso, Col. Lomas Altas	
Juan Salvador Agraz, Núm. 109, Col. Santa Fe	ltrevino@volvo.com.mx
Ejército Nacional, Núm. 418, 10o. Piso, Col. Chapultepec Morales	arisbemg@hotmail.com
Ejército Nacional, Núm. 109	
Poniente 146, Núm. 730, Ind. Vallejo	

Las mejores empresas para Trabajar en México

Cada año, Great Place to Work® Institute México elabora el Ranking de Las Mejores Empresas para Trabajar® en 40 países alrededor del mundo, incluyendo México. El proceso de análisis, evaluación y certificación llevado a cabo para la elaboración del *ranking* está considerado como el más importante y exhaustivo de todo el mundo. El ranking es el resultado de un riguroso proceso de análisis y evaluación de las opiniones de los empleados y la cultura corporativa, que nos permite seleccionar a Las Mejores Empresas para Trabajar.®

Los principales objetivos del ranking del Great Place to Work® Institute México son facilitar la gestión del conocimiento y compartir experiencias entre todas aquellas organizaciones que saben que el modo de conseguir los mejores resultados de negocio es mejorar la calidad de sus lugares de trabajo.

La participación en el ranking no es solo para ganadores; la mayoría de los participantes lo hacen para medir y mejorar sus entornos de trabajo.

En México nuestro Modelo y Metodología están certificados por el Instituto Mexicano de Normalización y Certificación, A.C.

1   Starbucks
     2 794 empleados
     mexico.starbucks.com / es-mx /
     Industria: Turismo / Hospitalidad-Servicios de alimentos
     y bebidas
     Propiedad: Empresa que cotiza en el mercado de valores

2   Interprotección, Agente de Seguros y de Fianzas, S.A. de C.V.
     192 empleados
     www.interproteccion.com.mx /
     Industria: Servicios financieros y seguros
     Propiedad: Privada

3   Fedex Express México
    1 011 empleados
    www.fedex.com/mx/
    Industria: Transporte-Mensajería
    Propiedad: Empresa que cotiza en el mercado de valores

4   JW Marriott Mexico City
    405 empleados
    hoteles.latinoamerica.marriott.com/mexjw-jw-marriott-
    mexico
    Industria: Turismo/ Hospitalidad-Hoteles / resorts
    Propiedad: Privada

5   Premier Chevrolet
    235 empleados
    www.premierchevrolet.com.mx/
    Industria: Retail-Venta al por menor-Especialidades
    Propiedad: Privada

6   SC Johnson and Son
    577 empleados
    www.scjohnsonandson.com.mx/
    Industria: Biotecnología y farmacéutica-Farmacéuticas
    Propiedad: Privada

7   Siegfried Rhein
    578 empleados
    www.siegfried.com.mx/
    Industria: Biotecnología y farmacéutica-Farmacéuticas
    Propiedad: Privada

8   Franklin Electric Linares
    276 empleados
    www.franklin-electric.com/espanol.htm
    Industria: Manufactura y producción
    Propiedad: Empresa que cotiza en el mercado de valores

9   Glaxosmithkline
1 276 empleados
www.gsk.com.mx/
Industria: Biotecnología y farmacéutica-Farmacéuticas
Propiedad: Empresa que cotiza en el mercado de valores

10   American Express (México)
3 058 empleados
www.americanexpress.com.mx
Industria: Servicios financieros y seguros
Propiedad: Empresa que cotiza en el mercado de valores

11   Grupo Scotiabank México
8 289 empleados
www.scotiabank.com.mx/
Industria: Servicios financieros y seguros
Propiedad: Empresa que cotiza en el mercado de valores

12   Grupo Ruba
864 empleados
www.ruba.com.mx/
Industria: Construcción y bienes raíces
Propiedad: Privada

13   Hoteles Marriott Cancún
531 empleados
hoteles.latinoamerica.marriott.com/cunmx-casamagna-
marriott
Industria: Turismo/Hospitalidad-Hoteles/resorts
Propiedad: Privada

14   Casamagna Marriott Puerto Vallarta resort & spa
560 empleados
hoteles.latinoamerica.marriott.com/pvrmx-casamagna-
marriott
Industria: Turismo/ Hospitalidad-Hoteles / resorts
Propiedad: Privada

15   Secretaría de Planeación y Desarrollo Regional del Gobierno
del Estado de Aguascalientes (Seplade)
88 empleados
www.aguascalientes.gob.mx/seplade/
Industria: Servicios sociales y agencias gubernamentales
Propiedad: Gobierno

16   DjOrthopedics de México
2 035 empleados
Industria: Manufactura y producción

17   Infonavit
3 911 empleados
www.infonavit.org.mx/
Industria: Servicios sociales y agencias gubernamentales
Propiedad: Gobierno

18   Diageo
232 empleados
www.diageo.com.mx
Industria: Manufactura y producción-Productos de alimentos
y bebidas
Propiedad: Empresa que cotiza en el mercado de valores

19 McDonald´s
11 212 empleados
www.mcdonalds.com.mx/
Industria: Turismo/ Hospitalidad-Servicios de alimentos
y bebidas
Propiedad: Empresa que cotiza en el mercado de valores

20 Eli Lilly de México
1 109 empleados
www.lilly.com/
Industria: Biotecnología y farmacéutica-Farmacéuticas
Propiedad: Empresa que cotiza en el mercado de valores

21 Daimler Financial Services Mexico
144 empleados
www.daimler-financialservices.com/
Industria: Servicios financieros y seguros
Propiedad: Empresa que cotiza en el mercado de valores

22 Compusoluciones
292 empleados
www.compusoluciones.com/
Industria: Tecnología de información
Propiedad: Privada

23 Ingram Micro
407 empleados
www.ingrammicro.com.mx/
Industria: Tecnología de información
Propiedad: Empresa que cotiza en el mercado de valores

24 Janssen-Cilag
1 144 empleados
www.janssen-cilag.com.mx/
Industria: Biotecnología y farmacéutica-Farmacéuticas
Propiedad: Privada

25 Grupo Cementos Chihuahua (GCC)
1 521 empleados
www.gcc.com/
Industria: Manufactura y producción-Materiales para la construcción
Propiedad: Empresa que cotiza en el mercado de valores

26 Hewlett Packard
2 526 empleados
www.hp.com.mx/
Industria: Tecnología de información
Propiedad: Empresa que cotiza en el mercado de valores

27 Calzado Chabelo
70 empleados
www.grupokarsten.com.mx/
Industria: Manufactura y producción
Propiedad: Privada

28 IBM
1 978 empleados
www.ibm.com/mx/
Industria: Tecnología de información
Propiedad: Empresa que cotiza en el mercado de valores

29 Lundbeck
102 empleados
www.lundbeck.com.mx/
Industria: Biotecnología y farmacéutica-Farmacéuticas
Propiedad: Empresa que cotiza en el mercado de valores

30 Resort Condominius International de México (RCI)
455 empleados
www.rci.com/RCI/
Industria: Turismo/ Hospitalidad-Hoteles / resorts
Propiedad: Empresa que cotiza en el mercado de valores

31   Odebrecht
137 empleados
www.odebrecht.com/
Industria: Construcción y bienes raíces
Propiedad: Empresa que cotiza en el mercado de valores

32   Nokia
112 empleados
www.nokia.com.mx/
Industria: Telecomunicaciones
Propiedad: Empresa que cotiza en el mercado de valores

33   Sun Microsystems
572 empleados
mx.sun.com/
Industria: Tecnología de información
Propiedad: Empresa que cotiza en el mercado de valores

34   Hoteles Milenium
1 675 empleados
www.hotelesmilenium.com.mx/
Industria: Turismo/ Hospitalidad-Hoteles / resorts
Propiedad: Privada

35   Microsoft México
402 empleados
www.microsoft.com/mexico/
Industria: Tecnología de información
Propiedad: Empresa que cotiza en el mercado de valores

36   Procter & Gamble México
7 000 empleados
www.pg.com
Industria: Biotecnología y farmacéutica
Propiedad: Empresa que cotiza en el mercado de valores

37   Wyeth
1 082 empleados
www.wyeth.com.mx/
Industria: Biotecnología y farmacéutica-Farmacéuticas
Propiedad: Empresa que cotiza en el mercado de valores

38   Computación en Acción, S.A. de C.V.
174 empleados
www.compac.com.mx/
Industria: Tecnología de información
Propiedad: Privada

39   Servicios Corporativos Afore Banamex, S.A. de C.V.
835 empleados
www.banamex.com/esp/fi liales/afore/index.html
Industria: Servicios financieros y seguros
Propiedad: Empresa que cotiza en el mercado de valores

40   Sabre Travel Network
120 empleados
www.sabretravelnetwork.com/
Industria: Tecnología de información
Propiedad: Empresa que cotiza en el mercado de valores

41   Gasored
261 empleados
www.gasored.com.mx/
Industria: Retail-Venta al por menor
Propiedad: Privada

42   Telefónica Movistar
2 467 empleados
www.telefonica.com.mx/
Industria: Telecomunicaciones
Propiedad: Empresa que cotiza en el mercado de valores

43 Perot Systems
200 empleados
www.perotsystems.com/Mexico/
Industria: Tecnología de información
Propiedad: Empresa que cotiza en el mercado de valores

44 Mapfre Seguros
977 empleados
www.mapfretepeyac.com/mapfre
Industria: Servicios financieros y seguros
Propiedad: Empresa que cotiza en el mercado de valores

45 Banco Compartamos
4 277 empleados
www.compartamos.com.mx/
Industria: Servicios financieros y seguros
Propiedad: Empresa que cotiza en el mercado de valores

46 Arvin Meritor
605 empleados
www.arvinmeritor.com/
Industria: Manufactura y producción-Automotriz
Propiedad: Empresa que cotiza en el mercado de valores

47 Biomédica de Referencia, S.A. de C.V.
63 empleados
www.biomedicadereferencia.com/
Industria: Salud-Servicios
Propiedad: Privada

48 Para tu Casa
77 empleados
www.tuhipotecafacil.com
Industria: Servicios financieros y seguros
Propiedad: Privada

49   Deloitte
5 279 empleados
www.deloitte.com.mx
Industria: Servicios profesionales
Propiedad: Privada

50   Chrysler Financial Mexico
211 empleados
corp.chryslerfi nancial.com/
Industria: Servicios financieros y seguros
Propiedad: Empresa que cotiza en el mercado de valores

51   Everis
252 empleados
www.everis.com.mx/
Industria: Tecnología de información
Propiedad: Privada

52   Nextel
5 586 empleados
www.nextel.com.mx/
Industria: Telecomunicaciones
Propiedad: Empresa que cotiza en el mercado de valores

53   Monex
1 338 empleados
www.monex.com.mx/
Industria: Servicios financieros y seguros
Propiedad: Privada

54   Nafinsa
1 054 empleados
www.nafi n.com/portalnf/
Industria: Servicios financieros y seguros
Propiedad: Gobierno

55 Grupo Mayan Los Cabos
389 empleados
www.thegrandmayan.com.mx/loscabos/
Industria: Turismo/ Hospitalidad-Hoteles / resorts
Propiedad: Privada

56 Seguros Monterrey New York Life
1 150 empleados
www.monterrey-newyorklife.com.mx/
Industria: Servicios financieros y seguros
Propiedad: Empresa que cotiza en el mercado de valores

57 Laboratorios Kendrick, S.A.
371 empleados
www.kendrick.com.mx/
Industria: Biotecnología y farmacéutica-Farmacéuticas
Propiedad: Privada

58 L'bel París
413 empleados
www.lbel.com
Industria: Manufactura y producción
Propiedad: Privada

59 Grupo Mayan Vallarta
2 260 empleados
www.mayanpalace.com/
Industria: Turismo/ Hospitalidad-Hoteles / resorts
Propiedad: Privada

60 Acosta Verde
147 empleados
www.grupoav.com/
Industria: Construcción y bienes raíces
Propiedad: Privada

61 Kerry de México
609 empleados
www.kerrymexico.com.mx/
Industria: Manufactura y producción
Propiedad: Privada

62 Atento México
12 365 empleados
www.atento.com.mx/
Industria: Servicios profesionales-*Call center*
Propiedad: Privada

63 Alimentos Capullo, S. de R.L.de C.V.
131 empleados
www.alimentoscapullo.com/
Industria: Manufactura y producción-Productos de alimentos
y bebidas
Propiedad: Empresa que cotiza en el mercado de valores

64 Albany International de México, S.A. de C.V.
298 empleados
www.albint.com/
Industria: Manufactura y producción
Propiedad: Empresa que cotiza en el mercado de valores

65 SAS Institute México
92 empleados
www.sas.com/offices/latinamerica/mexico/
Industria: Tecnología de información
Propiedad: Empresa que cotiza en el mercado de valores

66 Dow Química y Dow Agrosciences
217 empleados
www.dow.com/
Industria: Manufactura y producción
Propiedad: Empresa que cotiza en el mercado de valores

67   Newell Rubbermaid Mexicali
910 empleados
www.sanford.com.mx/
Industria: Manufactura y producción
Propiedad: Empresa que cotiza en el mercado de valores

68   Parque Xel-Há
633 empleados
www.xel-ha.com.mx/
Industria: Turismo/ Hospitalidad
Propiedad: Privada

69   The Athlete's Foot México
156 empleados
www.theathletesfoot.com/
Industria: Retail-Venta al por menor-Vestimenta
Propiedad: Privada

70   Colegio Monteverde
133 empleados
www.colegiomonteverde.edu.mx/
Industria: Educación y formación
Propiedad: Privada

71   Soluciones Dinámicas
60 empleados
www.solucionesdinamicas.com.mx/
Industria: Servicios profesionales
Propiedad: Privada

72   Fanosa, S.A. de C.V.
874 empleados
www.fanosa.com/
Industria: Manufactura y producción
Propiedad: Privada

73 General Nutrition Center México
918 empleados
www.gnc.com.mx/
Industria: Retail-Venta al por menor-Especialidades
Propiedad: Privada

74 Ernst & Young
2 315 empleados
www.ey.com/global/content.nsf/Mexico/Bienvenidos_
eyMexico
Industria: Servicios profesionales
Propiedad: Privada

75 Novo Nordisk México
90 empleados
www.novonordisk.com.mx/
Industria: Biotecnología y farmacéutica-Farmacéuticas
Propiedad: Empresa que cotiza en el mercado de valores

76 Landus Hoteles
320 empleados
www.landus.com.mx/
Industria: Construcción y bienes raíces
Propiedad: Privada

77 Baxter
1 965 empleados
www.latinoamerica.baxter.com/mexico/
Industria: Biotecnología y farmacéutica-Farmacéuticas
Propiedad: Empresa que cotiza en el mercado de valores

78 Cinépolis
10 830 empleados
www.cinepolis.com.mx/
Industria: Turismo/ Hospitalidad
Propiedad: Privada

79   Invex Grupo Financiero 305 empleados
www.invex.com.mx/
Industria: Servicios financieros y seguros
Propiedad: Empresa que cotiza en el mercado de valores

80   Macropol, S.A. de C.V.
54 empleados
www.macropol.com.mx/
Industria: Biotecnología y farmacéutica
Propiedad: Privada

81   Casas ICI
93 empleados
www.casasici.com.mx/
Industria: Construcción y bienes raíces
Propiedad: Privada

82   Trane
314 empleados
www.trane.com/
Industria: Manufactura y producción
Propiedad: Privada

83   Agencia Aduanal Multiservicios
106 empleados

84   Best Day Travel
465 empleados
www.bestday.com.mx/
Industria: Servicios profesionales-Agencia de viajes
Propiedad: Privada

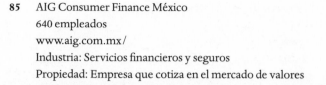

85 AIG Consumer Finance México
640 empleados
www.aig.com.mx/
Industria: Servicios financieros y seguros
Propiedad: Empresa que cotiza en el mercado de valores

86 Grupo Mayan Mazatlán
387 empleados
www.seagarden.com.mx/
Industria: Turismo/ Hospitalidad-Hoteles / resorts
Propiedad: Privada

87 Navistar Financial Mexico
120 empleados
www.navistar-financial.com/
Industria: Servicios financieros y seguros
Propiedad: Privada

88 Grupo Colmenares (Colegio Torreblanca)
70 empleados
www.colmenares.org.mx/
Industria: Educación y formación
Propiedad: Privada

89 Millward Brown
129 empleados
www.millwardbrown.com/
Industria: Servicios profesionales
Propiedad: Privada

90 EADS TELECOM
120 empleados
www.eads.com/
Industria: Telecomunicaciones
Propiedad: Empresa que cotiza en el mercado de valores

91 Proyección y Administración Empresarial (PAE)
186 empleados
www.pae.cc/
Industria: Servicios profesionales
Propiedad: Privada

92 Desarrolladora Homex
20 584 empleados
www.homex.com.mx/
Industria: Construcción y bienes raíces
Propiedad: Empresa que cotiza en el mercado de valores

93 Hágalo
142 empleados
www.hagalo.com.mx/
Industria: Retail-Venta al por menor
Propiedad: Privada

94 Metrofinanciera
826 empleados
www.metrofinanciera.com.mx/
Industria: Servicios financieros y seguros
Propiedad: Privada

95 Escala
142 empleados
www.escala.com.mx/
Industria: Servicios profesionales
Propiedad: Privada

96 Banco Amigo
298 empleados
www.landus.com.mx/
Industria: Servicios Financieros y Seguros
Propiedad: Privada

97 Carl's Jr. Monterrey
    1 000 empleados
    www.cjrweb.com.mx
    Industria: Turismo / Hospitalidad-Servicios de alimentos
    y bebidas
    Propiedad: Privada

98 Grupo Aladia
    www.aladia.com.mx/
    Industria: Turismo / Hospitalidad
    Propiedad: Privada

99 MP Marketing
    209 empleados
    www.mpmarketing.com/
    Industria: Publicidad y Marketing
    Propiedad: Privada

100 Mahle Sistemas de Filtrado
    143 empleados
    www.mx.mahle.com/
    Industria: Manufactura y Producción
    Propiedad: Privada

CAPÍTULO 25

Desenlace de la historia de Cayetano

C ayetano llevaba cuatro meses trabajando con su cuñado en Novotech. En total había recibido 55 000 pesos de comisión por diversas ventas.

Gracias a su red había logrado más de 20 entrevistas de trabajo y recibido un par de ofertas, pero aún no llegaba la oportunidad que él buscaba.
Sin embargo, ya no se veía ni estaba preocupado. Con todo, un día sonó el
teléfono...

—¿Bueno? —contestó.

—¿Se encuentra el licenciado Cayetano Norman Farías?

—¿De parte de quién? —dijo Cayetano.

—Le llamamos de Citibank. Tenemos su currículum y queremos entrevistarlo.

Cayetano no recordaba haber enviado su CV a Citibank, por lo que preguntó cortésmente cómo lo habían obtenido.

La asistente le dijo que el vicepresidente de servicios bancarios, el licenciado Fernando Benassini, lo había recomendado muy bien y había enviado su CV al área de Recursos Humanos del banco para solicitar una entrevista urgente, pues necesitaba una persona para su área.

Le dijo que estaban buscando un director de Servicios a Clientes y le
propuso una cita para el día siguiente.

Cayetano recordó haber conocido al señor Benassini ocho semanas atrás por medio de algún contacto de su red. Acordó el horario de la cita y colgó el auricular. Se sintió muy feliz cuando repitió la palabra *Citibank*.

Inmediatamente después de colgar el teléfono, Cayetano encendió su computadora para navegar en el sitio de Citibank por varias horas, recopilando información de todo lo que hacía el banco, principalmente de los servicios que ofrecía a sus clientes. También solicitó información a un amigo que trabajaba ahí.

Al día siguiente, Cayetano se entrevistó con la directora de reclutamiento de todo el grupo Citibank. Hablaron durante casi dos horas.

El puesto para el cual lo habían llamado era de director de nuevos proyectos y servicios corporativos. El sueldo de la plaza era de 65 000 pesos más prestaciones, un automóvil utilitario nuevo, 45 días de aguinaldo, seguro de vida y gastos médicos mayores, además de la posibilidad de lograr bonos anuales.

La principal actividad y responsabilidad del puesto sería desarrollar y comercializar productos y servicios financieros para los clientes del banco: préstamos, líneas de crédito, fondos especiales, servicios en internet, etcétera.

Cayetano fue contratado nueve días después.

Habían transcurrido casi 13 meses desde que lo despidieron de su antiguo trabajo. Durante esos meses había sufrido en carne propia angustia, tristeza y desesperación, pero al final todas y cada una de las cosas por las que pasó valieron la pena. *Todo había sido una oportunidad.*

Por fin había logrado su sueño, obtener UN GRAN EMPLEO. ¡Cayetano ya no estaba desempleado!

Su oficina estaría situada en la matriz de Citibank, ubicada en la avenida Reforma. Su privado parecía salón de exposiciones y tenía vista al Bosque de Chapultepec.

Esa noche salió a festejar con Abigaíl a un restaurante de comida japonesa y brindaron sin cesar por todos los beneficios de la red. Platicaron de todo lo que habían vivido a causa de su desempleo, pero Abigaíl hizo énfasis en la gran suerte que había tenido Cayetano cuando entró a trabajar con Juan. Gracias a ello conoció a Joaquín, quien lo contactó con Liliana, que a su vez lo envió con Mauricio... y así hasta llegar a Fernando Benassini.

—¡Qué suerte tuviste! —le dijo Abigaíl.

Cayetano sabía que no había sido suerte, sino el gran regalo que recibió de June.

Al día siguiente se reunió con su nuevo jefe, el señor Benassini. Al verlo recordó que meses antes no habían hecho química y no se habían caído bien, pero también evocó el dicho popular "Uno nunca sabe por dónde saltará la liebre".

Hablaron toda la mañana, después se fueron a comer juntos y en la tarde Benassini lo presentó con el equipo de cuatro ejecutivos que Cayetano dirigiría, así como con su nueva asistente.

Desde el primer día, trabajar en Citibank fue una gran experiencia. Cayetano demostraba capacidad e inteligencia en cada proyecto y en cada logro. Constantemente hacía amigos dentro del grupo. En los 34 pisos del corporativo el nombre *Cayetano* era mencionado; muchos lo conocían y otros tantos lo apreciaban.

Algunos de sus proyectos recibieron reconocimientos, como ocurrió con el Citipréstamo, que logró una gran aceptación y fue altamente solicitado por los clientes; además, generó un margen de utilidad sorprendente.

Dos años y unos meses después, Cayetano le pidió una cita a su jefe y ahora amigo Fernando Benassini.

—Necesito hablar contigo. Es muy importante —le dijo por teléfono.

Diez minutos después, Cayetano entró a la oficina de Benassini, se sentó y con voz nerviosa comenzó a hablar:

—Quiero... renunciar.

—¿Qué?, ¿cómo?, ¿por qué? —respondió Benassini, incrédulo.

Cayetano le explicó su gran inquietud por iniciar un negocio propio. Benassini escuchó aproximadamente una hora los planes que tenía Cayetano para impartir cursos de ayuda a desempleados. Al final, Benassini le dio su aprobación y decidió brindarle todo su apoyo. No obstante, le propuso solicitar licencia para que se ausentara por tres meses —sin goce de sueldo— para poder iniciar su negocio sin tener que renunciar.

—Muchísimas gracias por todo. Nunca olvidaré la oportunidad que me diste cuando me contrataste. ¡De corazón te lo agradezco! ¡Te voy a extrañar! —le dijo Cayetano a Fernando mientras se daban un fuerte abrazo.

Quince días después, Cayetano estaba de nuevo sin empleo. Pero ahora, inteligentemente y sin haber mencionado nada a nadie, había ahorrado una cantidad importante para iniciar su proyecto.

Pasados seis meses de la renuncia de Cayetano, se anunció en los medios de difusión masiva que el Grupo Citibank, Citicorp, compraría Banamex. En dicha fusión, que demoraría 30 semanas, 7 600 personas perderían su empleo.

Al enterarse del suceso, Cayetano se comunicó con algunos de sus antiguos amigos de Citibank para efectuar en el banco una interesante presentación acerca de todos los beneficios que atraería impartir cursos de búsqueda de empleo a todos los trabajadores que saldrían.

Gracias a la recomendación de Benassini y a la gran relación profesional que Cayetano había construido con varios ejecutivos de la institución financiera, 60% de las personas que fueron liquidadas recibieron cursos y seminarios de búsqueda de empleo. Este contrato mejoró mucho la imagen de Citibank y le generó a Cayetano una ganancia cuantiosa en tan solo tres meses.

Como agradecimiento, Cayetano ofreció una elegante cena de mariscos a su exjefe y amigo Fernando y a otros 14 directores del banco.

Hoy, Cayetano tiene una firma consultora con 43 empleados, oficinas en Monterrey, Guadalajara y la Ciudad de México. Ha impartido cursos, talleres, programas de transición profesional y búsqueda de empleo y reubicación laboral a más de 30 000 personas; además, dedica gran parte de su tiempo a reclutar y seleccionar ejecutivos para sus más de 90 clientes. Todos los fines de semana juega golf con Mauricio, un contacto de su red.

En enero de 2009 Cayetano publicó el libro de su abuela June: ¡el primer año se vendieron 950 000 ejemplares!

Cayetano nunca regresó a Citibank.

June Montgomery de Gómez
1917- 2001